Christoph Bode

Einführung in die Lyrikanalyse

WVT-HANDBÜCHER
ZUM
LITERATURWISSENSCHAFTLICHEN
STUDIUM

Band 3

Herausgegeben von
Ansgar Nünning

Christoph Bode

Einführung in die Lyrikanalyse

Wissenschaftlicher Verlag Trier

Die Deutsche Bibliothek - CIP-Einheitsaufnahme

Bode, Christoph:
Einführung in die Lyrikanalyse /
Christoph Bode -
Trier : WVT Wissenschaftlicher Verlag Trier, 2001
(WVT-Handbücher zum literaturwissenschaftlichen Studium ; Bd. 3)
ISBN 3-88476-478-0

Nebenstehende Abbildung: Cadets at the Virginia Military Institute
read *Howl and Other Poems* by Allen Ginsberg
Photo © 1996 by Gordon Ball

Umschlag: Brigitta Disseldorf
(M. Nottar, Werbeagentur, Trier)

ISBN 3-88476-478-0

WVT Wissenschaftlicher Verlag Trier
Postfach 4005, 54230 Trier
Bergstraße 27, 54295 Trier
Tel.: (0651) 41503, Fax: 41504

Internet: http://www.wvttrier.de
e-mail: wvt@wvttrier.de

HOWL
HOWL
POCKET POETS SERIES
HOWL
HOWL

Inhalt

Vorwort

Poetry is the growing end of language.
A.M. Clark

In einer zentralen Passage seines bedenkenswerten Aufsatzes "Aesthetics and Ideology: What Happened to Poetics?" läßt sich Peter Brooks folgendermaßen über seine Vorstellung einer optimalen Vermittlung von Literatur an Universitäten aus:

> Students need in their work on literature to encounter a moment of poetics – a moment in which they are forced to ask not only *what* the text means but also *how* it means, what its grounds as a meaning-making sign-system are, and how we as readers, through the competence we have gained by reading other texts, activate and employ systems that allow us to detect or create meaning and to rationalize and order meanings in categorical ways.[1]

Das sagt mir in mancherlei Hinsicht zu: Die Fokussierung auf die Art und Weise, wie ein literarischer Text bedeutet, die Anerkenntnis des Umstandes, daß wir im Prozeß des Lesens nicht nur Bedeutungen entdecken, sondern auch entwerfen und konstruieren, sowie das Bemühen, die höchst komplexe Verschränkung von Fremd- und Selbsterfahrung in der Lektüre literarischer Texte auf eine Ebene intersubjektiver Kommunikabilität zu heben, die Erfahrung mitteilbar *und* als Teil eines größeren diskursiven Netzes begreifbar zu machen – all diese Punkte scheinen mir in der Tat *essentials* einer niveauvollen, akademischen Beschäftigung mit Literatur, mit Lyrik zumal.

Und doch würde ich in einen Aspekt ein wenig anders akzentuieren: Selbstverständlich müssen Studierende der Literatur einen Augenblick erleben, in dem sie erfahren, daß ihre herkömmlichen, automatisierten Dekodierungsstrategien bei *dieser* Art von Texten zu kurz greifen und nicht ausreichen, daß sie selbst einfach schneller, flexibler, wacher, kreativer sein müssen, um einer Sprachverwendung folgen zu können, die dermaßen 'hoch-getunt' ist – "language charged with meaning to the utmost possible degree",[2] so Ezra Pounds treffende Definition von großer Literatur, oder in einem Bild Kenneth Kochs: "Die Sprache gleicht einem Auto, das dreihundert Stundenkilometer fahren kann, dessen Tempo aber durch die Verkehrsvorschriften der Prosa auf ein vernünftiges Maß beschränkt wird. Dichter hingegen lieben die Beschleunigung."[3] Das Problem ist, daß nicht nur Studenten, sondern Leser generell, diese Erfahrung nicht etwa zu

---

1 Peter Brooks, "Aesthetics and Ideology: What Happened to Poetics?", *Critical Inquiry* 20 (1994), 509-523, 517.

2 Ezra Pound, *Literary Essays*, ed. T.S. Eliot, London / Boston: Faber & Faber, 1954, 1985, 23.

3 Kenneth Koch, "Die Sprache der Poesie", *Lyrik: Über Lyrik* (Sonderheft *Merkur* Nr. 600, 53: 3/4 [März / April 1999]), 277-291, 283.

selten, sondern nur allzu häufig machen – und sich ihr, da als unangenehm empfunden, entziehen. Nach einer empirischen Untersuchung der Stiftung Lesen über das Leseverhalten der Deutschen vom November 2000 nimmt die Bereitschaft, sich konzentriert mit schwierigeren Texten zu befassen, rapide ab:

> Gelesen wird insgesamt weniger und vor allem oberflächlicher. Die Geduld, durch flüchtiges Lesen nicht erfaßbare oder längere Texte zu verstehen, scheint vor allem Jugendlichen abhanden zu kommen. Vielmehr scheint das 'Zappen' auf Papier vor allem in der Altersgruppe der 14 bis 19 Jahre alten Jugendlichen immer häufiger zu werden. Jeder dritte Jugendliche gibt an, nur noch die interessanten Passagen durchzulesen. Auch in den übrigen Altersgruppen haben die 'Häppchen-Leser' von 18 auf insgesamt 47 Prozent zugenommen. Selbst bei leseerfahrenen Deutschen hat die Lust nachgelassen, sich mit komplexen Inhalten überhaupt auseinanderzusetzen.[4]

Konsequenterweise wird gerade die Art von Literatur, die an die Leser die höchsten Anforderungen stellt, am wenigsten gelesen: Lyrik.

Unter dieser Dominanz des flüchtigen Überfliegens und der Vermeidung von Anstrengung käme es wohl für Literaturvermittler darauf an, sich wieder an Nietzsches Definition des Philologen als eines "Lehrer[s] des langsamen Lesens"[5] zu erinnern: Der ästhetische Text – "here rule-breaking conforms to the rule"[6] – ist *per definitionem* der höchst unwahrscheinliche Text, der Text, der nicht zu erwarten war, ein Kuriosum im Universum. Seiner semiotischen Intensität, seiner extrem hohen Bewegungsenergie ist paradoxerweise nur beizukommen, indem man selbst *langsamer wird, innehält, verweilt – ihn wieder und wieder liest*. Das textliche Zappen ist ein Zeichen mentaler Langsamkeit, um nicht zu sagen: Unbeweglichkeit. Man bewegt die Objekte und verharrt selbst in Stasis. Der Literaturvermittler hingegen hält an, um die *performance* zu verbessern.

Dieses Anhalten, auch durchaus im Sinne einer Anleitung, scheint mir eine wesentliche Aufgabe der Literaturvermittler zu sein: in dem Augenblick, in dem der Widerstand des Textes spürbar wird, nicht den Vermeidungs-Reflex zu unterstützen, sondern persuasiv auf dem Innehalten zu bestehen, auf dem genauen Hinschauen, Hinhören – *voilá le but!* Denn es ist ja, bei aller Larmoyanz, nicht etwa so, daß wir die Grundausstattung zum Verstehen komplexer Texte nicht mitbrächten – nur einsetzen, und dadurch trainieren, muß man sie schon. Der Augenblick, in dem der Gestaltumsprung einsetzt, in dem man begreift, wo es bislang hakte und woran es bislang haperte, der Moment des Umschlags, in dem sich etwas löst, ist nie zu erzwingen – vorzubereiten ist er sehr

---

4 Heike Schmoll, "Quergelesen: Eine Studie über das Leseverhalten der Deutschen und ihre Lektüre", *Frankfurter Allgemeine Zeitung* 30.11.2000.

5 Friedrich Nietzsche, *Werke in vier Bänden*, ed. Gerhard Stenzel, Erlangen: Müller, o.J., 3: 426.

6 Gary Saul Morson, "Contingency and Poetics", *Philosophy and Literature* 22 (1998), 286-308, 292.

wohl, indem man die Flüchtigen wieder auf die Sache hinorientiert. An der Verfertigung von Lyrik ist nichts Mysteriöses – an ihrem Verstehen auch nicht. Daß es schwerfällt, ist, wie gezeigt werden wird, kein Zufall – dazu, daß es etwas leichter fällt, möchte der vorliegende Band gerne einen Beitrag leisten.

Seine einzelnen Kapitel können zwar für sich gelesen werden, aber ihre Abfolge ist keine beliebige. So wie in jedem Kapitel ein Gedankengang entwickelt wird, so folgt auch das Buch als Ganzes einem Plan. Das ist zugleich der Hauptunterschied zu den bekannten literaturwissenschaftlichen Nachschlagewerken, Sachwörterbüchern, Lexika usw., unter denen speziell die unvergleichliche *New Princeton Encyclopedia of Poetry and Poetics* nicht hoch genug zu loben ist, all den nützlichen Kompendien, die dieses Handbuch ja nicht ersetzen, sondern ergänzen möchte: Wer *schnell* wissen möchte, was man unter 'Metapher' versteht, sollte vielleicht besser dort nachschlagen; wer das Phänomen erklärt haben und vorgeführt bekommen möchte, ist hoffentlich hier besser aufgehoben. Daß diese Darstellung die Signatur ihres Verfassers trägt, ist ebenso offenkundig wie selbstverständlich – er hat sich allerdings auch keine besondere Mühe gegeben, das zu unterdrücken und etwa so unpersönlich wie möglich zu klingen.

Dieses Handbuch für Studierende der Anglistik / Amerikanistik möchte Gedankengänge entwickeln und in Gang setzen; es möchte zeigen, wie poetische Sprache (falls es so etwas überhaupt gibt) *funktioniert*; es möchte *einsichtig* machen. Emil Staigers berühmtes Diktum, "daß wir begreifen, was uns ergreift", stammt aus einer anderen Zeit – die rationale Bewältigung von Ergriffenheit ist unser Problem meist nicht. Gleichgeblieben ist allerdings, daß Verstehen und Genießen von Lyrik vom Begreifen nicht zu scheiden ist: etwas auf den Begriff zu bringen, zu *benennen*, warum etwas so und nicht anders ist, vor allem aber: was es für einen Unterschied machte, verhielte es sich anders – dieses Anliegen ist alles andere als überholt.

Eines der Ziele dieses Bandes – andere, nicht weniger wichtige, werden im Kapitel 1 genannt – ist, seine Leser instandzusetzen, fast jedes beliebige Gedicht einigermaßen befriedigend analysieren und interpretieren zu können, sie mit dem Handwerkszeug und einigen Grundideen der Lyrik-Analyse bekannt zu machen. Selbstverständlich ist Interpretation eine Kunst, ein Können – aber damit eben auch erlernbar. Das erste, was man sich nehmen muß, ist *Zeit* – Augenblicke des Innehaltens, um in äußerer Ruhe mental zu beschleunigen und die fahrige Hektik der geistigen Immobilität abzulegen.

Wie immer, verdankt sich das Entstehen auch dieses Buches einer Vielzahl von Personen, deren Namen nicht auf dem Cover erscheinen – ihnen sei an dieser Stelle von Herzen gedankt: Der Anstoß kam vom rührigen Herausgeber dieser Handbuch-Reihe, Herrn Ansgar Nünning – ich konnte mich seinem eindringlich vorgebrachten Ansinnen unmöglich widersetzen, zumal ich ihm bei anderen Gelegenheiten schon so viele Körbe hatte geben müssen. Er wußte, daß er Jahre warten müßte – ich danke ihm deshalb für sein Vertrauen und seine ungewöhnliche Geduld. Für die gleichen Eigenschaften habe ich auch Herrn Dr. Otto vom Wissenschaftlichen Verlag Trier zu danken: Selten gehen verlegerische Professionalität, Effizienz und wohltuende Verbindlichkeit eine so glückliche Verbindung ein wie in seiner Person.

Völlig undenkbar wäre dieser Band ohne die unzähligen Bamberger Studentinnen und Studenten, mit denen ich im Laufe von achteinhalb Jahren meine Begeisterung für Lyrik teilen durfte. Die Augenblicke und Stunden sind unvergessen – in einer Geste, einem Wort ist jede(r) noch da. Danke für alles, Danke für die Zeit.

Einer von ihnen, Herr Stefan Spörlein, hat bei der Besorgung von Literatur unersetzliche Hilfe geleistet. Er sei, ebenso wie Herr Dr. Sebastian Köppl von der Universitätsbibliothek Bamberg, für eine das übliche Maß deutlich übersteigende Hilfsbereitschaft bedankt.

Die technische Fertigstellung der Druckvorlage lag in den Händen meines neuen, doch erfahrenen Münchener Teams. Herr Sebastian Domsch und Herr Kai Merten, vor allem aber Frau Katharina Rennhak haben dankenswerterweise in einer Zeit des Umbruchs die Schlußkorrekturen und die Einrichtung des Textes übernommen. Ich kann ihnen nicht genug dafür danken. Selbstverständlich trage ich die alleinige Verantwortung für verbliebene Fehler.

Frau Doris Haseidl hat erhebliche Teile des Textes getippt – in erstaunlicher Geschwindigkeit und mit nicht zu überbietender Zuverlässigkeit. *I'd be lost without her* – ihr mein ganz besonderer Dank.

Seit über 20 Jahren verläßt keine Zeile meinen Schreibtisch zur Veröffentlichung, ohne daß meine erste Leserin, meine Frau, sie gegengelesen hätte. Der Dank, den ich ihr und unseren Kindern Jenny, Andreas und Benjamin für ihr Verständnis und ihre Liebe schulde, ist nicht in Worte zu fassen.

1968 übernahm ein begeisterter, schwungvoller, fragender, zweifelnder und gerade deshalb so überzeugender junger Lehrer eine fachlich ziemlich heruntergekommene Englisch-Klasse an einem Provinz-Gymnasium (dessen Angehörige wohl alle nicht wußten, *wie* gut ihre 'Penne' wirklich war) – und riß die Schüler mit, indem er nicht das Lehrbuch unterrichtete, sondern – Lyrik. Er selbst kann sehen, welche Spuren er hinterlassen hat. Diesem meinem Lehrer, Herrn Klaus Zarmutek, und allen, die mir über die Jahre und Jahrzehnte hin die Kraft und den Schub, die Anregungen, die Rückmeldung und auch die Zuneigung gegeben haben, die allesamt nötig sind, um überhaupt etwas zurückgeben zu können, sei dieses Buch in Dankbarkeit gewidmet.

1 Lyrik – die schwierige Gattung?

'Woran erkennen Sie eigentlich ein Gedicht, falls Ihnen eines begegnet?' Diese hintersinnige Frage wird in propädeutischen Seminaren nach anfänglichem Zögern gerne brav mit 'am Klangreichtum', 'an den Bildern' oder gar mit 'an der metrischen Bindung' beantwortet – allesamt Antworten, die unstreitig auf wesentliche Aspekte von Lyrik weisen, und doch offenbar wieder nicht ganz das, was der Leiter hören wollte, wie so häufig bei Lyrik... Bis dann einer das erlösende Wort spricht: 'An der Einrichtung des Textes, die Zeilen sind nicht gefüllt.'

Es mag haarspalterisch klingen, aber es lohnt sich, auf diesem Punkt zu insistieren: Bevor wir noch eine einzige Zeile des Textes gelesen haben, wissen wir schon, daß es sich wohl um ein Gedicht handelt. Es ist doch nicht so, daß man sich nach der Lektüre eines Textes, quasi von der Wucht der plötzlichen Erkenntnis übermannt, an die Stirn schlüge und ausriefe: 'Ich glaube, da bin ich doch tatsächlich unversehens gerade einem Gedicht begegnet!' Wir wissen es *vorher*, und dieses Vorwissen steuert unsere Lektüre. Wir achten bei einem Text, den wir für ein Gedicht halten, einfach auf andere Dinge als, sagen wir, beim Studium eines Fahrplans oder einer Bedienungsanleitung. Zum Beispiel achten wir besonders auf jene Aspekte, die oben als distinkte Merkmale poetischer Texte genannt wurden – Klangreichtum, sprachliche Bilder, Metrik. Aber wir sind bereit, auf sie zu achten, *ehe* sie uns überhaupt begegnen: Wir *erwarten* sie schon, in dieser Art von Text.

In älteren Einführungen in die Kunst der Lyrik-Interpretation findet sich mitunter noch folgende Übung: Der Verfasser nimmt einen beliebigen Prosatext und 'setzt' ihn als Gedicht, um damit zu beweisen, daß dadurch noch lange kein Gedicht aus ihm wird, *the point being*, nehme ich an, daß es andere Qualitäten sein müssen, die einen Text zu einem poetischen machen. Ich habe das nie besonders überzeugend gefunden. Es gibt so viele gesellschaftlich approbierte Gedichte, die auch nicht viel besser sind als die Ergebnisse solch durchsichtiger Camouflage, so daß – entgegen der Absicht des Didaktikers – damit allenfalls bewiesen wäre, daß man in der Regel aus Texten, die gar keine Gedichte sein sollen, nicht einfach durch neues *layout* ein *gutes* Gedicht machen kann. Aber das ist ja trivial und lohnt den Aufwand kaum.

Nicht-trivial ist dagegen der Nachweis, daß man Leser allein durch die Suggestion, es handele sich bei einem beliebigen Text um einen poetischen, dazu bringen kann, ihn auf ganz bestimmte Weise recht produktiv und erhellend zu entschlüsseln – auf eine Weise, die gerade seine 'poetischen' Qualitäten würdigt. Stanley Fish hat das anhand einer Namensliste, die noch aus dem vorhergehenden Seminar an der Tafel stand, vorexerziert.[7] Wir *entwerfen* einen Text als poetischen, wenn wir nur Anlaß haben zu vermuten, es handele sich um einen solchen. Und diese Einstellung, der Punkt verträgt Wiederholung, geht der Lektüre *voraus*, ist *nicht* etwa *Ergebnis* der Lektüre. Denn Anlaß für diese Vermutung

---

7 Vgl. Stanley Fish, *Is There a Text in This Class? The Authority of Interpretive Communities*, Cambridge, MA / London: Harvard UP, 1980, 323-337.

geben uns fast immer Signale, die der Lektüre vorhergehen oder gar außerhalb des Textes liegen: Er steht in einem Gedichtband oder in einer Anthologie, wir werden in einem Lyrik-Seminar mit ihm konfrontiert – oder 'die Zeilen sind nicht ausgefüllt'. Rahmung und Kontext, Funktion und graphische Einrichtung sind die entscheidenden *markers*.

Man unterschätze die Wirkung solcher Signale nicht, sie dienen zu mehr als der bloßen Grobeinordnung in literarische Gattungen. Die Gestalt eines Limerick beispielsweise ist mit einem Blick – ohne Lektüre eines einzigen Wortes! – erfaßbar, und wenige werden sich von dem unegalen Fünfzeiler Elegisches erwarten. Geübte Geister erkennen auf den ersten Blick selbst aus Abstand ein Sonett an seinen 14 Zeilen – und denken sich ihren Teil. Auf den zweiten, näheren Blick sagen sie knapp 'Petrarca!' oder 'Shakespeare!' – ohne Lektüre einer einzigen Zeile! Daran ist nichts mysteriös, es zeigt nur: Keine Lektüre beginnt voraussetzungslos, ohne das, was wir an Vorwissen und Kenntnissen, auch an Fertigkeiten und Fähigkeiten mitbringen und an den Text herantragen.

Das wichtigste allgemeine Vorwissen ist, daß in unserer Kultur mit poetischen Texten grundsätzlich anders umgegangen wird als mit Sachtexten, aber auch noch etwas anders als mit fiktionalen Texten. Man liest poetische Texte weitgehend entpragmatisiert, d.h. man bezieht sie nicht mehr oder minder direkt auf die außersprachliche Wirklichkeit, weshalb man auch sagen kann: Man liest sie nicht-referentiell. Einen Text nicht-referentiell zu lesen (also das Augenmerk nicht *von ihm weg* zu richten auf das, was er in der 'Realität' bezeichnet) ist aber dasselbe wie das Augenmerk stattdessen *auf ihm selbst* ruhen zu lassen, darauf, *wie* er gemacht ist, auf dem Text *als Text*.

Poetische Texte sind deshalb Paradebeispiele für *autoreferentielle* oder selbstbezügliche Texte – und das ist eine *sprachlich-pragmatische Kategorie*, weil sie definiert ist durch eine bestimmte Art des *Umgangs* mit den Texten, die zu ihr zählen. Es ist auch eine *offene* Kategorie, d.h. ein Text *muß nicht* zwingend bestimmte sprachliche Eigenschaften haben, um ihr anzugehören. Als Peter Handke 1969 in seinen Gedichtband *Die Innenwelt der Außenwelt der Innenwelt* "Die Aufstellung des 1. FC Nürnberg vom 27.1.1968" aufnahm, da machte er einen einfachen Vorschlag: diesen Text eben nicht so zu lesen, wie man ihn vielleicht im Sportteil der Zeitung gelesen hätte, sondern de- und rekontextualisiert, mit Fokus auf den Text *als Text*. Und keiner – auch nicht die, die darob empört waren, nein, gerade nicht die, die darob empört waren! – macht mir weis, er habe Handkes Abdruck genauso gelesen, wie wenn er 'denselben' Text in der BILD AM SONNTAG am Tag nach dem Spiel gelesen hätte (das Dementi verriete darüber hinaus auch ungenaue Lektüre – Handkes Text endet:

Spielbeginn:
15 Uhr

ist also keinem Spielbericht, sondern einer Ankündigung entnommen).

Es geht hier nicht darum, ob Handkes Idee besonders originell war (sie war es nicht, er wiederholte nur, was andere schon vor ihm getan hatten – man denke, außerhalb der Literatur, etwa an Marcel Duchamps *ready-mades*); auch nicht darum, ob die Mannschaftsaufstellung – für Fußballkenner ein Gedicht – als Gedicht 'gut' sei. Das Beispiel zeigt nur: Rahmung und Umfeld eines Textes – seine institutionell-konventionelle Absonderung – signalisieren uns, daß der Text anders zu verarbeiten oder dekodieren ist als gemeinhin, daß wir (das Spiel ist aus) nun im Text auf Qualitäten achten können, die uns sonst sicherlich entgangen wären, an die wir im Leben nicht gedacht hätten: die ganze sprachlich-ästhetische Dimension eines Textes nämlich (das Spiel kann beginnen).

Die Folgen des Zusammenhanges von abgestellter Referentialität und Selbstbezüglichkeit, von Entkontextualisierung und literarisch-ästhetischer Lektüre sind so weitreichend, daß ich auf diesen Punkt in diesem Kapitel noch einmal (und später immer wieder) zurückkommen werde. Doch neben diesem Vorwissen um die besondere Art des Umgangs mit poetischen Texten in unserer Gesellschaft (dieses Vorwissen braucht gar nicht bei jedem einzelnen explizit und abrufbereit vorhanden zu sein – bei vielen mag es tatsächlich eher eine unreflektierte Ahnung sein, so wie man etwa 'weiß', daß ein Märchentext sich 'natürlich' nicht auf die Realität bezieht) spielt noch etwas anderes eine enorme Rolle für unsere Voreinstellung Gedichten gegenüber, nämlich unsere bisherigen Erfahrungen mit Gedichten und ihrer institutionellen Vermittlung. Und diese Erfahrungen sind, wenn nicht alles trügt, bei nicht wenigen eher enttäuschend, um nicht zu sagen unangenehmer Art.

Obwohl Kinder doch gerne und lustvoll mit sprachlichem Klang und Rhythmus spielen, obwohl es höchst populäre Musikformen gibt, bei denen der rhythmische Umgang mit Sprache, wie etwa im *rap*, ganz stark im Vordergrund steht, obwohl die Werbung vor witzigen, wirklich geistreichen Wortspielen nur so strotzt und obwohl alle zumindest durch eine Phase zu gehen scheinen, in der sie selbst Gedichte (und beileibe nicht nur Liebesgedichte) schreiben, machen die meisten SchülerInnen und StudentInnen, wenn sie wählen können, einen großen Bogen um Kurse und Seminare, in denen Lyrik angeboten wird. Lyrik ist innerhalb des Bildungssystems die unpopulärste der drei Grundgattungen – und wer ihr primär dort begegnet ist, den scheint oft die Erfahrung für den Rest seines Lebens gezeichnet zu haben: Er wird sie fürderhin zu vermeiden trachten.

Als Begründung der Ablehnung wird häufig angegeben, der Lehrer oder Dozent habe – ausgerechnet bei diesen bekanntermaßen schwierigen, subjektiven, dunklen, mehrdeutigen Texten – immer 'etwas Bestimmtes' hören wollen, da habe man dann eben öfters 'danebengelegen' (so als handele es sich um eine Art Ratespiel), sei es, daß man zu wenig 'herausgeholt' habe, sei es, daß man, im Gegenteil, überinterpretiert habe, sei es, daß man einfach in dem Gedicht 'etwas anderes' als der Lehrer oder Dozent gesehen habe, was der aber auch nur aus einem Handbuch habe und nicht selbst am Text habe begründen können. Das Lamento ist altbekannt und wohl ebenso berechtigt wie seine spiegelbildliche Entsprechung, die Klage über SchülerInnen und StudentInnen, die einfach nicht genau hinschauen, flüchtig lesen, wild assoziieren, statt zu argumentieren, bei denen formale Analyse und inhaltliche Deutung völlig unvermittelt und unbegriffen nebeneinander stehen, die über eine linkische Paraphrase des Offensichtlichen nie hinauskommen und jede textliche Nuance gnadenlos mit dem

Bulldozer ihrer erfahrungslosen Phrasen plattmachen usw. usf.. Man sieht, wie so oft im Leben: Die Enttäuschung ist durchaus gegenseitig.

Aber ich schneide diesen Punkt nicht an, weil ich den Konvertiten predigen oder wie ein Veranstalter agieren wollte, der, enttäuscht, daß nur so wenige gekommen sind, nun ausgerechnet noch eben diesen, die den Weg gerade nicht gescheut haben, Vorhaltungen macht und sie beschimpft; ich gehe vielmehr davon aus, daß, wer immer dieses Buch hier in der Hand hält und dies liest, ja zumindest zur Schar der noch nicht völlig Entmutigten und Verschreckten gehört. Nein, der Punkt ist aus einem anderen Grunde so wichtig: Welche Schwächen die Literaturvermittlung in unserem Bildungssystem auch haben mag – individuelle und institutionelle – , es muß doch etwas Besonderes an der Lyrik sein, daß gerade bei ihr und bei ihr so unübersehbar diese Schwierigkeiten aufbrechen: sonst – läge es allein oder vor allem an den Institutionen, den überforderten Vermittlern und den nicht minder überforderten Adressaten – müßten doch eigentlich *alle* literarischen Gattungen im etwa gleichen Maße von der Malaise betroffen sein. Warum aber kommt gerade Lyrik so oft nicht an? Was ist ihre spezifische Differenz?

Nun, Lyrik *ist* schwierig, weil in ihr mit Sprache auf eine besondere, ungewohnte und daher schwierige Weise umgegangen wird – beileibe nicht in allen Gedichten, aber doch so weitverbreitet, daß man verallgemeinernd von einem Gattungszug reden kann. Die Merkwürdigkeit poetischer Sprache – die russischen Formalisten sprachen von "Verfremdung" – zwingt uns, langsamer zu lesen, genauer hinzuschauen. Während in Alltagskommunikation Sprache einem gewissen Automatismus unterliegt und wir uns ökonomisch mit Phrasen und Klischees verständigen, wirkt die Verfremdung der poetischen Sprache gerade diesem Automatismus entgegen und lenkt unser Augenmerk auf das, was in der alltäglichen Kommunikation gar nicht zu sehr ins Bewußtsein dringen *darf*, wenn die Kommunikation nicht kollabieren soll: auf *die Art* der 'Nachricht', den Text selbst, die Sprache *als Sprache*, nicht als Mittel zu einem (außersprachlichen) Zweck, sondern als das, worum es geht. Viktor Šklovskij hat in einer wunderbaren Passage seines klassischen Essays "Die Kunst als Verfahren" (1916) diesen Zusammenhang von Verfremdung, Verlangsamung der Wahrnehmung und neuem Sehen unübertroffen auf den Punkt gebracht:

> [...] gerade um das Empfinden des Lebens wieder herzustellen, um die Dinge zu fühlen, um den Stein steinern zu machen, existiert das, was man Kunst nennt. Ziel der Kunst ist es, ein Empfinden des Gegenstandes zu vermitteln, als Sehen, und nicht als Wiedererkennen; das Verfahren der Kunst ist das Verfahren der "Verfremdung" der Dinge und das Verfahren der erschwerten Form, ein Verfahren, das die Schwierigkeit und Länge der Wahrnehmung steigert, denn der Wahrnehmungsprozeß ist in der Kunst Selbstzweck und muß verlängert werden. [...]

> Somit ist die Sprache der Dichtung eine schwierige, erschwerte, gebremste Sprache.[8]

Die schwierige Sprache der Dichtung ist also das hauptsächliche *innertextliche* Mittel, die Aufmerksamkeit des Lesers auf den Text selbst, auf seine Machart zu lenken. Wir stutzen – und schon sind wir gezwungen, genauer hinzuschauen. Diese Deviation von der Norm und die Abweichung von der Erwartung des Lesers (die ja selbst wieder variabel sind) machen den Text im oben erwähnten Sinne selbstbezüglich. In poetischen Texten überlagert die autoreferentielle Funktion unübersehbar oder unüberhörbar die referentielle.

Das ist zwar im Prinzip in Erzählliteratur und Drama nicht anders (wenn Šklovskij von poetischer Sprache oder der Sprache der Dichtung spricht, meint er eigentlich immer die Sprache der *Literatur*), aber die Texte dieser Gattungen können (wenn solch grobe Verallgemeinerung überhaupt statthaft ist) leichter dazu verleiten, ihre Sprachzeichen so zu lesen, als bezögen sie sich – wie die der Alltagssprache – auf eine außersprachliche Wirklichkeit, die 'Realität'. In der Lyrik dagegen ist durch das gesteigerte *foregrounding* der Form, der Machart, dieser Kurz-Schluß vom (Sprach-)Zeichen auf die (außersprachliche) Wirklichkeit enorm erschwert: Die Sprache der Dichtung hat etwas, was durchaus aller Literatursprache zukommt, aber in solchem Maße, daß es nicht mehr ignoriert werden kann: Man kommt einfach nicht darum herum, daß hier offenbar eine besondere Art Text vorliegt, der immer wieder unsere Aufmerksamkeit auf seine eigentümliche Gestalt, seine merkwürdige Machart, also *auf sich selbst* zurücklenkt. Lyrik zwingt viel stärker als die anderen literarischen Gattungen zum *literarischen* Lesen. Wer das nicht mag oder nicht gelernt hat, wird eher ausweichen auf Texte, die nicht so sperrig und schwierig sind, die einem unliterarischen *misreading* nicht so viel Widerstand entgegensetzen.

Hier wird nicht gerade Bescheidenes für die Lyrik reklamiert: Sieht man nämlich in Selbstbezüglichkeit das Merkmal von Literatur schlechthin, das Maß ihrer 'Literarizität', könnte man Lyrik die literarischste aller Gattungen nennen. Sie erinnert uns durch Verfremdung der Sprache und *foregrounding* der Form permanent daran, daß ihr Verhältnis zur 'Wirklichkeit' unkonventionell, ja problematisch, in jedem Falle aber erst noch auszumachen ist. Das sogenannte Schwierige gehörte demnach wesentlich zur Lyrik, weil ein Text nur in dem Grad literarisch, ästhetisch reizvoll ist, wie er durch Unerwartetes befremdet und überrascht, uns zwingt, innezuhalten und unser Augenmerk auf etwas zu richten, dessen wir uns in Alltagskommunikation – wenn sie nicht zusammenbrechen soll – gar nicht zu sehr bewußt werden *dürfen*: Sprache *als Sprache*.

Aber so effektiv auch das Mittel der "erschwerten Form" in der Dichtung ist, wie zentral auch für ihre Abgrenzung gegenüber den anderen literarischen Grundgattungen, wir dürfen nicht vergessen, was eingangs impliziert war und nun noch einmal ausgesprochen werden muß: Deviation ist weder eine notwen-

---

8 Viktor Šklovskij, "Die Kunst als Verfahren", *Russischer Formalismus: Texte zur allgemeinen Literaturtheorie und zur Theorie der Prosa*, ed. Jurij Striedter, München: Fink, 3. Aufl. 1981, 3-35, 15, 33.

dige noch eine hinreichende Eigenschaft von poetischen Texten, m.a.W.: Weder *muß* ein Text unbedingt in irgendeiner Hinsicht verfremdet sein, um als poetisch zu gelten, noch *reicht* es einfach *hin*, ihn in irgendeiner Weise verfremdet zu haben. Mangels eines *textinhärenten* Merkmals, das allen literarischen Texten oder wenigstens allen lyrischen Texten gemeinsam wäre, sind wir unweigerlich auf *Außertextliches* zurückverwiesen: auf die offene, kultur-konventionelle Kategorie 'Literatur' oder 'Lyrik', die für die Texte, die ihr angehören, eine nicht-referentielle, selbstbezügliche Lesart empfiehlt. Deviation ist also 'nur' ein besonders ins Auge springendes Merkmal poetischer Texte – und sicher eines, dessen Bedeutung man kaum überschätzen kann: Ein Großteil der Wirkung von Lyrik beruht unstreitig darauf, daß hier Sprache auf unerwartete, ungewöhnliche Weise gebraucht wird. Als *differentia specifica* im logischen Sinne kann man sie aber nicht bezeichnen.

Das ist aber gar nicht schlimm und hat auch sein Gutes. Denn nachdem wir uns bei den Deviationstheoretikern den Trost geholt haben, daß wir durchaus Grund haben, Lyrik schwierig zu finden, können wir uns befreit einem nicht minder wichtigen Aspekt von Dichtung zuwenden, der über der Faszination des Regelbruchs und des Verstoßes gegen eine Erwartung leicht in Vergessenheit gerät: Poetische Sprache zeichnet sich ja nicht nur dadurch aus, daß sie souverän Regeln der Normalsprache mißachtet, sich über sie hinwegsetzt, sie verletzt und bricht, poetische Sprache zeichnet sich auch dadurch aus, daß sie, quasi im Gegenzug, einen *höheren* Grad von Regelmäßigkeit als Normalsprache aufweist: sei es im Metrum, sei es in Klangmustern, sei es in der Rekurrenz bestimmter Wörter oder Bilder.

Die Frage, ob die Abweichung – also die geringere Vorhersagbarkeit – oder das Plus an Regelmäßigkeit – also die höhere Vorhersagbarkeit – mehr für die Poesie leistet,[9] ist vollkommen müßig. Beides gehört unauflöslich zusammen. Der mit allen Regeln brechende Text ist der radikal unverständliche Text. Der völlig vorhersagbare, regelmäßige Text ist der vollkommen uninteressante, langweilige Text. Es kann gegen keine Erwartung verstoßen werden, die nicht zuvor aufgebaut worden wäre, und je sicherer man sich war, es würde bestimmt so weitergehen, desto größer die Überraschung, wenn das Muster, die Regel, die Routine reizvoll gestört wird. Der Effekt eines poetischen Textes hängt ganz wesentlich von der subtilen Manipulation dieses Zusammenhanges von Erwartung und Überraschung, von Muster und Störung ab – der Reiz der Lektüre vom sensiblen

---

9 In den 1920er Jahren glaubte Jurij Tynjanov, gegen Šklovskij diese Position einnehmen zu müssen. Immer wieder trete in Texten eine Gruppe von Faktoren auf Kosten der anderen in den Vordergrund (die sogenannte Dominante), im Vers z.B. der Rhythmus. Nur solange der Leser die Spannung zwischen dem beherrschenden konstruktiven Faktor und den untergeordneten wahrnehme, nehme er auch *Form* wahr: "Wird die Unterordnung, die Deformation aller Faktoren von Seiten des Faktors, der die konstruktive Rolle spielt, nicht wahrgenommen, so existiert auch nicht das Faktum der Kunst." Jurij N. Tynjanov, *Das Problem der Verssprache: Zur Semantik des poetischen Textes*, München: Fink, 1977, 40.

Nachvollzug des Wechselspiels von Regelhaftigkeit und Bruch, von Muster und Ausnahme.

Nichts anderes als das – den Fokus auf die Struktur oder die besondere Machart eines Textes zu richten – heißt, ihn angemessen, nämlich *literarisch* zu lesen. Das Ausgangsmaterial der Dichtung – die Sprache – ist ja durchaus vertraut, aber es ist, im Unterschied zu allen anderen Künsten, wie Malerei, Musik und Skulptur, nicht semantisch neutral: Es bedeutet immer schon. Kein Wunder: Wir benutzen Sprache ja auch als Hauptkommunikationsmittel – nicht Farben, Formen, Töne. Die Elemente dieses Ausgangsmaterials können nun allerdings durch unkonventionelle Vertextung – indem, wie gesagt, manche Regeln der Alltagssprache nicht befolgt werden oder man andere, zusätzliche Regeln einführt – dergestalt neu verknüpft werden, daß sie mehr oder anderes zu bedeuten scheinen als normalerweise. Der Text beginnt zu 'flimmern', mehrdeutig zu werden, im selben Maße wie seine Sprache selbstbezüglich ihre Eigen-Art demonstriert. Mehrdeutigkeit ist also ein unabstellbares Merkmal literarischer, speziell lyrischer Texte.[10] Über die Primärreferenz, die nie ganz gelöscht werden kann, legt sich die zweite oder eigentlich literarische Bedeutung, auf deren Entdeckung literarisches Lesen zielt.

Liest man etwa das Gedicht "The Windhover" von Gerard Manley Hopkins, so kann man in jedem zweisprachigen Wörterbuch nachschauen (wenn man es nicht eh schon weiß), daß 'windhover' im Deutschen 'Turmfalke' heißt. Was es aber *in diesem Gedicht* darüber hinaus bedeutet, das kann man in keinem Wörterbuch der Welt nachschlagen – das muß man schon selbst herausbekommen. Und man bekommt es auch heraus, wenn man nur genau genug liest. 'Windhover' heißt dann immer noch 'Turmfalke', aber in einer adäquaten Lektüre wird die konkrete Mehrdeutigkeit dieses Zeichens in diesem Kontext entfaltet und ihr 'Funktionieren' nachvollzogen. Unliterarisches Lesen tendiert eher dazu, an der Primärreferenz zu haften, ignoriert mithin, daß hier Sprachzeichen *auf besondere Weise* verwendet werden. Der unliterarisch Lesende ist wie ein Erwachsener, der verbohrt darauf beharrt, er sehe drei Schneekugeln unterschiedlicher Größe aufeinander getürmt, einen Kochtopf obenauf, eine Karotte in der Mitte der obersten, kleinsten Kugel, rechts und links oberhalb der Karotte je ein Eierbrikett, auf der mittleren Kugel weitere drei Eierbriketts, doch vertikal angeordnet. Alles nicht falsch, doch hoffnungslos daneben. Die Kinder, die den Schneemann gebaut haben, wissen es besser: Der Kochtopf *ist* der Hut, die Karotte *ist* die Nase, die oberen Briketts *sind* die Augen, und die gleichen (!) Briketts auf der mittleren Kugel *sind* Knöpfe: *Der Kontext bestimmt nämlich die Sekundärbedeutung*, beim Schneemann wie beim Gedicht. Die meisten Erwachsenen haben das nur vergessen. Also: Unliterarisches Lesen insistiert ebenso impertinent wie unnötigerweise auf dem Literalsinn von Wörtern in Texten ('Diese Karotte ist eine Karotte!'), die auf etwas ganz anderes hinauswollen.

10 Vgl. Christoph Bode, *Ästhetik der Ambiguität: Zu Funktion und Bedeutung von Mehrdeutigkeit in der Literatur der Moderne*, Tübingen: Niemeyer, 1988.

Literarisches Lesen zielt auf die Entschlüsselung einmaliger Codes, auf das Verstehen und Begreifen textlicher Unikate.

Aber auch dort beginnen wir nie bei Null. Wir teilen eine Sprache (oder mehrere), wir teilen eine Kultur (oder mehrere), wir teilen eine Tradition (oder mehrere) und sind – wer könnte es leugnen? – begabt mit Verstand und Imagination, mit Wissen und Erfahrung, Spieltrieb und Kreativität, Auffassungsgabe und mentaler Flexibilität, mit der stark ausgeprägten Gabe, Muster zu erkennen – und sie im Geiste zu re-konfigurieren. In einem Wort: systematisch denken und sensibel-kreativ etwas durchspielen – viel mehr als diese Software braucht man zum Verstehen von Lyrik gar nicht. Den Rest kann man hier erfahren.

Wenn man sich nun die Regelmäßigkeiten und die Eigentümlichkeiten eines gegebenen poetischen Textes auf seiner graphischen, rhythmischen, phonologischen, morphologischen, semantischen und syntaktischen Ebenen anschaut, so ist es unerheblich, ob man etwa im Stile der Strukturalisten die signifikanten Äquivalenz- und Oppositionsbeziehungen der Textelemente identifiziert oder ob man für dieselben Phänomene der Regelmäßigkeit und des Ungewöhnlichen die eingebürgerten Begriffe der klassischen Poetik und Rhetorik verwendet, die sicherlich als gängige Kürzel den Vorteil größerer kommunikativer Effizienz haben. Entscheidend ist vielmehr, daß solche Inventarisierung immer nur der erste Schritt sein kann; der zweite, bei dem es eigentlich interessant wird, besteht darin zu untersuchen, wie das bestimmte und benannte Phänomen im konkreten Fall *funktioniert*, das heißt aber: wie es im Ensemble des vorliegenden Textes *wirkt*.

Denn genauso wie ein und dasselbe Wort in einem anderen Kontext ganz anderes bedeuten kann, kann ein und dasselbe Stilmittel – sei es ein bestimmtes metrisches Phänomen oder ein lautliches oder ein Zeilenarrangement oder ein bildlicher Ausdruck – in einem anderen Kontext völlig anders wirken. Das macht Lyrik-Analyse erst spannend. Der konkrete Einzelfall zählt – vor dem Hintergrund der allgemeinen Regel, die nie mehr als eine Faustregel sein kann. Auch hier gilt: Meisterschaft liegt oft im gekonnten Bruch einer vermeintlich sicheren Regel.

Wie etwas wirkt, ob etwas gelungen ist, läßt sich letztlich immer erst einschätzen, wenn gleichsam der Klang einer Stimme im Ensemble des Chores ausgemacht ist. Wenn also im Folgenden Metrum und Rhythmus (Kapitel 2), Klang und Strophenform (Kapitel 3), Bildlichkeit (Kapitel 4), ausgewählte Gedichtformen (Kapitel 5), Textgestalt (Kapitel 6) und Rollen, *personae*, Haltungen und *modes* (Kapitel 7) jeweils separat betrachtet werden, so allein aus heuristischen Gründen. Wir nehmen uns, um das Bild zu wechseln, die einzelnen Instrumentengruppen eines Sinfonieorchesters vor – die Streicher, die Bläser, die Schlaginstrumente usw. – und vergegenwärtigen uns allgemein, aber auch an einer Fülle von Beispielen, was man mit ihnen alles machen kann. Konzentrieren wir uns auf ihren speziellen Part in der Partitur, hören wir klarer, was sie tun. Der Preis dafür ist eine künstliche Isolation, denn jeder weiß doch, daß die eigentliche Wirkung sich erst im Zusammenklang mit den anderen, nun ausgeblendeten Instrumenten einstellt, jeder weiß, daß nach der Analyse die Partitur *als Ganzes* 'gelesen' werden muß. Hier aber geht es ja nicht um die Analyse der Partitur *eines* Gedichtes, sondern um die Bandbreite 'instrumenteller' Möglichkeiten allgemein. Sind die aber erst einmal verstanden, kann jeder in einem konkreten Fall die Synthese des zuvor Analysierten leicht selbst betreiben.

Heuristische Gründe hat auch eine Ausblendung, die kurz gerechtfertigt werden soll. Vor Jahren hat der Verfasser dezidiert die Meinung vertreten,[11] erst unsere bestimmte methodische Herangehensweise konstituiere den poetischen Text *als Untersuchungsobjekt*, wir entwerfen ihn praktisch mit unserem Herangehen auf bestimmte Weise, und er stellt sich uns 'so' dar als Folge der Fragen und Interessen, die wir an ihn herantragen. An dieser Auffassung hat sich nichts geändert. Und doch wird in diesem Buch so getan, als könne man über Lyrik 'an sich' sprechen, von keinerlei konkretem methodischen und literaturtheoretischen Standpunkt aus. Das geht natürlich nicht – deshalb wird auch bloß so getan. Und der Kenner wird meinen bisherigen Bemerkungen auch schon unschwer entnommen haben, daß ich ein strukturalistisch operierender Hermeneutiker bin, dessen starke formalistische Tendenzen durch eine radikale Auffassung des *institutional approach* relativierend aufgehoben worden sind.[12] Was er noch nicht wissen kann, ist, daß mich nun auch merklich dekonstruktive (oder romantische) Neigungen zunehmend zweifeln lassen, ob das Wesentliche überhaupt sagbar ist.[13]

Zwei Worte zur Terminologie: Handelt es sich hier um eine, wie der Titel sagt, Einführung in die Lyrik-*Analyse* oder um einen Einführung in die Lyrik-*Interpretation*? Hinter der unterschiedlichen Begrifflichkeit verbergen sich normalerweise grundverschiedene Auffassungen vom Gegenstand der Literaturwissenschaft: Wer 'Analyse' sagt, hat meist das Intersubjektivitäts-Ideal der 'harten' Naturwissenschaften im Sinn und möchte von der Literaturwissenschaft den Verdacht der Subjektivität, des raunenden Einfühlens und des unwissenschaftlichen 'ich finde...' nehmen. Wer dagegen 'Interpretation' sagt, demonstriert, daß für ihn das Verstehen eines literarischen Textes sehr viel mit Begegnung, Nachvollzug, Vertiefung und Revision zu tun hat, mit Erfahrung und mit der Möglichkeit, in der Lektüre ein anderer zu werden. Ich benutze *beide* Ausdrücke, sehenden Auges – weil mir Interpretation ohne Analyse unvorstellbar ist, Analyse ohne Interpretation aber sinnlos.

Zweitens: Es geht hier um Dichtung, um die Mittel poetischer Sprache und ihre Wirkung. Und wenn auch die allermeisten meiner Beispiele mit gutem, praktischem Grund aus der Lyrik stammen, die dem Band ja auch mit Recht den Titel gibt, so will ich es mir doch andererseits nicht nehmen lassen, Beispiele aus der erzählenden epischen Dichtung (die, so heißt es oft, auf größere Objektivierung als die Lyrik zielt) zu wählen, wann immer mir das geraten scheint. Die

---

11 Vgl. Christoph Bode, *Lyrik und Methode: Propädeutische Arbeit mit Gedichten*, Berlin: Cornelsen-Velhagen & Klasing, 1983.

12 Vgl. auch Bode, *Ästhetik der Ambiguität*, 242-378.

13 Vgl. Christoph Bode, " 'Look on my Works, ye Mighty, and despair!' Notes on the Non-teachability of Poetry", *Teachable Poems from Sting to Shelley* (*anglistik & englischunterricht* 53), ed. Manfred Pfister, Heidelberg: Winter, 1994, 139-152.

Phänomene der poetischen Sprache gehören ja nicht der Lyrik exklusiv, sie durchziehen alle Gattungen – und selbstverständlich auch die Alltagssprache des Menschen ("I find them where I may..."), freilich ohne dort dominant zu werden. Wenn 'Lyrik' hier, einem weitverbreiteten Sprachgebrauch folgend, synekdochisch für 'Dichtung' schlechthin gebraucht wird, so vollzieht ein solcher Gebrauch nur den nachhaltigen Niedergang 'objektiv'-deskriptiver und narrativ-epischer Gedichtformen nach: Dichtung ist heute eben, *for better or worse*, weitgehend identisch mit Lyrik, weil die Erzählfunktion seit dem 19. Jahrhundert vollends vom (dadurch praktisch funktionslos gewordenen) Epos auf den Roman übergegangen ist (und Romanciers wie B.S. Johnson glauben, von dort schon wieder auf das Medium des Films). Daß ich *Paradise Lost, The Rape of the Lock* oder *The Prelude* für Lyrik hielte, wird mir hoffentlich aufgrund dieses Wortgebrauches niemand unterstellen wollen...

Die Wahl meiner Beispiele rechtfertigt sich (wieder: hoffentlich) selbst: Sie sind in keinerlei Hinsicht repräsentativ – außer zur Illustration des Punktes, der gerade gemacht werden soll. Sie entstammen selbstverständlich vermehrt den Epochen und Œuvres, die ich weniger schlecht zu kennen glaube. Außerdem mag ich sie. Sie finden sich alle in den Standardanthologien zur englischen und amerikanischen Literatur bzw. Lyrik.[14] Nur wo das ausnahmsweise nicht der Fall ist, wird eine Quelle angegeben.

Wem der hier gebotene Stoff zu simpel ist, wer meint, so etwas sollten Studierende doch eigentlich vom Gymnasium her mitbringen, dem möchte ich antworten, daß ich es für richtig halte, Menschen dort abzuholen, wo sie sich tatsächlich befinden. Sonst kann man ja gleich alleine gehen. Wem der hier gebotene Stoff dagegen zu anspruchsvoll ist, wer unwahrscheinlicherweise meint, hier werde zuviel gefordert und vorausgesetzt, dem möchte ich antworten, daß ich es für wichtig halte, immer etwas mehr zu fordern und vorauszusetzen, weil nur aus der Differenz hinzugelernt werden kann. Wenn alle schon alles wissen, braucht man sich ja gar nicht auf den Weg zu machen.

Übergeordnetes Ziel dieser Einführung ist es, den Leser nicht nur ein Gedicht erkennen zu lassen, falls ihm demnächst eines begegnet, sondern ihn sich auf diese Begegnung auch freuen zu lassen – neugierig-gespannt darauf, es näher kennenzulernen. Mag Lyrik auch eine schwierige Gattung sein, sie ist auch eine faszinierend schöne. Eine schwierige Schöne eben.

---

14 M.H. Abrams (ed.), *The Norton Anthology of English Literature: Fifth Edition*, 2 Bde., New York / London: Norton, 1986; Nina Baym et al. (eds.), *The Norton Anthology of American Literature: Fourth Edition*, 2 Bde., New York / London: Norton, 1994; Arno Löffler, Eberhard Späth (eds.), *English Poetry: Eine Anthologie für das Studium*, Wiesbaden: Quelle & Meyer, 3. überarb. Aufl. 1998; Horst Meller, Rudolf Sühnel (eds.), *British and American Classical Poems*, Heidelberg: Winter, 1999; Mark Strand, Eavan Boland (eds.), *The Making of a Poem: A Norton Anthology of Poetic Forms*, New York / London: Norton, 2000.

2 Metrum und Rhythmus

Im Englischen wechseln, wie in jeder mir bekannten Sprache, betonte und unbetonte Silben einander mit gewisser Regelmäßigkeit ab. Natürlich können mehrere betonte Silben direkt hintereinander stehen, mehrere unbetonte auch, aber es ist schon ungewöhnlich, wenn vier oder fünf oder noch mehr aufeinanderfolgende Silben einen vollen Akzent tragen (erst recht ist King Lears "Then kill, kill, kill, kill, kill, kill!" [*King Lear*, 1.5.185] eine Herausforderung für jeden Schauspieler) – oder eben keinen Akzent. Wir reagieren dann bei der Artikulation einer solchen Silbenfolge auf leicht vorhersagbare Weise – und das wiederum kann sich ein Dichter, wie noch zu zeigen sein wird, zunutze machen.

Betonungen sind selbstverständlich nicht *per se* poetische Mittel. Jedes mehrsilbige Wort trägt einen Wortakzent, und dieser Wortakzent kann durchaus bedeutungsdifferenzierend sein: 'Tenor' auf der ersten Silbe betont, bedeutet so viel wie 'Inhalt, Wortlaut, Sinn, Haltung, Einstellung, entscheidender Teil eines Urteils', 'Tenor' auf der zweiten Silbe betont 'Sänger mit relativ hoher Stimmlage'. 'Paris' bezeichnet, wenn initial betont, den Sohn des Priamos und der Hekabe, der Helena nach Troja entführte, wenn final betont, die Hauptstadt Frankreichs.

Interessanter sind Satzbetonungen oder rhetorische Betonungen. Sie sind uns in gesprochener Sprache so selbstverständlich, daß wir leicht vergessen, daß die Bedeutung abhanden kommt – oder der Satz mehrdeutig wird – , wenn wir ihn schreiben statt aussprechen. Die einfache Frage 'Du hast eine Pizza aufgetaut?' kann auf fünf verschiedene Weisen betont werden, weil jedes Wort in ihr einen rhetorischen Akzent tragen kann, und jedesmal ergibt sich daraus eine andere Bedeutung:

1. '**Du** hast eine Pizza aufgetaut?' (Implikation: 'obwohl Du doch hier sonst keinen Handschlag tust' oder 'das ist ja wohl die Höhe, schließlich war ich es!')
2. 'Du **hast** eine Pizza aufgetaut?' ('nachdem Du stundenlang nur davon geredet hast')
3. 'Du hast **eine** Pizza aufgetaut?' ('obwohl Du doch weißt, daß ich auch einen Riesenhunger hab')
4. 'Du hast eine **Pizza** aufgetaut?' ('obwohl Du doch gar keine Pizza magst')
5. 'Du hast eine Pizza **aufgetaut**?' ('jeder schwärmt von Deinen selbstgebackenen Pizzas – ich hatte mir von Deiner Einladung eigentlich etwas anderes versprochen')

Nun werden Nachrichten oder Fragen wie die obige selten schriftlich kommuniziert (aber die *International Herald Tribune* meldete neulich, durch e-mails sei die Zahl der Fälle schwerer Verstimmungen und tiefgreifender Zerwürfnisse sprunghaft angestiegen – die Menschen vertrauten der Herkunft nach 'orale' Botschaften unverändert einem 'schriftlichen' Medium an und vergäßen, daß die fehlenden, nur dem Absender 'selbstverständlichen' Betonungen gravierende Mißverständnisse nach sich ziehen könnten). In Ian McEwans Roman *Amsterdam* schickt eine Figur ihrem Bekannten, einem verantwortungslosen Redakteur, eine Postkarte mit dem Satz "You deserve to be sacked" – *vor* dessen Entlassung, und der Akzent sollte auf das letzte Wort fallen. Der Empfänger liest die Karte aber *nach* seiner tatsächlich erfolgten Entlassung und legt beim Lesen die Betonung auf das zweite Wort. Ein moralischer Tadel kommt so als übles Nachtreten an. Die Freundschaft endet tödlich.

Gedichte können – wenn es sich nicht um *performance poetry* wie die der *beats* oder der *Liverpool poets* handelt – als schriftliche 'Botschaften' verstanden werden, bei deren Aufnahme der Dichter selbst in der Regel nicht anwesend ist, also keine *direkte* Kontrolle über die Betonung seines Textes hat. Möchte er, daß seine Verszeilen auf eine ganz *bestimmte* Weise betont werden, muß er die Wörter so arrangieren, daß sich eine bestimmte Betonung geradezu aufdrängt. Der einfachste Weg, das zu erzielen, ist, die Abfolge von betonten und unbetonten Silben noch viel regelmäßiger zu gestalten, als dies in Normalsprache der Fall ist, also etwa auf jede unbetonte Silbe (*mora*) unweigerlich eine betonte (*ictus*) folgen zu lassen (so etwas nennt man eine Folge von Jamben – ein Versmaß, das dem normalen Betonungsfluß des Englischen recht nahekommt) oder auf jede betonte eine unbetonte (das ist eine Folge von Trochäen).

Der Dreh ist, daß der Leser, hat er das Muster erst einmal aufgenommen, automatisch in dieses Muster 'fällt' und fortfährt, in ihm zu lesen – bis man ihn stoppt. Vollkommene Regelmäßigkeit der Betonungsabfolge ist also ein höchst effizientes Mittel der Kontrollausübung – sie ist leider auch auf Dauer für den Leser ziemlich ermüdend und langweilig. Die *Norton Anthology of English Literature* zitiert Dr. Samuel Johnsons köstliche Parodie uninspirierter Dichter:

> I put my hat upon my head
> And walked into the Strand,
> And there I met another man
> Whose hat was in his hand.

Man erkennt sofort das Muster: vier Jamben in der ersten Verszeile, drei in der zweiten, wieder vier in der dritten, drei in der vierten. Selbst wenn der Inhalt der Zeilen nicht so banal wäre, man kann sich leicht ausmalen, was der Effekt wäre, wenn auf diese Strophe weitere 50 derselben Art folgen würden. Der schematische Wechsel von betonten und unbetonten Silben wäre so vorhersehbar, daß man beim lauten Lesen unwillkürlich in ein 'Leiern' verfallen würde – kein gutes Zeichen.

Souveräne Dichter haben sich deshalb gerne die Freiheit genommen, auch einmal (oder mehrere Male) vom festen metrischen Schema abzuweichen. Die häufigsten Abweichungen im jambischen Versmaß sind das Anhängen einer zusätzlichen unbetonten Silbe am Zeilenende ('klingender' oder 'weiblicher' Ausklang) oder die Umstellung der 'steigenden' Folge 'unbetont – betont' (x /) auf die 'fallende' Folge 'betont – unbetont' (/ x), vorzugsweise am Zeilenanfang, aber auch nach Zäsur in der Zeilenmitte, was man in jedem Falle eine trochäische Inversion nennt. Solche Abweichungen dienen generell der Auflockerung, sie machen den poetischen Text lebendiger, interessanter, ohne aber sein metrisches Grundmuster in Frage zu stellen, im Gegenteil: Spricht man von Abweichung, erkennt man ja eine Regel an.

Stärker ist der Eingriff schon, wenn man nicht diese beiden binären Versfüße miteinander wechseln läßt (binäre Versfüße sind Einheiten, die aus zwei Silben bestehen, eben x / oder / x betont), sondern ternäre Versfüße in ein jambisches oder trochäisches Metrum einstreut (ternäre Versfüße sind Einheiten, die aus drei Silben bestehen, entweder x x / betont, dann spricht man von einem Anapäst, oder umgekehrt / x x , dann handelt es sich um einen Daktylus). Das liegt daran, daß dann nicht einfach binär 'umgetaktet' wird, sondern der Text an der Stelle zu 'tripeln' beginnt, weil zwei unbetonte Silben dort unterzubringen sind, wo 'eigentlich', liefe das Metrum 'normal' durch, nur eine stünde. Ein verwandtes, wenn auch entgegengesetztes Phänomen ist übrigens zu beobachten (man sollte vielleicht besser sagen: zu hören), wenn zwei betonte Silben (/ /) einen eigenen Versfuß bilden ('Spondeus') – in beiden Fällen hat das nämlich Auswirkungen sowohl auf unser Lesetempo als auch auf die Stärke oder Schwäche der Akzente.

Bevor das konkret demonstriert wird, soll aber noch einmal rekapituliert werden, welche Versfüße (als kleinste metrische Einheiten einer Abfolge von betonten und unbetonten Silben) schon genannt wurden, der Abwechslung halber nun in ihren englischen Benennungen:

x /	*iamb*
/ x	*trochee*
x x /	*anapest*
/ x x	*dactyl*
/ /	*spondee*

Betrachten wir jetzt Randall Jarrells Gedicht "The Death of the Ball Turret Gunner" unter metrischen Gesichtspunkten:

From my mother's sleep I fell into the State,
And I hunched in its belly till my wet fur froze.
Six miles from earth, loosed from its dream of life,
I woke to black flak and the nightmare fighters.
When I died they washed me out of the turret with a hose.

Schon beim ersten Lesen fällt auf, daß man zwar die erste Verszeile noch skandierend (also die regelmäßigen Betonungen unnatürlich stark hervorhebend) artikulieren kann –

```
  /    x    / x      /  x  /  x  /  x    /
From my mother's sleep I fell into the State
```

– und man hätte dann entweder fünf Jamben mit einem vorgeschalteten Auftakt oder sechs Trochäen mit einem unvollständigen letzten Fuß (katalektischer Vers) identifiziert. Aber schon in der zweiten Zeile bekäme man Probleme, das so fortzusetzen, denn

```
 x x  /      x  x   / x  /  x    /   /   /
And I hunched in its belly till my wet fur froze
```

scheint mit zwei Anapästen zu beginnen und die drei letzten Wörter müssen ja wohl einen Akzent tragen, egal ob man "till" auch einen zugesteht oder nicht. Das läßt uns dann vielleicht an unserer Realisation der ersten Verszeile zweifeln, anknüpfend möglicherweise an einem leichten Unbehagen, das wir bei der Akzentuierung der Präpositionen "from" und "into" (auf der zweiten Silbe!) verspürt haben. Ist "from my moth-" vielleicht genauso ein Anapäst wie "-to the State"? Man sieht: Manchmal werden alternative Realisierungsmöglichkeiten erst rückblickend erkannt.

Liest man aber "from my" ebenso wie "-to the" unbetont, so liest man etwas schneller und die jeweils nächste Betonung fällt um so schwerer aus – "mother" und "State" sind dann ungleich stärker hervorgehoben als im zuvor angetesteten binären Maß, ihr Akzent entspricht etwa "hunched" und "bel-" in der zweiten Zeile (und das dürfte, nebenbei bemerkt, der Standardinterpretation des Gedichtes entgegenkommen). Umgekehrt wird durch die Folge dreier betonter Silben am Ende der zweiten Zeile Tempo herausgenommen. Das ist selbst bei "black flak" (vierte Zeile) noch spürbar. Eine Folge betonter Silben läßt uns also langsamer werden, eine Folge unbetonter bringt uns dazu, über diese Strecke 'hinwegzuhuschen'. Wir werden aber nicht nur schneller, sondern die nächste Betonung, man kann das ruhig verallgemeinern, fällt extra stark aus, was sich besonders gut in der letzten Zeile beobachten läßt: "turret" und "hose" haben eh schon starke Akzente wegen der je zwei vorhergehenden unbetonten Silben, nimmt man aber auch die etwas exaltierte Betonung von "out" heraus, hat man eine Strecke von vier aufeinanderfolgenden unbetonten Silben ("me out of the"), die man nur – dem Hochdruckwasserstrahl entsprechend – ganz rasch lesen kann, ehe man schwer auf "turret" landet und anapästisch ausläuft.

Es dürfte auf der Hand liegen, daß diese Art der Tempo- und Betonungskontrolle durch den Text viel variabler und reizvoller ist als die durch vollkommene Regelmäßigkeit der Betonungsabfolge. Der Text drosselt oder akzeleriert unser Lesetempo, je nachdem in welchen *clusters* uns betonte und unbetonte Silben geboten werden, und jede Verzögerung des Eintreffens der nächstfälligen Betonung läßt diese, tritt sie dann ein, stärker erscheinen als eine im binären Wechsel, während das direkte Aufeinandertreffen von betonten Silben nicht unbedingt zu deren Schwächung führen muß, sondern in der Regel eine kleine Dehnung oder – was wir noch sehen werden – ein kleines Innehalten zwischen den 'Hebungen' nach sich zieht.[15] Mit alldem ist selbstverständlich nicht behauptet, daß Betonungen *immer* Dehnungen entsprechen. Pinsky gibt das schöne Beispiel, daß in

---

15 Diese Darstellung vermittelt, wie der Eingeweihte leicht erkennt, zwischen der Position der sogenannten Akzentmetriker und der der Zeitmetriker, deren Opposition immer noch nachwirkt, obwohl sie alles andere als sachlich zwingend scheint. Vgl. Walter Jost, *Probleme und Theorien der deutschen und englischen Verslehre mit einem Sonderteil über Die Form des alemannischen Mundarthexameters bei Johann Peter Hebel und den Schweizern*, Bern / Frankfurt: Lang, 1976, 30ff., 79ff..

ocean Akzentuierung und Länge (wie meistens) zusammenfallen, aber in *popcorn* die unbetonte zweite Silbe die längere ist.[16] Was zählt, ist der konkrete Fall.

Wie subtil die Mittel gehandhabt werden können, läßt sich an den Anfangszeilen von Samuel Taylor Coleridges "Frost at Midnight" zeigen:

> The Frost performs its secret ministry,
> Unhelped by any wind. The owlet's cry
> Came loud—and hark, again! loud as before.
> The inmates of my cottage, all at rest,
> Have left me to that solitude, which suits
> Abstruser musings: save that at my side
> My cradled infant slumbers peacefully.
> 'Tis calm indeed! so calm, that it disturbs
> And vexes meditation with its strange
> And extreme silentness. Sea, hill, and wood,
> This populous village! Sea, and hill, and wood,
> With all the numberless goings-on of life,
> Inaudible as dreams! [...]

Schon in der dritten Zeile haben wir bei "hark, again! loud" zwei aufeinanderfolgende Betonungen, die sich – ganz natürlich klingend – mit einem kleinen Innehalten realisieren lassen (auch ist das "a" von "again" derart schwach, daß bereits "hark, again" in die Nähe zweier aufeinanderfolgender Betonungen rückt). In der zehnten Zeile stoßen mit "extreme silentness" zwei Wortakzente aneinander, mit dem Effekt, daß wir unwillkürlich die zweite Silbe von "extreme" extrem dehnen und damit die Aussage noch einmal rhetorisch akzentuieren. Nicht ausgeschlossen (wenngleich recht ungewöhnlich) ist auch, "extreme" auf der ersten Silbe zu betonen – dann fällt, wie man sich unschwer vergewissern kann, die extreme Dehnung gleich fort, dafür hat man durch eine exzentrische Betonung des Adjektivs wiederum, nur auf eine andere Weise, die extreme Stille rhetorisch akzentuiert. Es ist nicht auszuschließen, daß Coleridge sich dieser Realisationsalternative durchaus bewußt war.

Drosselung und Akzelerierung werden gleich darauf noch einmal vorgeführt: "Sea, hill, and wood" kommt noch ruhig-gemächlich daher, "Sea, and hill, and wood" nimmt schon Tempo auf (allein durch die Einfügung eines einzigen "and"!), das dann in der Folgezeile geradezu hektisch gesteigert wird durch praktisch vier aufeinanderfolgende unbetonte bzw. schwach betonte Silben ("goings" hat nur einen schwachen Sekundärstress, der Primärakzent fällt auf "on", hier außergewöhnlich verstärkt durch die lange Strecke von unbetonten Silben zuvor). Die Temposteigerung korrespondiert, wie man sieht, wunderbar mit dem unzählbaren Getriebe des Lebens, von dem der Text an dieser Stelle spricht.

Bislang wurde hier so getan, als sei das Zählen von Betonungen das einzige metrische Prinzip, die Einheit der Differenz von 'betont / unbetont' das einzig denkbare Maß eines Verses. Dabei gibt es eine Reihe anderer metrischer Syste-

16 Robert Pinsky, *The Sounds of Poetry: A Brief Guide*, New York: Farrar, Straus and Giroux, 1998, 15.

me, je nachdem welchen sprachlichen Aspekt man sich als Parameter oder Maßeinheit wählt. Im Chinesischen kann das sogar die Tonhöhe sein. Die klassische griechische und lateinische Dichtung (um eine komplexe Sachlage stark zu vereinfachen) basierte fast ausschließlich auf der Grundunterscheidung zwischen langen und kurzen Silben ('quantitierender Vers'), wobei zu bemerken ist, daß eine Silbe, die normalerweise kurz gesprochen wird, durchaus, wenn dies das Metrum erforderte, gelängt werden konnte (sog. 'Positionslänge'). So lautet in Ovids *Metamorphosen* der Vers über die spottenden lykischen Bauern, die in Frösche verwandelt wurden, aber selbst unter Wasser das Spotten nicht lassen konnten:

/ x / x x / x x / x x / x x / x
Quamvis sint sub aqua, sub aqua maledicere temptant.

Bei "aqua" würde normalerweise das Anfangs-a gedehnt, aber das Metrum verlangt hier die Längung des Schluß-a's und so stellt sich *en passant* ein herrlich lautmalerisches Gequake ein.

Andere metrische Systeme zählen einfach die Silben pro Zeile ('syllabischer Vers'). Bei der im Westen bekanntesten japanischen Gedichtform, dem dreizeiligen Haiku, müssen in der ersten Zeile fünf, in der zweiten sieben, in der dritten wieder fünf Silben stehen. Eines der populärsten lautet (in Übersetzung natürlich):

Der alte Weiher:
Ein Frosch, der grad hineinspringt -
Des Wassers Platschen...

So unterschiedlich quantitierendes und betonungszählendes Metrum (auch akzentuierendes, tonisches oder hebungszählendes genannt) auch sind, so haben sie doch eines gemeinsam: Sie reduzieren beide eine gewisse Bandbreite sprachlicher Erscheinungen auf eine einfache binäre Opposition: entweder – oder, markiert – unmarkiert, 0 oder 1. Obwohl es in Normalsprache wie Dichtung verschiedene Stärken von Akzenten gibt, kennt das tonische Metrum nur 'betont / unbetont', und obwohl es längere kurze und kürzere lange Silben gibt, kennt das quantitierende Metrum nur *ictus* und *mora*. Gerade wegen der Gleichheit in diesem Punkt war es aber möglich, das klassische griechische und lateinische *quantitierende* metrische System auf Dichtungsarten zu übertragen, die eigentlich nach einem völlig anderen Prinzip funktionieren. Man setzte Betonungen (oder Hebungen) mit Längen gleich, unbetonte Silben (oder Senkungen) mit Kürzen und übernahm dann – wie ich es oben auch getan habe – die eingeführte Terminologie für die kleinsten metrischen Einheiten, die Versfüße (Jambus, Trochäus, Daktylus, Anapäst, Spondeus), ohne sich weiter darum zu scheren, daß hier einmal Längen, ein anderes Mal Betonungen gezählt werden, die Phänomene also allenfalls analog, aber keineswegs identisch sind.

Man übernahm auch die klassischen Benennungen für die Verszeilenlänge, gemessen in Versfüßen (im Deutschen häufig: 'Takt'):

Monometer	–	1 Fuß
Dimeter	–	2 Füße
Trimeter	–	3 Füße
Tetrameter	–	4 Füße
Pentameter	–	5 Füße
Hexamenter	–	6 Füße
Heptameter	–	7 Füße

Doch spätestens da setzte heillose Verwirrung ein, denn

> [z]wei Versfüße jambischer, anapästischer oder trochäischer Bauart faßte man [in der Antike] zu einem *metrum* zusammen. Der jambische Trimeter, das Versmaß der antiken Tragödie, ist daher ein Vers mit sechs jambischen (oder gleichwertigen) Füßen. Beim Daktylus dagegen sind Fuß und *metrum* identisch. Der Hexameter, der Vers des antiken Epos, besteht daher aus sechs Versfüßen: fünf Daktylen, von denen die ersten vier durch Spondeen ersetzt werden können, und ein Trochäus oder Spondeus.[17]

Ein jambischer *Tri*meter hat also *sechs* Füße, ist aber alles andere als ein *Hexa*meter, während wenigstens in einem jambischen Pentameter wirklich das drin ist, was draufsteht: fünf jambische Füße.

Aber 'Penta-' heißt auch nicht immer 'fünf': Im Februar 2000 bemäkelte der Rezensent der *Frankfurter Allgemeinen Zeitung* an einem Bändchen über die Funktionen und Effekte von Rhythmus, Reim und Stil, Pentameter werde dort in Klammern als "daktylischer Rhythmus mit fünf Hebungen" erläutert, wo man doch schon in Wolfgang Kaysers *Kleiner [Deutschen] Versschule* von 1946 – "einführend und leserfreundlich"[18] – nachlesen könne, wie aus einem Hexameter ein Pentameter wird:

> Fehlt der im übrigen gleich gebauten Zeile die Senkung hinter der dritten Hebung, so ist aus dem Hexameter der PENTAMETER geworden. Der Name darf also nicht darüber täuschen, daß auch in dieser Zeile sechs Hebungen notwendig sind.
>
> Im Hexameter steigt des Springquells flüssige Säule,
> Im Pentameter drauf fällt sie melodisch herab.[19]

Wer wollte Kayser und Schiller schon widersprechen, zumal der Rezensent die Frage der sechs Hebungen des Pentameters ("diese jahrtausendealte Eigen-

---

17 Hans-Jürgen Diller, *Metrik und Verslehre*, Düsseldorf: Bagel, Bern / München: Francke, 1978, 15.

18 Hans-Herbert Räkel, Rez. Gerhard Kurz, *Macharten: Über Rhythmus, Reim, Stil und Vieldeutigkeit*, Göttingen: Vandenhoeck & Ruprecht, 1999, *Frankfurter Allgemeine Zeitung* 7.2.2000.

19 Wolfgang Kayser, *Kleine Deutsche Versschule*, Bern: Francke, 1946, 25.

schaft", Räkel) zur alles entscheidenden Frage hochstilisiert? "Man darf wohl ohne Übertreibung sagen: Wer verstanden hat, warum der Pentameter (im Deutschen) sechs 'Hebungen' hat, der hat das Wesen des antiken und des deutschen Verses verstanden [...]". Das einschränkende "im Deutschen" macht stutzig, zumal in Verbindung mit der zuvor bemühten "jahrtausendealten Eigenschaft". So lange gibt es ja wohl noch gar keine Pentameter (ob fünf- oder sechshebig) schmiedende Deutsche. Und wie selbst Kayser anläßlich des Hexameters die Möglichkeit nationaler Sonderheiten einräumte –

> Und hier ist seit dem 18. Jahrhundert der Streit im Gange, ob im Deutschen die darin strengen Regeln des antiken Hexameters beachtet werden müssen oder nicht. Die Entscheidungen können nur vom deutschen Versempfinden gefällt werden.[20] –,

so deutet ja das einschränkende "im Deutschen" in der *FAZ*-Rezension zumindest an, daß möglicherweise außerhalb des Geltungsbereichs des gesunden deutschen Versempfindens die Dinge anders gesehen werden.

Doch zur Beruhigung der Gemüter ist zu sagen, daß auch in Großbritannien und selbst in den USA durchaus bekannt ist, was *in klassischer Metrik* unter 'Pentameter' zu verstehen war und ist. Die *New Princeton Encyclopedia of Poetry and Poetics* führt s.v. *Pentameter* unübertroffen klar aus (ich erlaube mir die Ausschreibung der Kürzel und die Umschrift von *ictus* und *mora*):

> In Classical prosody, this term should denote a meter of five measures or feet, as its name says, but in fact the Greek pentameter, which is dactylic, does not contain five of any metra: it consists of two hemiepes with an invariable caesura: / x x / x x / x | / x x / x x / [| soll die Zäsur markieren, CB]. Contraction of the shorts in the first half of the line is common; the second half runs as shown. Pentameter is the conventional name for the second verse in the couplet form called the elegiac distich [wovon wir gerade eines Schillers als Beispiel hatten], though this is probably a hexameter shortened internally (West calls it "an absurd name for a verse which does not contain five of anything"). The Classical Greek and Latin pentameter should not be confused with the English "iambic pentameter", despite the fact that the Renaissance prosodists derived that name from Classical precedent, for the English line had been written in great numbers for two centuries (Chaucer) before it was given any classical name [...].[21]

Der Punkt ist also, daß man beim Gebrauch solcher Begriffe wie 'Pentameter', 'Hexameter' usw. immer erklärend hinzusetzen müßte, ob man sie im historischen Sinne der antiken Metrik verwendet oder im rein technischen Sinne (= Verszeile von fünf [oder sechs] Füßen). Nicht alle Verwirrungen, die die Übertragung der Terminologie eines antiken metrischen Systems auf die Dichtkunst anderer Kulturen und Zeiten mit sich bringt, sind aber so leicht aufzuklären wie diese.

---

20 Kayser, *Versschule*, 24.

21 *The New Princeton Encyclopedia of Poetry and Poetics*, eds. Alex Preminger, T.V.F. Brogan, Princeton, NJ: Princeton UP, 1993, s.v. *Pentameter*.

Aber wie ist eigentlich das metrische System der englischsprachigen Dichtung der Neuzeit im Unterschied zu den quantitierenden Versen der Antike genauer zu bestimmen? In was für Einheiten wird die 'unausgefüllte' Verszeile segmentiert – oder, um den Blickpunkt zu wechseln, aus was für Einheiten ist die Verszeile gebaut? Quantitierende Gedichte hat es im Englischen nur im Einzelfall, als Experiment gegeben. Ist die englische Dichtung der Neuzeit etwa silbenzählend, wie ein Großteil der italienischen und französischen? Zwischen der Restauration 1660 und der Mitte des 18. Jahrhunderts hat es zwar, unter französischem Einfluß, einen Trend in diese Richtung gegeben, aber der dominante Parameter der neuenglischen Dichtung scheint, wie im Altenglischen, der Akzent, die Betonung zu sein. Doch rein hebungszählend, tonisch, ist unser Korpus auch nicht (das würde bedeuten, daß jede Verszeile eine fixe Anzahl von Betonungen enthalten muß, ganz egal mit wie vielen unbetonten Silben sie sonst noch gefüllt wird – Coleridges 'Christabel metre' ist ein Beispiel dafür: Jede Zeile hat vier Hebungen, aber zwischen sieben und elf Silben). Im Großen und Ganzen ist die englischsprachige Dichtung der Neuzeit betonungs- *und* silbenzählend (das nennt sich 'syllabotonisch' oder *accentual-syllabic*). Das heißt, in ihr werden die betonten Silben gezählt ('betont / unbetont' ist die Basisunterscheidung), aber die *Gesamt*zahl der Silben (also betonte *und* unbetonte Silben) pro Verszeile ist auch (relativ) fix. Man kann sich also recht sicher sein, daß in einem englischen jambischen Pentameter, wie anderswo, in der Regel zehn Silben stecken, fünf betonte, fünf unbetonte. *Er* trägt seinen Namen jedenfalls zu Recht.

T.V.F. Brogan hat versucht, alle Möglichkeiten metrischer Organisation vereinfachend zu schematisieren.[22] Er geht davon aus, daß es nur zwei Weisen gibt, Verszeilen zu messen: silbenzählend oder "[by] count of prominences" (d.h. in der Antike Längen zählend, heute Betonungen zählend). Jede der beiden Weisen kann entweder eine Zahl vorschreiben oder freistellen, also Variablen zulassen. Kreuzt man nun diese Paare miteinander, erhält man vier Möglichkeiten:

1. accentual (or tonic) verse – number of stresses fixed, number of syllables variable
2. syllabic verse – syllables fixed, stresses variable
3. accentual-syllabic (or syllabotonic) verse – both fixed
4. free verse – both variable

"Accentual-syllabic" ist, wie gesagt, das dominante Muster für einen Großteil der englischen Dichtung, aber unter dem Einfluß des *free verse* ist es im 20. Jahrhundert unbestreitbar zu erheblichen Auflösungserscheinungen gekommen, die es zunehmend schwierig machen, das, was konkret als Abfolge von betonten und unbetonten Silben vorliegt, noch mit den der Antike entlehnten Schemata zu erfassen, die einfach auf eine viel größere Regelmäßigkeit in der Abfolge ausgelegt sind, als sie die Dichtung der Moderne und Postmoderne nun einmal aufweist. Da hilft auch kein Wettern gegen den *free verse*: die antiquierten Instrumente

22 T.V.F. Brogan, *English Versification, 1570-1980: A Reference Guide with a Global Appendix*, Baltimore / London: Johns Hopkins UP, 1981, 319.

versagen vielfach angesichts eines Materials, das mehr und mehr vom syllabotonischen Prinzip zum akzentuierenden driftet oder gleich als *free verse* daherkommt.

Mit dem Festhalten an recht rigiden metrischen Vorstellungen (bzw. deren Verabschiedung) hängt aber auch ein Problem zusammen, das innerhalb der Prosodie oder Verslehre umstritten ist wie kein zweites, ein Problem, um das erbittert terminologisch und, so scheint's, weltanschaulich gerungen wird, Schlachten geschlagen werden, so lange bis das Schlachtfeld, nicht nur für den Laien, von einer völlig konfusen Unübersichtlichkeit gezeichnet ist: Es handelt sich um das Problem des Verhältnisses von Metrum und Rhythmus, das so verwirrend, aber auch so zentral für Dichtung überhaupt ist, daß es nicht zufällig in diesem ersten auf das einleitende folgenden Kapitel behandelt wird.

In der Einleitung zu seiner Studie *All the Fun's in How You Say a Thing* zitiert Timothy Steele eine Zeile aus John Clares Gedicht "Sheep in Winter", die er folgendermaßen skandiert:

x / x /x / x / x /
And gnaw the frozen turnip to the ground[23]

Wir sehen / hören demnach fünf Jamben und identifizieren folglich den Vers als jambischen Pentameter. Aber diese Lesart klingt in meinen Ohren irgendwie falsch: "to" dürfte, denke ich, keine Betonung tragen. Doch Steele bringt das Beispiel gerade, um zu zeigen, daß es diese Betonung eben doch bekommt: Um das Metrum zu erfüllen, erführe die eigentlich 'leichte' Silbe "to" eine *promotion*, eine Aufwertung, und würde stärker betont "than we might normally".[24] Umgekehrt könne es auch einer eigentlich betonten Silbe widerfahren, keine Betonung zu erhalten, also herabgestuft zu werden (*demotion*), wenn dies die metrische Regelmäßigkeit erfordere. Beide Verfahren erleichterten es, Silben in das jambische Versmaß zu integrieren.

I beg to differ. Man mache einmal die einfache Probe und vergleiche die oben gegebene metrische Beschreibung mit folgendem Vorschlag:

x / x /x / x x x /
And gnaw the frozen turnip to the ground.

Hier soll "to" unbetont bleiben, die Aussprache ändert sich von tu: oder tu in t + *schwa*, durch die drei unbetonten Silben "-nip to the" wird das Lesetempo angezogen, und "ground" bekommt einen sehr starken Akzent. Man sollte sicher nicht ohne Not einem *native speaker* widersprechen, aber mir scheint das eine viel sinnvollere Realisation als

/ x / x /
turnip to the ground,

23 Timothy Steele, *All the Fun's in How You Say a Thing: An Explanation of Meter and Versification*, Athens, OH: Ohio UP, 1999, 9.

24 Steele, *All the Fun*, 9.

die doch recht steif, schematisch, eben (im schlechten Sinne) skandierend klingt.

Nun ist diese *mis-scansion* bei Steele kein Zufall (sonst wäre ich gar nicht auf sie eingegangen) – sie hat, wie schon der Gebrauch der eingeführten Begriffe *promotion* und *demotion* verrät,[25] durchaus System, sie geschieht absichtlich. Und sie kann nur absichtlich geschehen bei jemandem, der davon überzeugt ist, daß die Erfüllung eines Schemas – hier des jambischen Pentameters – wichtiger ist als eine sinnvolle Betonung der Zeile, wir können auch sagen: bei jemandem, dem das abstrakte Metrum wichtiger ist als der konkrete Rhythmus der Verszeile – selbst dann noch, wenn das rhythmische Lesen das sinnvollere ist.

Das Modell der Überschätzung des Metrums scheint mir die klassisch-antike *quantitierende* Dichtung und Prosodie zu sein, in der

x x / x x /
sub aqua, sub aqua

völlig korrekt war, weil Positionslänge allemal natürliche Kürze schlug. Überträgt man das analog und rigide auf syllabotonische Dichtung, *muß* man

/ x /
to the ground

lesen, weil, so die Argumentation, die eigentlich nicht betonte Silbe "to" in einer Hebungsposition steht. Man traue aber nur seinen Ohren: Der Schematismus macht hier eine feine Modulation Clares zunichte und will uns zum 'Leiern' zwingen.[26]

Paul Fussell hat schon vor vielen Jahren vor den Gefahren eines dem klassischen Modell verpflichteten Skandierens gewarnt:

> The practice of scansion derives, unfortunately, from the techniques of scholarship in the classical languages. This derivation has tended to invest the act of scansion with an air of the doctrinaire, the prescriptive, and the pedantic; for when a classical scholar scans some Greek or Latin verse, he *knows* what pattern the poet is following – or ought to be following – and keeps his eye peeled for 'false quantities' or other blemishes indicating that the poet has neglected his metrical business. Our practice in scanning English poetry must be very different, partly because we shall be attending largely to an accentual or an accentual-syllabic rather than a quantitative poetry, and partly because English poetry employs quite different artistic principles from those of classical verse: it engages in much

---

25 Vgl. auch Derek Attridge, *Poetic Rhythm: An Introduction*, Cambridge: Cambridge UP, 1995.

26 Die Unterscheidung, 'Hebung' und 'Senkung' bezeichneten metrische Positionen, 'betont' und 'unbetont' aber phonologische Akzentstufen, weshalb es sehr wohl 'betonte Senkungen' und 'unbetonte Hebungen' gebe (Diller, *Metrik*, 16, 17, 27ff.), weist in dieselbe Richtung. Sie scheint mir *counter-intuitive* und in der Konsequenz schädlich.

> bolder and much more expressive variations from metrical norms than classical poetry.[27]

Diese Warnung vor pedantischem Schematismus will nicht etwa einem libertären *anything goes* die Tür öffnen (das wäre auch das Letzte, dessen man ausgerechnet Paul Fussell verdächtigen könnte), sondern vielmehr die Sensibilität des Lesers für Beschleunigung und Verlangsamung, Dehnung und Kürzung, für leichtere und stärkere Akzentuierung, kurz: seine Sensibilität *für das Gedicht selbst* wecken:

> [T]here is [...] the general difficulty of knowing what the dominant meter of a line is and the temptation to simplify matters by mechanically reading some presumed meter into the words before us [...]. It is safe to say that only very infrequently will a metrical pattern predominate so powerfully over the actual rhythm of the language in a line that it will force the pronunciation to bend to its will. If we must give a preference to either the metrical or the actual, it is probably safest to err in scansion on behalf of the actual rhythm. Proceeding *a priori* is as dangerous in prosody as elsewhere.[28]

Man kann also festhalten: Das *Metrum* eines Gedichtes ist das ideale, vollkommen regelmäßige Muster, das ihm zugrundeliegt, die Norm, das Raster, die Schablone. *Rhythmus* dagegen ist die konkrete Ausfüllung dieses 'grid', in all ihren Abweichungen und Unregelmäßigkeiten. Der Rhythmus, gleich wie man ihn realisiert, ist da und gegeben, das Metrum muß immer erst aus dem konkret Vorliegenden *abstrahiert* und *erschlossen* werden. Man muß überhaupt kein Platonist sein, um einer solchen Auffassung von Metrum anzuhängen. (Der Platonist würde wohl jede Abweichung vom Ideal als Imperfektion geißeln – wir wissen dagegen schon, daß gerade in Poesie die Abweichung eine enorme konstruktive Wirkung hat). Beim Lesen jedes poetischen Textes wird der Rhythmus gegen die mitgedachte, mitgefühlte Folie des Metrums realisiert, und jede Divergenz nach ihrem Effekt des *slowing down* oder *speeding up*, der verstärkten oder verminderten Betonung registriert:

> McAuley speaks of "the essential duality of our experience of the line" and says that the metrical "pattern is never actually embodied with complete equality and uniformity in any line, but is felt as a constant behind ever [sic] line." C.S. Lewis called this phenomenon "double audition": the mind "hears" the pattern, as it "hears" the line, simultaneously, continuously recording the fit.[29]

– oder eben die nicht minder ergiebige Divergenz oder Differenz zwischen beiden. Gerade wenn man den Reiz der Abwechslung schätzt, das ästhetische Potential des Unerwarteten, die Befreiung vom Vorhersehbaren, wird man sich daher

27 Paul Fussell, *Poetic Meter and Poetic Form*, New York: Random House, 1965, revised edition 1979, 17/18.

28 Fussell, *Poetic Meter*, 28.

29 *New Princeton Encyclopedia*, 772.

hüten, eine Terminologie zu verwenden, die implizit abschätzig wertet und Defizienz suggeriert ('unvollständiger Fuß', 'unvollkommenes Metrum', *imperfect line* usw.), wo sehr häufig, ganz im Gegenteil, poetische Exzellenz zu preisen wäre. Die *Spannung* zwischen dem abstrakten metrischen Rahmen und der davon abweichenden rhythmischen Füllung macht gerade einen Großteil der Wirkung von Dichtung aus.[30]

Wenn man aber kein Platonist ist, für den das Metrum als Ideal im Reich der Ideen existiert, wo *befindet* sich diese Norm, die doch im konkreten Gedicht oft gerade *nicht* realisiert ist? Sie existiert in unserem Bewußtsein. Kognitionspsychologie und Informationstheorie belehren uns, daß wir als geistig-biologische Wesen mit einer ganz ungewöhnlichen Gabe zur *Mustererkennung* ausgestattet sind. Selbst wenn uns ein Muster die meiste Zeit nur unvollständig, unvollkommen oder gestört dargeboten wird, erkennen wir durch all die Abweichungen hindurch – das Muster. Stellen wir uns zehn Zeilen eines jambischen Pentameters vor, also zehnmal

x / x / x / x / x /

In einigen Zeilen bringen wir jetzt 'Störungen' an, fügen hier einen Auftakt ein, nehmen dort eine unbetonte Silbe weg, fügen einen weiblichen Ausklang hinzu, streuen trochäische Inversionen ein, mal am Anfang, mal in der Mitte, mal, sehr ungewöhnlich, am Ende einer Zeile. Wie viele Zeilen darf man wohl so 'stören' oder verfremden, ehe ein Leser nicht mehr das Grundmuster erkennt? Zwei Zeilen? Drei? Vier? Empirische Untersuchungen belegen: Erst wenn *drei Viertel* aller Zeilen imperfekt sind, wird das Muster nicht mehr erkannt! Etwas über 25% 'reine' Verszeilen reichen schon aus, um uns das Muster wahrnehmen zu lassen.[31] (Das liegt natürlich auch daran, daß die 'Störungen' an *verschiedenen* Stellen der Struktur auftreten und damit die Konstanz des Musters unterstreichen; träten 'Störungen' immer an denselben Stellen auf, würden sie gar nicht als 'Störungen' wahrgenommen, sondern automatisch mit zum Muster gerechnet).Wir sind offenbar exzessiv darauf getrimmt, mental Regelmäßigkeiten wahrzunehmen bzw. zu konstruieren, selbst dort, wo sie kaum noch auszumachen sind. Wir sind nicht nur muster-*erzeugende*, sondern auch muster-*projizierende* Lebewesen. Man braucht uns Muster gar nicht direkt unter die Nase zu halten, weil wir sie, selbst wenn sie hochgradig gestört sind, noch als Folie hinter all den 'Störungen' erkennen. Und gerade deshalb ist es auch nicht nur (poetisch) schädlich, sondern auch (kognitiv) unnötig, die 'Störungen' metrisch eliminieren zu wollen, à la

---

30 Vgl. Fussell, *Poetic Meter*, 14: "Prosodists and critics who have attended closely to this frequent distance between a poem's ideal and real meter have promulgated a theory of prosodic 'tension': these theorists hold that one of the important sources of metrical power and pleasure is this perpetual tension between perfect and imperfect, or general and particular, metrical patterns. This perpetual tension between the theoretical meter and the actual rhythms in a poem constitutes a sort of play or suspension between opposites [...]."

31 Vgl. *New Princeton Encyclopedia*, 771.

/ x /
to the ground.

Daß wir das Metrum eines jambischen Pentameters erkannt haben, müssen wir nicht erst durch eine Fehlbetonung beweisen. Da rettet man doch lieber die schöne Zeile. Der "metrical contract between poet and reader"[32] klärt nur, was der Leser *generell* metrisch von einem Gedicht erwarten darf. Es gibt keine Zusatzklauseln in diesem Vertrag, die nette Überraschungen und kleine Extras ausschließen würden, und wohl nur wenige Dichter, die sich nicht freuten, wenn diese vom Kontrahenten (als dem Vertragspartner im ursprünglichen Wortsinne) dann wenigstens bemerkt würden.

Akzeptiert man die gängige Definition von Dichtung als metrisch-rhythmisch *gebundener Rede* (wozu freilich noch lautliche und graphische 'Bindungen' treten), so liegt es nahe zu fragen, welche Vorentscheidungen ein Dichter mit der Wahl eines Metrums getroffen hat: Was ermöglicht ein bestimmtes Metrum, was legt es nahe, was dagegen ist in ihm schwer möglich oder gar ausgeschlossen? Es gibt unzählige Versuche, den 'Charakter' eines Maßes zu beschreiben. So heißt es etwa bei Wolfgang Kayser (der übrigens interessanterweise dafür plädiert, nicht mehr zwischen Daktylus und Anapäst zu unterscheiden)[33] über die wesentlichen Unterschiede zwischen Jambus und Anapäst:

> Man darf vielleicht sagen, daß der Jambus besser trägt, daß der Bewegungsverlauf ausgeglichener ist, daß er im ganzen schmiegsamer gleitet als der Trochäus. Der beginnt schwerer, er ist offensichtlich für eine fallende Bewegung geeignet. Bei langsamem Sprechen wirkt er ernster als der Jambus; bei schnellem Tempo bekommt er etwas Laufendes, Vor-Läufiges. Er ist dann fahler als der Jambus und nicht so modulationsfähig.[34]

Kayser fährt dann nach einem knappen Vergleich zweier Gedichtfassungen von C.F. Meyer fort:

> Der Trochäus (in Verbindung mit der Zeilenverkürzung) gibt der zweiten Fassung ihren bedrängenderen, gequälteren Charakter. Vor allem aber an der zweiten Strophe der ersten Fassung, die ja den Worten nach fast erhalten blieb, spürt man, wie unendlich eindringlicher das Keuchen und Bluten nun in der zweiten Fassung geworden ist. Der Jambus, so können wir zusammenfassend sagen, ist weicher, gleitender und verhaltener als der Trochäus.[35]

Gelfert scheint der Unterschied vier Jahrzehnte später nicht mehr so markant, er vereinfacht weiter:

---

32 Fussell, *Poetic Meter*, 25.

33 Vgl. Kayser, *Versschule*, 31-33.

34 Kayser, *Versschule*, 26.

35 Kayser, *Versschule*, 27.

> Ein klarer Unterschied besteht bei metrisch regelmäßig gebauten Versen nur zwischen den gradtaktigen und ungradtaktigen Metren, also zwischen Jamben und Trochäen einerseits und Daktylen und Trochäen andererseits. Die ungradtaktigen haben wegen der zwei Senkungen zwischen den Hebungen eine eher hüpfende und tanzende Bewegung, während die gradtaktigen gehen, schreiten oder rennen.[36]

Diese Nähe ternärer Versmaße zum Tanz ist häufig bemerkt und von Dichtern genutzt worden. Man lese einmal William Carlos Williams' "The Dance (In Brueghel's great picture, The Kermess)" laut vor sich hin, und man ist spätestens beim Beginn der dritten Zeile vom daktylischen Rhythmus so erfaßt, daß es einen geradezu über die Zeilenenden hinwegwirbelt und atemlos werden, auch einmal außer Tritt kommen läßt (dritt- und vorletzte Zeile!), wobei die Gleichheit von erster und letzter Zeile die Endlosigkeit des wilden Reigens suggeriert.

> In Brueghel's great picture, The Kermess,
> the dancers go round, they go round and
> around, the squeal and the blare and the
> tweedle of bagpipes, a bugle and fiddles
> tipping their bellies (round as the thick-
> sided glasses whose wash they impound)
> their hips and their bellies off balance
> to turn them. Kicking and rolling about
> the Fair Grounds, swinging their butts, those
> shanks must be sound to bear up under such
> rollicking measures, prance as they dance
> in Brueghel's great picture, The Kermess.

In Louis MacNeices "Bagpipe Music" wird Ähnliches evoziert:

> It's no go the merrygoround, it's no go the rickshaw,
> All we want is a limousine and a ticket for the peepshow.
> Their knickers are made of crêpe-de-chine, their shoes are made of python,
> Their halls are lined with tiger rugs and their walls with heads of bison.
>
> John MacDonald found a corpse, put it under the sofa,
> Waited till it came to life and hit it with a poker,
> Sold its eyes for souvenirs, sold its blood for whisky,
> Kept its bones for dumb-bells to use when he was fifty.
>
> It's no go the Yogi-Man, it's no go Blavatsky,
> All we want is a bank balance and a bit of skirt in a taxi.
>
> Annie MacDougall went to milk, caught her foot in the heather,
> Woke to hear a dance record playing of Old Vienna.
> Its no go your maidenheads, it's no go your culture,
> All we want is a Dunlop tyre and the devil mend the puncture.

---

36 Hans-Dieter Gelfert, *Einführung in die Verslehre,* Stuttgart: Reclam, 1998, 44.

The Laird o' Phelps spent Hogmanay declaring he was sober,
Counted his feet to prove the fact and found he had one foot over.
Mrs. Carmichael had her fifth, looked at the job with repulsion,
Said to the midwife "Take it away; I'm through with overproduction."

It's no go the gossip column, it's no go the Ceilidh,
All we want is a mother's help and a sugar-stick for the baby.

Willie Murray cut his thumb, couldn't count the damage,
Took the hide of an Ayrshire cow and used it for a bandage.
His brother caught three hundred cran when the seas were lavish,
Threw the bleeders back in the sea and went upon the parish.

It's no go the Herring Board, it's no go the Bible,
All we want is a packet of fags when our hands are idle.

It's no go the picture palace, it's no go the stadium,
It's no go the country cot with a pot of pink geraniums.
It's no go the Government grants, it's no go the elections,
Sit on your arse for fifty years and hang your hat on a pension.

It's no go my honey love, it's no go my poppet;
Work your hands from day to day, the winds will blow the profit.
The glass is falling hour by hour, the glass will fall forever,
But if you break the bloody glass you won't hold up the weather.

Allerdings erfordern schon die ersten Zeilen eine so komplexe rhythmische Realisierung –

x / / x   / xx /   x   / / x   /   x
It's no go the merrygoround, it's no go the rickshaw,

/ x   x   / x / x   /   x x / x   x   x   /   x
All we want is a limousine and a ticket for the peepshow. – ,

daß man sich nicht nur stark an Dudelsack-Musik erinnert fühlt (was MacNeice nicht unlieb gewesen sein kann), sondern auch an amerikanische *square dances* oder gar *rap*. Selbst bei dieser Art von mimetischem Rhythmus ist es mitunter unumgänglich, aus dem ternären Maß auszusteigen, z.B. Zeile 23:

x   / x   /   /   / x   /   x   x   /   / / x
His brother caught three hundred cran when the seas were lavish

oder, um die extra-starken Betonungen auch graphisch stärker hervorzuheben:

His **bro**ther caught **three hun**dred cran when the **seas were la**vish

– wie es auch in Zeile 26 naheliegt, "our" zweisilbig zu lesen:

/ x   x   / x / x x /   x /x   /   x /
All we want is a packet of fags when our hands are idle.

Die Frage ist jedoch, ob sich aus diesen Beispielen verallgemeinern läßt, ternäre Metren, ob nun Daktylen oder Anapäste, zeichneten sich generell durch eine hüpfende oder tanzende Bewegung aus. Wenn die semantische Prädetermination des Metrums tatsächlich so weit reicht, wie manche es für möglich halten, dann fragt sich doch, warum bei folgendem Gedicht Edgar Allan Poes noch niemand, soweit mir bekannt, Brueghelsche Bauernhochzeiten, kiltbewehrte Hochländer oder Lucky Luke assoziiert hat:

Annabel Lee

It was many and many a year ago,
In a kingdom by the sea,
That a maiden there lived whom you may know
By the name of ANNABEL LEE;
And this maiden she lived with no other thought
Than to love and be loved by me.

I was a child and *she* was a child,
In this kingdom by the sea:
But we loved with a love that was more than love—
I and my ANNABEL LEE;
With a love that the winged seraphs of heaven
Coveted her and me.

And this was the reason that, long ago,
In this kingdom by the sea,
A wind blew out of a cloud, chilling
My beautiful ANNABEL LEE;
So that her highborn kinsmen came
And bore her away from me,
To shut her up in a sepulchre
In this kingdom by the sea.

The angels, not half so happy in heaven,
Went envying her and me—
Yes!—that was the reason (as all men know,
In this kingdom by the sea)
That the wind came out of the cloud by night,
Chilling and killing my ANNABEL LEE.

But our love it was stronger by far than the love
Of those who were older than we—
Of many far wiser than we—
And neither the angels in heaven above,
Nor the demons down under the sea,
Can ever dissever my soul from the soul
of the beautiful ANNABEL LEE!

For the moon never beams, without bringing me dreams
Of the beautiful ANNABEL LEE;
And the stars never rise, but I feel the bright eyes
Of the beautiful ANNABEL LEE;
And so, all the night-tide, I lie down by the side
Of my darling,—my darling,—my life and my bride,
In her sepulchre there by the sea,
In her tomb by the sounding sea.

Man mag darauf antworten, Poe gebe dem fallenden Daktylus "Annabel", im Unterschied zu Reinhard Meys Anti-Emanzen-Song der Siebziger Jahre, durch das akzentuierte "Lee" einen langgezogenen, elegischen Ausklang bei (so wie er sich auch in den letzten beiden Zeilen wieder einmal als Meister der rhythmischen Modulation erweist: wie "tomb" anstelle von "sepulchre", einmal abgesehen von der dunkleren Tönung, eine kleine Zäsur nach sich zieht und der 'Wegfall' einer einzigen unbetonten Silbe das ganze Gedicht quasi ausschwingend zur Ruhe bringt!) – ich wäre der Letzte, diese technische Raffinesse bestreiten zu wollen.

Der Punkt ist aber ein ganz anderer: Wenn wir in einer Reihe von Gedichten bemerkt haben, wie ein Metrum wirkt, dann erlaubt uns das noch nicht den Induktionsschluß, es wirke generell oder gar immer so. Verallgemeinerungen wie die folgende von Horst J. Frank, der über jambische Verse noch sagt, ihr allgemeiner Charakter ließe sich nur sehr vage bestimmen, um dann über trochäische Verse zu sagen:

> Betont einsetzende Vers [sic] wirken fester, bestimmter, kräftiger und eindringlicher als jene mit dem leichten Auftakt. Ihr Ausdruck kann spruchhaft, eindringlich, ja beschwörend sein [...]. Sie können einer mächtigen Empfindung Ausdruck geben, sei es der Beglückung [...], der Andacht und Ahnung [...], der Bedrückung und verhaltenen Klage [...]. Trochäische Verse können aber auch frisch klingen, schlicht und innig [...]. Zügig im Schritt und oft volkstümlich wirken auftaktlose Erzählverse.[37]

Solche Verallgemeinerungen, wie wohlgemeint auch immer, sind nicht deshalb falsch, weil hier etwa etwas völlig unzutreffend und abwegig bestimmt worden wäre. Sie sind falsch, weil diese an einzelnen Gedichten gewonnenen Erkenntnisse *nicht übertragbar* sind. Selbstverständlich wirken Metren. Sie wirken auch häufig eher 'so' als 'so'. Aber sie wirken *nicht unter allen Umständen* so. Die Tatsache, daß "Freude, schöner Götterfunken" und "Seht, da ist die Witwe Bolte" metrisch identisch sind, sollte uns nachdenklich stimmen – und bescheiden machen in unseren Versuchen, das unveränderliche 'Wesen' eines Metrums bestimmen zu wollen.

---

37 Horst J. Frank, *Wie interpretiere ich ein Gedicht? Eine methodische Anleitung*, Tübingen / Basel: Francke, 4. Aufl. 1998, 26/27. Frank gibt jeweils schlagende Beispiele aus dem Bereich der deutschen Dichtung, die hier ausgelassen worden sind.

Wenn sich aber schon über das konstante Maß praktisch kaum etwas Allgemeingültiges sagen läßt (manche Formulierung erinnert, wohl nicht zufällig, an Horoskop-Texte oder Orakel-Sprüche), so gilt das selbstverständlich erst recht für den Rhythmus als das konkrete Pulsieren des Sprachflusses. Gelferts klarsichtige Zurückweisung von Kaysers Klassifikation des Rhythmus –

> Wolfgang Kayser hat in seiner *Kleinen Versschule* vier Typen unterschieden: den fließenden, den bauenden, den gestauten und den strömenden Rhythmus. Diese Unterscheidung ist aber wenig hilfreich; denn jede rhythmische Bewegung muß fließen, und sie muß zugleich immer wieder gestaut werden, sonst wird sie vom Hörer als langweilig empfunden. Aus dem Wechsel von Fließen und Stauen entsteht notwendigerweise der "Bau" einer rhythmischen Struktur.[38] –

ist daher ebenso nachdrücklich zuzustimmen, wie seine anschließende Bemerkung –

> Deshalb kann man den Rhythmus, anders als das Metrum nicht klassifizieren, sondern nur mit Begriffen wie schnell oder langsam, weich oder hart, feierlich getragen oder emphatisch drängend, schreitend oder tanzend, kurzschrittig oder langschrittig beschreiben.[39] –

zu ergänzen wäre um den verallgemeinernden Zusatz: Rhythmische Phänomene entziehen sich, im selben Maße, wie sie *singuläre Ereignisse* sind, einer Taxonomie, weil in dieser gerade verfehlt wird – und zwar *systematisch* verfehlt wird – , worum es eigentlich geht: das Singuläre.

Kein Gedanke ist in diesem Kapitel wichtiger als der der produktiven *Spannung* zwischen Rhythmus und Metrum: Aus ihr stammt im Wesentlichen das, was den Reiz eines Gedichtes als eines strukturierten Ganzen ausmacht. Und doch wäre das Bild unvollständig ohne eine andere Art von Spannung, die schon ganz zu Anfang angerissen wurde und bei William Carlos Williams' "The Dance" noch einmal deutlich hervortrat: Das ist die Spannung zwischen der Zeile auf der einen und dem rhythmischen Fluß sowie der syntaktischen Organisation auf der anderen Seite. Obwohl die Zeilenorganisation von Gedichten im folgenden Kapitel "Klang und Strophenform" abgehandelt werden soll, hat sie doch auch einen unabstellbaren metrisch-rhythmischen Aspekt: Der Vers (ursprünglich eigentlich *Doppel*zeile) ist schließlich nicht zufällig das Maß des Metrums. Wir messen jede konkrete Füllung einer Zeile an der Erwartung, daß diese 'irgendwie' mit der graphischen Hohlform der Zeile korrespondieren müsse – ein Zeilenende signalisiert etwas, auch und gerade, wenn der Sprachfluß im Enjambement (*enjambment, run-on lines*) über es hinausgeht. Es ist die Spannung zwischen *Schriftbild* und *sprachlicher Realisation*, die uns nicht als Störung, sondern als signifikante Abweichung bedeutungsvoll scheint.

An "Devonshire Street W.1" von John Betjeman, wirklich keinem sehr experimentellen Gedicht, läßt sich das gut veranschaulichen:

---

38 Gelfert, *Verslehre*, 45.

39 Gelfert, *Verslehre*, 45.

The heavy mahogany door with its wrought-iron screen
    Shuts. And the sound is rich, sympathetic, discreet.
The sun still shines on this eighteenth-century scene
    With Edwardian faience adornments – Devonshire Street.

No hope. And the X-ray photographs under his arm
    Confirm the message. His wife stands timidly by.
The opposite brick-built house looks lofty and calm
    Its chimneys steady against a mackerel sky.

No hope. And the iron knob of this palisade
    So cold to the touch, is luckier now than he
'Oh merciless, hurrying Londoners! Why was I made
    For the long and the painful deathbed coming to me?'

She puts her fingers in his, as, loving and silly,
    At long-past Kensington dances she used to do
'It's cheaper to take the tube to Piccadilly
    And then we can catch a nineteen or a twenty-two.'

Auf den Umstand, daß mit dem Ende jeder zweiten Verszeile ein syntaktischer Stillstand zusammenfällt, möchte ich hier so wenig eingehen wie auf das Reimschema, das diese beiden Hälften jeder Strophe dann doch wieder verklammert. Mir geht es um das "Shuts" zu Beginn der zweiten Zeile. Man hätte, da "screen" betont ist, eh eine (kaum merkliche) Pause vor der direkt darauf folgenden Hebung machen müssen. Aber der Durchschub des "Shuts" in die nächste Zeile *und* der Umstand, daß der Satz dann sofort zu Ende ist sowie schließlich der Fakt, daß "Shuts" damit in eine Verszeilen-Position kommt, die in der ersten Zeile unbetont ist, geben diesem Wort eine solch finale Emphase, wie sie durch (beispielsweise)

The heavy mahogany door with its iron screen shuts

nie zu realisieren gewesen wäre. Auch das anaphorische "No hope", wohl als Spondeus zu sprechen, gehört in diesen Zusammenhang: Dadurch wird der Strophenanfang ja nicht nur erschöpft-langsam – auch die Tatsache, daß der Satz (das Urteil) schon fertig ist, die Zeile aber noch lange nicht, sich vielmehr hinzieht, verstärkt die offensichtliche Botschaft des Gedichtes. Nebenbei bemerkt gibt die erste Zeile der letzten Strophe ein schönes Beispiel dafür, daß nicht nur die rhythmische Realisierung eine Lesart stützt, sondern daß auch im Gegenteil verschiedene Deutungen verschiedene rhythmische Realisationen nach sich ziehen:

```
 /    x    /  x   x   x   /
She puts her fingers in his
```

läßt einen größeren Antagonismus zwischen beiden Personen vermuten als

x / x / x x /
She puts her fingers in his

und könnte einem (bei StudentInnen durchaus verbreiteten) *mis-reading* der letzten beiden Zeilen als herzlos und unverständig Vorschub leisten.

Semantisch wirksam kann aber auch die schiere Zeilenlänge sein. In Thomas Hardys "The Convergence of the Twain", das den Zusammenstoß der *Titanic*, Inbegriff menschlich-technischer Hybris, mit einem Eisberg, Emblem blinder, indifferenter Naturgewalt, als vorherbestimmte Notwendigkeit ausgibt, fällt die Überlänge jeder dritten Zeile auf:

The Convergence of the Twain

(Lines on the Loss of the *Titanic*)

1
In a solitude of the sea
Deep from human vanity,
And the Pride of Life that planned her, stilly couches she.

2
Steel chamber, late the pyres
Of her salamandrine fires,
Cold currents thrid, and turn to rhythmic tidal lyres.

3
Over the mirrors meant
To glass the opulent
The sea-worm crawls—grotesque, slimed, dumb, indifferent.

4
Jewels in joy designed
To ravish the sensuous mind
Lie lightless, all their sparkles bleared and black and blind.

5
Dim moon-eyed fishes near
Gaze at the gilded gear
And query: "What does this vaingloriousness down here?"...

6
Well: while was fashioning
This creature of cleaving wing,
The Immanent Will that stirs and urges everything

7
Prepared a sinister mate
For her—so gaily great—
A Shape of Ice, for the time far and dissociate.

8

And as the smart ship grew
In stature, grace, and hue,
In shadowy silent distance grew the Iceberg too.

9

Alien they seemed to be:
No mortal eye could see
The intimate welding of their later history,

10

Or sign that they were bent
By paths coincident
On being anon twin halves of one august event,

11

Till the Spinner of the Years
Said "Now!" And each one hears,
And consummation comes, and jars two hemispheres.

Diese Zeilenlänge hat natürlich auch rhythmische Konsequenzen. Die dritten Zeilen weisen in der Regel fünf bis sieben Hebungen auf, verglichen mit zwei bis vier in den ersten beiden. Diese Zeilen dauern 'zu lang', doch der Eindruck drängt sich auf: trotz aller Verlängerung und Verzögerung, das Ende (nicht nur der Verszeile) kommt so sicher wie das Amen in der Kirche. Dauer ist als (bloßer) Aufschub inszeniert. Die Linien der Konvergenz im Endreim sind vorgezeichnet.

In Geoffrey Hills "September Song" – eigentlich viel zu schade, um nur als Beispiel für Metrisch-Rhythmisches zu dienen – ist die Spannung zwischen Zeilenarrangement und Satzperioden immer wieder für feinste rhythmische Nuancen genutzt:

September Song

born 19.6.32—*deported* 24.9.42

Undesirable you may have been, untouchable
you were not. Not forgotten
or passed over at the proper time.

As estimated, you died. Things marched,
sufficient, to that end.
Just so much Zyklon and leather, patented
terror, so many routine cries.

(I have made
an elegy for myself it
is true)

September fattens on vines. Roses
flake from the wall. The smoke
of harmless fires drifts to my eyes.

This is plenty. This is more than enough.

Man vergegenwärtige sich einmal, welch (schwächeren) Akzent "untouchable" erhalten hätte, wenn es zu "you were not" in die folgende Zeile gerückt worden wäre; welchen Effekt die Separierung von "sufficient" und "Things marched" hat, ebenso die augenfälligere von "patented" und "terror", wo man sowieso schon "patented" unwillkürlich eher "leather" zurechnet; welche Wirkung das separierte "it" in "an elegy for myself it / is true" hat, usw. usf..

Das ist vielleicht die einfachste Grundregel der Interpretation der metrisch-rhythmischen Dimension von Gedichten: Wenn man sich nicht sicher ist, welche Funktion, welche Wirkung ein bestimmtes Arrangement hat, baue man es einfach um und frage sich, '*what's the difference*?, wie ist der Effekt jetzt?' In der Regel wird man dann erkennen, daß der vorliegende Text nicht nur anders, sondern auch *besser* ist – und wichtiger noch: *warum* er besser ist. Daß, wie es so schön falsch und zugleich richtig heißt, in Lyrik die Zeilen 'nicht ausgefüllt' sind, ist ja (meistens) motiviert, d.h. es soll uns eine bestimmte, besondere Realisation *nahelegen*. Wenn nicht erkennbar ist, was ein bestimmtes Zeilenarrangement eigentlich in metrisch-rhythmischer Hinsicht bringt, liegt leicht der Verdacht nahe, hier habe einer nur äußerlich-oberflächlich die Gestalt eines Gedichtes imitiert, ohne selbst begriffen zu haben, weshalb überhaupt in Dichtung eine Spannung zwischen Schriftbild und Sprachbild aufgebaut wird. Man *muß* gar nicht gut finden, was einen nicht überzeugt.

Der Verdacht, hier habe es sich einer leicht gemacht und ein Gedicht 'einfach so' hingeschrieben, wird besonders schnell gegenüber *free verse*-Gedichten geäußert, also gegenüber Gedichten in freien Rhythmen, hinter denen sich kein metrisches Grundmaß mehr ausmachen läßt. Wolfgang Kayser glaubte noch, freie Rhythmen, die er mit dem Expressionismus identifizierte ("Verse sind es nicht mehr, das ist Prosa") als eine literaturhistorische Randerscheinung abtun zu können:

> [...] die Behauptung, daß sich im Expressionismus und somit in solchen Gedichten der Anbruch eines neuen Zeitalters ankündige, in dem sich unser ganzes Versempfinden wandeln werde, darf doch schon heute durch die Geschichte der Verskunst als widerlegt gelten. So bedeutungsvoll in mancher Hinsicht die Wirkungen des Expressionismus gewesen sind, die Grundlagen unseres Empfindens hat er nicht antasten können.[40]

Bei Fussell und späteren finden wir dann das Eingeständnis, daß *free verse – for better or for worse* – die dominante Versform des 20. Jahrhunderts sei, aber es

40 Kayser, *Versschule*, 15.

wird auch immer wieder grummelnd auf die Gefahren der Regellosigkeit hingewiesen:[41]

> From these examples we can infer that a free-verse poem without dynamics [...] will risk the same sort of dullness as the metered poem which never varies from regularity. When it solicits our attention as poetry, a group of words arranged at apparent haphazard is as boring as *tum-ti-tum*.
>
> A lot of people take the term *free verse* literally, with the result that there is more bad free verse written today than one can easily shake a stick at. [...] what is lamentably missing is the art that makes poems re-readable once we have fathomed what they 'say'.[42]

Ob Timothy Steele schreibt,

> [b]ecause some readers may be wondering where free verse fits into this picture, I should probably add that, though I greatly admire many poems in that medium, it is not metrical, at least not in the sense that the word has been understood for three thousand years. And while twentieth-century free verse certainly represents a revolution in poetry, and a fascinating one, it is a revolution *away* from meter, not *of* or *in* meter [weshalb *free verse* in seinem umfangreichen Buch, trotz des Titels *All the Fun's in How You Say a Thing*, dann nur auf ca. vier Seiten behandelt wird],[43]

oder Derek Attridge,

> [f]ree verse, which became common in the twentieth century after some earlier isolated examples, is, in one sense, the simplest of verse,[44]

es klingt immer ein bißchen so, als werde einem ausgebrochenen Gefangenen, einem entlaufenden Sträfling, hinterhergerufen: 'Soll er doch glücklich werden! Er wird schon sehn!'

Free verse ist wirklich nur in einer Hinsicht "the simplest kind of verse", in anderer ist es eine ungemeine Herausforderung, ihn *gut* zu schreiben. Denn wenn sich ein Dichter vom Raster des regelmäßigen Metrums verabschiedet, begibt er sich ja auch zunächst einmal der einfachsten Möglichkeit, die ungemein reizvolle Spannung zwischen Metrum und Rhythmus, das freie Umspielen des Grundmaßes,[45] für seine Zwecke zu nutzen. Wenn auf das Skelett des Metrums verzichtet wird, müssen andere 'tragende Teile' eingebaut werden: exponiert plat-

---

41 Kurioser- und widerspruchsvollerweise gerne unter Hinweis auf T.S. Eliots Diktum, *vers libre* gebe es nicht, kein Vers sei frei, "there is no freedom in art". Thomas Stearns Eliot, "Reflections on *Vers Libre*", *Selected Prose*, ed. Frank Kermode, London: Faber & Faber, 1975, 1984, 31-36, 32.

42 Fussell, *Poetic Meter*, 88.

43 Steele, *All the Fun*, 22.

44 Attridge, *Poetic Rhythm*, 5.

45 Vgl. Kayser, *Versschule*, 100.

zierte Wortbetonungen, rhetorische Emphase, Parallelismen aller Art (besonders Anaphern und Epiphern), stichomythisch anmutende *short lines* und weitschweifige *long lines*, deren Realisation weniger vermittelt als üblich direkt auf den körperlichen Parametern von Atmung und Herzschlag basiert, 'Kataloge', die über semantische Äquivalenzen inhaltliche 'Strecken' aufbauen, usw. usf..

So wie sich ein 'organisches Kunstwerk' von einem Produkt der Regelpoetik ja nicht etwa darin unterscheidet, daß es *keinem* Plan folgte, sondern darin, daß es einem *inneren* Plan mehr gehorcht als von *außen* gesetzten Regeln, so ist die Herausforderung des *free verse* zunächst einmal *anspruchsvoller*: Ein gutes *free verse*-Gedicht macht und verwirft seine eigenen Regeln, *as it goes along*. Gelfert hat daher völlig recht, wenn er festhält, daß der Dichter in freien Rhythmen quasi von Skylla und Charybdis bedroht ist:

> Die Schwierigkeit der freien Rhythmen liegt darin, daß sie sich nach zwei Seiten hin abgrenzen müssen. Einerseits müssen sie den Eindruck von Prosa vermeiden und andererseits dürfen sie nicht in eines der vertrauten Metren verfallen. Das verlangt von einem Dichter *mehr* sprachliche Intuition als bei einem Gedicht mit vorgegebener Form wie etwa dem Sonett [Hervorhebung CB].[46]

Das liegt ganz auf der Linie von W.H. Auden, der einmal bemerkte, "I think very few people can manage free verse. You need an infallible ear [...] to determine where the lines should end."[47] Wenn es also so viele schlechte *free verse*-Gedichte gibt, dann nicht etwa, weil es – unlogischerweise – so einfach wäre, welche zu schreiben, sondern – logischerweise – weil es so schwierig ist, gute zu schreiben. *Free verse* dichten ist eben nicht, wie Robert Frost einmal behauptet haben soll, wie Tennisspielen ohne Netz.

Daß der frei-rhythmisch pulsierende *free verse* einem *inneren* Maß folgt, ist natürlich häufig auch Ausdruck eines ästhetisch-ideologischen Programms, am deutlichsten vielleicht bei Walt Whitman.

Song of Myself

1

I celebrate myself, and sing myself,
And what I assume you shall assume,
For every atom belonging to me as good belongs to you.

I loafe and invite my soul,
I lean and loafe at my ease observing a spear of summer grass.

My tongue, every atom of my blood, form'd from this soil, this air,
Born here of parents born here from parents the same, and their parents the same,
I, now thirty-seven years old in perfect health begin,
Hoping to cease not till death.

---

46 Gelfert, *Verslehre*, 149.

47 Zitiert nach Fussell, *Poetic Meter*, 80.

Creeds and schools in abeyance,
Retiring back a while sufficed at what they are, but never forgotten,
I harbor for good or bad, I permit to speak at every hazard,
Nature without check with original energy.

[...]

Have you reckon'd a thousand acres much? have you reckon'd the earth much?
Have you practis'd so long to learn to read?
Have you felt so proud to get at the meaning of poems?

Stop this day and night with me and you shall possess the origin of all poems,
You shall possess the good of the earth and sun, (there are millions of suns left,)
You shall no longer take things at second or third hand, nor look through the eyes
of the dead, nor feed on the spectres in books,
You shall not look through my eyes either, nor take things from me,
You shall listen to all sides and filter them from your self.

[...]

Walt Whitman, a kosmos, of Manhattan the son,
Turbulent, fleshy, sensual, eating, drinking and breeding,
No sentimentalist, no stander above men and women or apart from them,
No more modest than immodest.

Unscrews the locks from the doors!
Unscrews the doors themselves from their jambs!

Whoever degrades another degrades me,
And whatever is done or said returns at last to me.

Through me the afflatus surging and surging, through me the current and index.

I speak the pass-word primeval, I give the sign of democracy,
By God! I will accept nothing which all cannot have their counterpart of on the
same terms.

[...]

I tramp a perpetual journey, (come listen all!)
My signs are a rain-proof coat, good shoes, and a staff cut from the woods,
No friend of mine takes his ease in my chair,
I have no chair, no church, no philosophy,
I lead no man to a dinner-table, library, exchange,
But each man and each woman of you I lead upon a knoll,
My left hand hooking you round the waist,
My right hand pointing to landscapes of continents and the public road.

Not I, not any one else can travel that road for you,
You must travel it for yourself.

[...]

You are also asking me questions and I hear you,
I answer that I cannot answer, you must find out for yourself.

[...]

Das Hohelied des Individuums und des Selbstbewußtseins, der Demokratie und der kosmischen Bedeutung jedes Einzelnen, das Hohelied der Vielfalt, läßt sich wohl auch schwerlich im Korsett metrischer Regelmäßigkeit singen, ohne daß ein offener Widerspruch zwischen Form und Inhalt zu konstatieren wäre.

Mit der Anerkennung der faszinierenden Attraktivität dieser Dichtungsart ist nun keineswegs die Ablehnung älterer Formen zwingend verbunden – ganz im Gegenteil! Die hier zelebrierte Heiligkeit der Vielfalt verpflichtet uns geradezu, das dezidiert Nicht-Moderne als radikal Anderes zu respektieren, ermöglicht es uns auch, es als in-sich-stimmig strukturiertes Sinn-Angebot zu erkennen.

In Alexander Popes "Ode on Solitude", die er im zarten Alter von 12 Jahren geschrieben haben will, korrespondieren das Gleichmaß des Metrums und die Regelmäßigkeit der Reime harmonisch mit dem propagierten Ideal des in ruhiger Selbstbescheidung dahinfließenden Lebens "far from the madding crowd" (Thomas Gray):

Happy the man whose wish and care
A few paternal acres bound,
Content to breathe his native air,
In his own ground.

Whose herds with milk, whose fields with bread,
Whose flocks supply him with attire,
Whose trees in summer yield him shade,
In winter fire.

Blest, who can unconcernedly find
Hours, days, and years slide soft away,
In health of body, peace of mind,
Quiet by day,

Sound sleep by night; study and ease
Together mixed; sweet recreation,
And innocence, which most does please
With meditation.

Thus let me live, unseen, unknown;
Thus unlamented let me die;
Steal from the world, and not a stone
Tell where I lie.

Vor Monotonie gerettet wird das Gedicht von Popes durchgängiger Variation der verkürzten letzten Zeilen: liest man "fire" einsilbig, "quiet" aber zweisilbig,[48] gleichen erstaunlicherweise nur zwei einander!

x x / /

x / x /

/ x x /

x / x / x

/ x x /

Gerade weil der Rest des Gedichtes so außerordentlich regelmäßig ist, kann schon diese Minimalvariation einen enormen Effekt haben. Das beschreibt ja überhaupt das Grundverhältnis von Metrum und Rhythmus: Je stärker eine Regel etabliert ist, desto leichter ist ihre Störung; je sicherer eine Erwartung, desto effektiver die Überraschung. Metrisch eng festgelegte Verse können schon mit homöopathischer Dosierung aufgelockert werden; der *free verse* aber folgt *the beat of a different drum, as it goes along*, folgt quasi einer inneren Stimme statt äußerer Anleitung.[49] Das sei eine epochale Revolution in der Dichtungsgeschichte, heißt es immer wieder. Die Freiheit, die sie bringt, ist, wie meistens, schwierig und läßt auch Unsinniges und Miserables zu. Aber wie oben bereits gesagt: Keiner *muß* das gut finden. Wer überdies die Spitzen der Vergangenheit mit dem Durchschnitt der Gegenwart vergleicht, wird leicht ungerecht und zum Kulturpessimisten. T.V.F. Brogan, selbst eher 'Metriker', rückt die Maßstäbe zurecht: "This is not to say that all metrical verse was of superior quality: great masses of it were mediocre. Great masses of poetry in any age are mediocre."[50] Um so besser ist es, scheint mir, eine freie Auswahl zu haben.

---

48 Diese Lesart ist ganz offensichtlich die beabsichtigte: Die Zeilen 1 bis 3 haben jeweils acht Silben, die vierte Zeile jeweils nur vier (Ausnahme allein "With meditation"). Pope hat anscheinend versucht, das klassische Modell der Sapphischen Strophe – drei elfsilbige Zeilen, gefolgt von einer fünfsilbigen Zeile – verknappt ins Englische zu übertragen.

49 Den Kadetten einer Militärakademie, die Ginsbergs *Howl* lesen (müssen), steht also eine spannende Entdeckung bevor.

50 *New Princeton Encyclopedia*, 780.

3 Klang und Strophenform

Keine Vorstellung über Gedichte ist im Bewußtsein der Laien so tief verwurzelt wie die, sie müßten gereimt sein – womit genauer gesprochen *Endreime* gemeint sind (Gleichklang von am Zeilenende stehenden Wörtern vom letzten betonten Vokal an). Man kann sich leicht davon überzeugen, daß dieser Gleichklang der Zeilenenden weithin für unverzichtbar gehalten wird – als Belege lassen sich Büttenreden und Schlagertexte anführen, aber auch Selbstverfaßtes bei Familienfeiern und Jubiläen. Es gibt wohl keine deutsche Lokalzeitung, in der sich nicht täglich in der Rubrik 'Familienanzeigen' poetische Kleinode wie das folgende fänden:

Kaum zu glauben, aber wahr,
unsere Mutter und Oma
Helga
wird heut' 60 Jahr'.

Das Beispiel ist lehrreich, denn es zeigt, daß in dieser Kunstform dem Endreim alles andere rücksichtslos untergeordnet wird: Wortbetonung ("O**ma**", Hel**ga**"?), Metrum, Zeilenlänge. In der Regel ist die erste Zeile solcher Gelegenheitsgedichte noch die schönste, maßgerechteste (hier ein tadelloser vierhebiger katalektischer, d.h. im letzten Fuß unvollständiger Trochäus), von da an geht's bergab, spätestens von der dritten Zeile an holpert der Rhythmus merklich, und man kann sich glücklich schätzen, wenn am Ende eines Vierzeilers (zu mehr reicht es eh meist nicht) nicht auch der Sinn flöten gegangen ist.

Dieser mittelfristig alles zermalmende Reimzwang ist um so bemerkenswerter, als der Großteil der Dichtung anderer Kulturkreise und Epochen ohne jeglichen Endreim auskommt und diese Art des Dichtens auch im Abendland weit davon entfernt ist, die dominante, geschweige denn die einzige Form zu sein. Auch der größte Teil der englischen Dichtung ist endreimlos abgefaßt, vor allem in ungereimten jambischen Pentametern, dem sogenannten *blank verse*.

Aber die Hochschätzung des Endreimes kommt nicht von ungefähr. Merkverse und Abzählreime zeigen, daß er ein großes mnemotechnisches und spielerisches Potential hat. Was gleich klingt, läßt sich besser merken – und es klingt eben auch gut. Das ist schon bei gleichem Anlaut so ('Stabreim', *alliteration*) – man denke an 'von Haus und Hof', 'mit Mann und Maus', 'mit Kind und Kegel'. Wenn aber eine Silbe oder mehrere Silben gleichklingen und diese dazu am Zeilenende stehen, ist der Effekt noch einmal gesteigert.

Die Faszination des Reimes beruht wohl im Wesentlichen darauf, daß über ihn Wörter miteinander in Beziehung gesetzt werden, die außer ihrem Gleichklang *nichts* gemeinsam haben. Es gibt ja keinen Zusammenhang zwischen Klang und Sinn eines einzelnen Wortes – der Zusammenhang zwischen der Lautform und dem Zeicheninhalt ist bekanntlich arbiträr. Und deshalb besteht auch zwischen Wörtern gleichen Klanges keine semantische Äquivalenz. Der Reim beleuchtet schlaglichtartig *das Gleiche im Nicht-Identischen* (in der Tiefe ist daher der Reim mit der Metapher verwandt), stellt es für einen Augenblick in den

Vordergrund. Genau das ist aber der Punkt des Reimens: Durch das Reimen wird ein Bezug hergestellt, eine Verwandtschaft oder Nähe *insinuiert* oder *suggeriert*, auf deren Möglichkeit man sonst erst gar nicht gekommen wäre. Reime erinnern uns permanent an einen Grundzug von Sprache: die Arbitrarität der Zeichen. Der Reim lenkt unseren Fokus auf das Material der Sprache *als Material*, er ist eines der stärksten, wirksamsten Mittel der *Autoreferentialisierung*. *Falls* sich hinter den offen hörbaren phonetischen Äquivalenzen zusätzliche semantische aufzutun scheinen ('Liebe – Triebe', 'Herz – Schmerz', 'Sonne – Wonne'), so liegt das daran, daß sich Gedichte meistens in *einem* semantischen Feld bewegen und die sich reimenden Wörter innerhalb dieses Feldes gewählt werden: Die Nachbarschaft des Sinns der Wörter rührt also nicht aus ihrem Gleichklang, sondern aus ihrer davon unabhängigen semantischen Vernetzung.

Wie reizvoll es im übrigen sein kann, dem oben so gescholtenen Reimzwang die Zügel schießen zu lassen und einfach zu schauen, wohin er galoppiert und wie der Sinn burlesk hinterherstolpert, zeigt dieser Auszug aus Edith Sitwells *Façade*, einem "Trio for Two Cats and a Trombone", das – wenn ich mich recht erinnere – hinter einem Vorhang zu Musikbegleitung zu sprechen ist:

Long steel grass—
The white soldiers pass—
The light is braying like an ass.
See
The tall Spanish jade
With hair black as nightshade
Worn as a cockade!
Flee
Her eyes' gasconade
And her gown's parade
(As stiff as a brigade).
Tee-hee!
The hard and braying light
Is zebra'd black and white
It will take away the slight
And free,
Tinge of the mouth-organ sound,
(Oyster-stall notes) oozing round
Her flounces as they sweep the ground.
The
Trumpet and the drum
And the martial cornet come
To make the people dumb—
But we
Won't wait for sly-foot night
(Moonlight, watered milk-white, bright)
To make clear the declaration
Of our Paphian vocation,
Beside the castanetted sea,
Where stalks Il Capitaneo

Swaggart braggadocio
Sword and moustachio—
He
Is green as a cassada
And his hair is an armada.
To the jade "Come kiss me harder"
He called across the battlements as she
Heard our voices thin and shrill
As the steely grasses' thrill,
Or the sound of the onycha
When the phoca has the pica
In the palace of the Queen Chinee!

Reime kann man zunächst einmal nach der Anzahl der reimenden Silben unterscheiden. Reimt sich nur die letzte, eine Betonung tragende Silbe (z.B. *rich – bitch*), so spricht man von einem männlichen (*masculine*) Reim. Folgt aber der letzten betonten Silbe noch eine weitere, unbetonte (z.B. *flower – bower*), so handelt es sich um einen weiblichen (*feminine*) Reim. Reimen sich drei (*triple rhyme*) oder gar mehr Silben, kann, im Englischen nicht anders als im Deutschen, leicht eine komische Wirkung eintreten, was vor allem satirische Dichter sich gerne zunutze gemacht haben (so wird das Pathos von Byrons Don Juan durch den hohen Seegang drastisch unterlaufen:

No doubt he would have been much more pathetic,
But the sea acted as a strong emetic.
(*Don Juan*, II, 167/168)

Egal jedoch, ob Reime ein-, zwei- oder mehrsilbig sind, ihre Hauptfunktion ist es, *Zeilen aneinander zu binden* (so wie *innerhalb* einer Verszeile das Metrum das "Hauptbindemittel"[51] ist – Metrum und Klang kooperieren also in der Bindung der Sprache, wenn auch mit leichter Aufgabenteilung). Die nächstliegende Form der Zeilenbindung durch Endreim ist natürlich die zweier direkt aufeinanderfolgender Zeilen im Paarreim ([*rhyming*] *couplet* – aa bb cc). Ursprünglich bedeutet 'Vers' ja auch *Doppel*zeile – *versus* ist die Kehre des Pfluges am Ende einer Ackerfurche. Die häufigsten Endreimvarianten neben dem Paarreim sind:

Kreuzreim (*alternate or cross rhyme*): abab

verschränkter, umschlungener Reim (*embracing or envelope rhyme*): abba

Schweifreim (*tail rhyme*): aabccb

Aber mit der Auflistung reiner (*true, full, or perfect*) Endreime (*end-rhymes*) – zugegebenermaßen der auffälligsten Reimart – sind die Möglichkeiten klanglicher Strukturierung noch längst nicht umrissen: Zum einen kann Gleichklang ja auch an anderer Position als nur am Zeilenende eingesetzt werden, zum anderen gibt es den riesigen Bereich 'unreiner' Reime (besser wohl 'Halbreime', *half-*

51 Hans-Dieter Gelfert, *Einführung in die Verslehre*, Stuttgart: Reclam, 1998, 57.

rhymes, off rhymes, slant rhymes), die ungeheure klangliche Möglichkeiten bergen. Daß Reinheit und Fülle eines Reimes nicht automatisch 'gut' sind (und Halbreime folglich auch nicht automatisch 'schlechter'), sieht man übrigens am Beispiel des sogenannten *rime riche* (begreift man den mänlichen Reim als Grundform, den weiblichen als einen Erweiterung 'nach rechts', so ist der *rime riche* quasi eine Erweiterung 'nach links': In ihm ist nämlich auch der letzte Konsonant *vor* dem letzten betonten Vokal identisch mit ebendiesem beim Reimwort, z.B. *knew – new, foul – fowl*). Anders als im Französischen, wo diese Reimform sehr geschätzt wird, klingt sie im Englischen (*rich rhyme*) oder Deutschen ('rührender Reim') fremd oder gar fehlerhaft. Das hat bei mehrsilbigen *rimes riches* etwas mit dem Betonungssystem in diesen germanischen Sprachen zu tun, bei einsilbigen etwas mit der verwandten Scheu vor identischen Reimen (*identical rhymes*), in denen ein Wort mit sich selbst gereimt wird – was leicht, ob berechtigt oder nicht, einen Eindruck von Einfallslosigkeit hinterlassen kann. Es besteht also gar kein Grund, 'unreine' Reime – besser eben: *Halb*reime – *per se* als Reime minderer Güte zu betrachten.

Halbreime begegnen uns in zwei Formen, als Assonanz oder als Konsonanz. Von *assonance* spricht man, wenn nur die Vokale gleichklingen, nicht aber die Konsonanten. Die ersten 23 Zeilen von Samuel Taylor Coleridges "Frost at Midnight" enthalten eine Reihe von Beispielen, wie sich über *assonance* abseits der Endreime wunderbare Klangstrecken aufbauen lassen:

> The Frost performs its secret ministry,
> Unhelped by any wind. The owlet's cry
> Came loud—and hark, again! loud as before.
> The inmates of my cottage, all at rest,
> Have left me to that solitude, which suits
> Abstruser musings: save that at my side
> My cradled infant slumbers peacefully.
> 'Tis calm indeed! so calm, that it disturbs
> And vexes meditation with its strange
> And extreme silentness. Sea, hill, and wood,
> This populous village! Sea, and hill, and wood,
> With all the numberless goings-on of life,
> Inaudible as dreams! the thin blue flame
> Lies on my low-burnt fire, and quivers not;
> Only that film, which fluttered on the grate,
> Still flutters there, the sole unquiet thing.
> Methinks its motion in this hush of nature
> Gives it dim sympathies with me who live,
> Making it a companionable form,
> Whose puny flaps and freaks the idling Spirit
> By its own moods interprets, everywhere
> Echo or mirror seeking of itself,
> And makes a toy of Thought.

Die wichtigsten Assonanzen, zu denen man auch noch die Wortwiederholungen zählen kann (die, über Zeilen verstreut, gar nicht so unbeholfen wirken wie ein exponierter *identical rhyme*) sind hier:

Frost – performs – before
its – secret – ministry – wind – cottage
owlet – loud – loud
inmates – again – save – cradled – strange
unhelped – left
solitude – suits – abstruser – musings
cry – side
fluttered – flutters

Es ist natürlich die Frage, ob eine Assonanz, die so weit auseinandersteht wie "cry" und "side" oder "wind" und "cottage", noch bewußt als solche registriert wird (beim ersten Lesen sicherlich nicht – und doch, möchte ich behaupten, *wirkt* sie durchaus). Außer Frage steht, daß Assonanzreihen wie "solitude [...] suits abstruser musings" oder das geniale "gives it dim sympathies with me who live" (acht Treffer in einer einzigen, ganz natürlich klingenden Zeile!) eine faszinierende harmonische Wirkung ausüben, zu der die zahlreichen Alliterationen (*Frost – performs, solitude – suits, save – side, silentness – sea, flame – fire – film – fluttered – flutters, methinks – motion – me – making, flaps – freaks, Spirit – seeking – itself*) noch hinzutreten. Kein Wunder, daß ein Gedicht mit so reicher klanglicher Binnenstrukturierung durch Assonanzen und Alliteration auf das vergleichsweise simple Stützkorsett eines Endreimschemas gar nicht angewiesen ist.

Das Gegenstück zur Assonanz ist die Konsonanz. Von *consonance* spricht man, wenn nur die Konsonanten gleichklingen, nicht aber die Vokale (beispielsweise *years – yours, longer – linger, bit – but*). Das ist etwa so, als ob nur die Skelette der Wörter identisch seien, nicht aber ihre vokalischen Füllungen oder Einkleidungen. Es fällt uns vielleicht schwerer als bei den Assonanzen, uns vorzustellen, daß so etwas 'gut' klingen soll. Aber hören wir einmal dieses Gedicht von Wilfred Owen, einem Meister des *off* oder *slant rhyme*:

Strange Meeting

It seemed that out of battle I escaped
Down some profound dull tunnel, long since scooped
Through granites which titanic wars had groined.

Yet also there encumbered sleepers groaned,
Too fast in thought or death to be bestirred.
Then, as I probed them, one sprang up, and stared
With piteous recognition in fixed eyes,
Lifting distressful hands, as if to bless.
And by his smile, I knew that sullen hall,—
By his dead smile I knew we stood in Hell.

With a thousand pains that vision's face was grained;
Yet no blood reached there from the upper ground,
And no guns thumped, or down the flues made moan.
"Strange friend," I said, "here is no cause to mourn."
"None," said the other, "save the undone years,
The hopelessness. Whatever hope is yours,
Was my life also; I went hunting wild
After the wildest beauty in the world,
Which lies not calm in eyes, or braided hair,
But mocks the steady running of the hour,
And if it grieves, grieves richlier than here.
For by my glee might many men have laughed,
And of my weeping something had been left,
Which must die now. I mean the truth untold,
The pity of war, the pity war distilled.
Now men will go content with what we spoiled,
Or, discontent, boil bloody, and be spilled.
They will be swift with swiftness of the tigress.
None will break ranks, through nations trek from progress.
Courage was mine, and I had mystery,
Wisdom was mine, and I had mastery:
To miss the march of this retreating world
Into vain citadels that are not walled.
Then, when much blood had clogged their chariot-wheels,
I would go up and wash them from sweet wells,
Even with truths that lie too deep for taint.
I would have poured my spirit without stint
But not through wounds; not on the cess of war.
Foreheads of men have bled where no wounds were.

"I am the enemy you killed, my friend.
I knew you in this dark: for so you frowned
Yesterday through me as you jabbed and killed.
I parried; but my hands were loath and cold.
Let us sleep now. . . ."

Alle Endreime in diesem (Anti-)Kriegsgedicht sind Konsonanzen – nur in ihren Skeletten sind die Reimworte gleich, wie die Menschen im Tode. Und so gut wie immer ist die vokalische Füllung so vorgenommen worden, daß die zweite Zeile die dunklere Tönung erhalten hat (*wild – world, tigress – progress, mystery – mastery, killed – cold* usw.): Die klangliche Drift dieser seltsamen Begegnung ist eindeutig abwärts.

In W.H. Audens "O Where are you Going?"[52] ist die unheimliche Klangmagie der Konsonanzen noch verstärkt dadurch, daß sie mit Konventionen der Volksballade gekreuzt ist (vgl. etwa "Lord Randal" in Kapitel 5), wodurch schaurige

52 *The New Oxford Book of English Verse 1250-1950*, ed. Helen Gardner, Oxford: Clarendon, 1972, 915.

Erwartungen geweckt werden, nur um in der letzten Strophe dann um so beeindruckender mit tatendurstiger, affirmativer (und durchaus politischer) Geste beiseite gewischt zu werden:

'O where are you going?' said reader to rider,
'That valley is fatal when furnaces burn,
Yonder's the midden whose odours will madden,
That gap is the grave where the tall return.'

'O do you imagine,' said fearer to farer,
'That dusk will delay on your path to the pass,
Your diligent looking discover the lacking
Your footsteps feel from granite to grass?'

'O what was that bird,' said horror to hearer,
'Did you see that shape in the twisted trees?
Behind you swiftly the figure comes softly,
The spot on your skin is a shocking disease.'

'Out of this house'—said rider to reader,
'Yours never will'—said farer to fearer,
'They're looking for you'—said hearer to horror,
As he left them there, as he left them there.

Eine besondere Form des Halbreims, häufig der Konsonanz, ist der sogenannte Augenreim (*eye rhyme*): Er liegt dann vor, wenn zwei Wörter vom Schriftbild her so aussehen, als ob sie sich reimen würden, sie es aber nicht tun (z.B. *love – move, alone – done*). Weil das Englische im Vergleich mit anderen indoeuropäischen Sprachen, vor allem dem Italienischen und Französischen, über weniger Endreime verfügt (was im Zusammenhang mit den verschiedenen Sonettformen noch einmal von Bedeutung sein wird), ist es gegenüber *eye rhymes* immer recht tolerant gewesen. Manches, was uns heute ein Augenreim scheint, war jedoch zur Zeit seiner Entstehung ein reiner Reim (z.B. das in Renaissance-Dichtung gerne gebrauchte Paar *poetry – die*: Es gibt Hinweise, daß es bis ins erste Viertel des 17. Jahrhunderts für *poetry* eine Ausssprachealternative gab, deren eine Option sich auf 'die' rein reimte). Erst durch das spätere Auseinandertreten von Schrift- und Klangbild entsteht also in solchen Fällen der (falsche) Eindruck eines (hier: assonantischen) *eye rhyme*. Wo aber ein wirklicher Augenreim vorliegt, hat er immer einen vorhersagbaren Effekt: Er lenkt – da man ihn nie *hört*, sondern immer nur *sieht* (ein Augenreim ist also eigentlich überhaupt kein Reim!) – unser Augenmerk auf die *schriftliche* Seite eines Textes, den wir primär rhythmisch, klanglich und semantisch realisieren. Augenreime sind *visuelle* Phänomene, die die Übermittlungsform, das Medium der Schrift, in den Vordergrund treten lassen – und als solche ein weiteres enorm effektives Mittel der *Autoreferentialisierung poetischer Texte*.

Doch noch einmal zurück zu Audens "O Where are you Going?". Das Gedicht zeigt ja nicht nur einen systematischen Einsatz von Konsonanzen (beispielsweise *reader – rider, fearer – farer, horror – hearer*), eine Fülle von Alliterationen (etwa *fatal – furnace, dusk – delay*) und tadellose Endreime, sondern zugleich auch die Wirksamkeit von Reimen des Versendes mit einem Wort im Versinnern, den sogenannten Binnenreim (*internal rhyme*).[53] Den gibt es selbstverständlich nicht allein in der hier vorliegenden Form des Halbreims (z.B. *midden – madden, looking – lacking*), sondern genauso als reinen Reim. Nimmt man nun noch als Möglichkeit, Zeilen klanglich aneinander zu binden, die identische Wiederholung eines Zeilenanfanges hinzu (Anapher, engl. *anaphora* – Beispiele finden sich in den oben zitierten Passagen aus Whitmans "Song of Myself"; das Gegenstück, die Epipher, kann man als erweiterte Form eines identischen Reimes auffassen), so wird deutlich, daß der Endreim wirklich nur *ein* klangliches Mittel unter mehreren ist (nämlich neben Alliteration, Binnenreim, Anaphern und [in der Position] freien Assonanzen und Konsonanzen) und daß gleichfalls der reine Reim nur *eine* Möglichkeit (neben *assonance* und *consonance*) ist, ein Gedicht klanglich zu strukturieren. In Wallace Stevens' "The Snow Man" sind reine Endreime restlos durch Assonanzen und Konsonanzen ersetzt (nur "boughs" in der zweiten Zeile hat keinerlei Reim):

One must have a mind of winter
To regard the frost and the boughs
Of the pine-trees crusted with snow;

And have been cold a long time
To behold the junipers shagged with ice,
The spruces rough in the distant glitter

Of the January sun; and not to think
Of any misery in the sound of the wind,
In the sound of a few leaves,

Which is the sound of the land
Full of the same wind
That is blowing in the same bare place

For the listener, who listens in the snow,
And, nothing himself, beholds
Nothing that is not there and the nothing that is.

Das Großartige an all diesen Möglichkeiten des Reimes aber ist, daß man ohne weiteres das eine tun kann, ohne das andere sein lassen zu müssen – Kombinationen sind erlaubt und erwünscht.

Wie der Anfang von "Frost at Midnight" und Audens "O Where are you Going?" zeigt auch der Beginn von Coleridges "Kubla Khan", zu was für einer

53 Manchmal wird der Begriff 'Binnenreim' auch generell auf sich innerhalb einer Zeile reimende Wörter angewandt, ohne daß eines der beiden notwendigerweise das letzte der Zeile sein müßte.

umfassenden klanglichen Orchestrierung ein herausragender Dichter fähig ist (wobei logischerweise die *relative* Bedeutung des Endreimes immer abnehmen muß):

In Xanadu did Kubla Khan
A stately pleasure dome decree:
Where Alph, the sacred river, ran
Through caverns measureless to man
　Down to a sunless sea.
So twice five miles of fertile ground
With walls and towers were girdled round:
And there were gardens bright with sinuous rills,
Where blossomed many an incense-bearing tree;
And here were forests ancient as the hills,
Enfolding sunny spots of greenery.

Neben den Endreimen (*Khan – ran – man, decree – sea – tree – greenery, ground – round, rills – hills*) haben wir hier jede Menge Alliterationen (*du – did, Kubla – Khan, dome – decree* usw.), grandiose Assonanzen-Strecken wie etwa "twice five miles of fertile", feinere, entferntere Bezüge wie *stately – sacred – ancient*, einen assonantischen Binnenreim (*towers – round*), anaphorische Ansätze ("and there", "and here", ganz zu schweigen von solchen Kabinettstückchen wie der Vokalvariation in der ersten Zeile:

i a a u : i u a a

Werden diese *devices* nun noch gekoppelt mit systematischen Wortwiederholungen (vgl. besonders den Mittelteil von "Kubla Khan") in immer anderen Kontexten (wodurch ein gleichsam kaleidoskopischer Effekt entsteht) *und* mit einem treibenden, pulsierenden Rhythmus, der sich in anschwellender und abnehmender Zeilenlänge spiegeln kann, wie etwa in Dylan Thomas' "Fern Hill" (von dem hier nur die ersten zwei von sechs Strophen geboten werden), so stellt sich unweigerlich beim Hören, mehr noch beim lauten Lesen das Gefühl ein, hier werde mit Sprache doch höchst merkwürdig verfahren:

Now as I was young and easy under the apple boughs
About the lilting house and happy as the grass was green,
　The night above the dingle starry,
　　Time let me hail and climb
　Golden in the heydays of his eyes,
And honoured among wagons I was prince of the apple towns
And once below a time I lordly had the trees and leaves
　　Trail with daisies and barley
　Down the rivers of the windfall light.

And as I was green and carefree, famous among the barns
About the happy yard and singing as the farm was home,
　In the sun that is young once only,
　　Time let me play and be

Golden in the mercy of his means,
And green and golden I was huntsman and herdsman, the calves
Sang to my horn, the foxes on the hills barked clear and cold,
And the sabbath rang slowly
In the pebbles of the holy streams.

Hier wird unabweisbar klar, was für *jedes* Gedicht gilt: Es ist unmöglich, es zu paraphrasieren, weil man gar nicht über seinen 'Inhalt' reden kann, ohne von seiner Machart zu sprechen. Genauer: Man kann es schon versuchen, aber dann verfehlt man alles, was an dem Gedicht wesentlich ist – man spricht von Unwesentlichem.

Hat man einmal verstanden, was man mit Klängen alles anfangen kann, wenn man sie als frei verfügbares kompositorisches Material begreift, aus dem sich tragende, selbstbezügliche Strukturen aufbauen lassen, die das Augenmerk des Lesers oder Hörers abdriften lassen hin zur Sprache *als Material*, zum Gedicht als rhythmischem Klangkörper, zum Text als einem autoreferentiellen Gebilde, so kann man sich auch getrost einem klanglichen Phänomen zuwenden, das den Banausen aller Besoldungsgruppen immer noch als Höhepunkt, als Inbegriff klanglichen Dichtens gilt: der Lautmalerei, der *onomatopoeia*. Sie ist – trotz Ovids lustigem "sub aqua, sub aqua" – der gestickte röhrende Hirsch im Museum der Weltmalerei: wie jeder Kitsch eine *Beruhigung*, weil sie vorlügt, was Sprache gerade *nicht* ausmacht, nämlich eine Korrespondenz der Zeichen*form* mit dem Zeichen*inhalt*. Bestenfalls führt sie vor, was man aus inkompatiblem Material alles machen kann – dann ist sie das Äquivalent des Nachbaus des Kölner Doms aus Streichhölzern. Nicht zufällig also sagen ihr Kritiker eine gewisse Nähe zum Kunsthandwerklichen nach. Man prüfe vor diesem Hintergrund einmal (natürlich möglichst unvoreingenommen...) das lautmalerische Gedicht des "jingle man" Edgar Allan Poe, "The Bells" – drei der vier Strophen mögen genügen:

I

Hear the sledges with the bells—
Silver bells!
What a world of merriment their melody foretells!
How they tinkle, tinkle, tinkle,
In the icy air of night!
While the stars, that oversprinkle
All the heavens, seem to twinkle
With a crystalline delight;
Keeping time, time, time,
In a sort of Runic rhyme,
To the tintinabulation that so musically wells
From the bells, bells, bells, bells,
Bells, bells, bells—
From the jingling and the tinkling of the bells.

II

Hear the mellow wedding bells,
Golden bells!
What a world of happiness their harmony foretells!
Through the balmy air of night
How they ring out their delight!
From the molten-golden notes,
And all in tune,
What a liquid ditty floats
To the turtle-dove that listens, while she gloats
On the moon!
Oh, from out the sounding cells,
What a gush of euphony voluminously wells!
How it swells!
How it dwells
On the Future! how it tells
Of the rapture that impels
To the swinging and the ringing
Of the bells, bells, bells,
Of the bells, bells, bells, bells,
Bells, bells, bells—
To the rhyming and the chiming of the bells!

III

Hear the loud alarum bells—
Brazen bells!
What a tale of terror, now, their turbulency tells!
In the startled ear of night
How they scream out their affright!
Too much horrified to speak,
They can only shriek, shriek,
Out of tune,
In a clamorous appealing to the mercy of the fire,
In a mad expostulation with the deaf and frantic fire,
Leaping higher, higher, higher,
With a desperate desire,
And a resolute endeavour
Now—now to sit or never,
By the side of the pale-faced moon.
Oh, the bells, bells, bells!
What a tale their terror tells
Of despair!
How they clang, and clash, and roar!
What a horror they outpour
On the bosom of the palpitating air!
Yet the ear it fully knows,
By the twanging,
And the clanging,
How the danger ebbs and flows;

Yet the ear distinctly tells,
In the jangling,
And the wrangling,
How the danger sinks and swells,
By the sinking or the swelling in the anger of the bells—
Of the bells—
Of the bells, bells, bells, bells,
Bells, bells, bells—
In the clamour and the clangour of the bells!

Gerade weil Poes Gedicht in seiner Art perfekt ist (von der Schwierigkeit seiner rhythmischen Realisierung einmal abgesehen), läßt es die Schwächen des Verfahrens so deutlich hervortreten. Vergleicht man "The Bells" etwa mit Coleridges "Frost at Midnight", so sticht ins Auge, daß hier insistierend auf Äquivalenz gepocht, gar eine Identität von Zeichenform und Zeicheninhalt beschworen wird, während dort – in Zeilen wie "[…] that solitude, which suits / Abstruser musings [...]" oder "The Frost performs its secret ministry" – lediglich sachte Korrespondenzen insinuiert werden. Das zurückhaltendere Verfahren scheint mir das poetisch wirksamere zu sein – das sprachphilosophisch reifere ist es allemal.

Womit nicht gesagt ist, daß sich unsere Neigung, zu Klängen bestimmte Bedeutungen zu assoziieren, nicht auch poetisch ausnutzen ließe. Lewis Carrolls "Jabberwocky" führt vor, wie weit man es damit bringen kann:

'Twas brillig, and the slithy toves
Did gyre and gimble in the wabe;
All mimsy were the borogoves,
And the mome raths outgrabe.

"Beware the Jabberwock, my son!
The jaws that bite, the claws that catch!
Beware the Jubjub bird, and shun
The frumious Bandersnatch!"

He took his vorpal sword in hand;
Long time the manxome foe he sought—
So rested he by the Tumtum tree,
And stood awhile in thought.

And, as in uffish thought he stood,
The Jabberwock, with eyes of flame,
Came whiffling through the tulgey wood,
And burbled as it came!

One, two! One, two! And through and through
The vorpal blade went snicker-snack!
He left it dead, and with its head
He went galumphing back.

"And hast thou slain the Jabberwock?
  Come to my arms, my beamish boy!
O frabjous day! Callooh! Callay!"
  He chortled in his joy.

'Twas brillig, and the slithy toves
  Did gyre and gimble in the wabe;
All mimsy were the borogoves,
  And the mome raths outgrabe.

Carrolls "Jabberwocky" ist jedoch unvollständig ohne Humpty Dumptys unübertroffen gelehrte Erklärung – wirklich das letzte Wort in dieser Angelegenheit:

"You seem very clever at explaining words, Sir," said Alice. "Would you kindly tell me the meaning of the poem *Jabberwocky*?"

"Let's hear it," said Humpty Dumpty. "I can explain all the poems that ever were invented – and a good many that haven't been invented just yet."

This sounded very hopeful, so Alice repeated the first verse:

" 'Twas brillig, and the slithy toves
  Did gyre and gimble in the wabe;
All mimsy were the borogoves,
  And the mome raths outgrabe."

"That's enough to begin with," Humpty Dumpty interrupted: "there are plenty of hard words there. 'Brillig' means four o'clock in the afternoon – the time when you begin *broiling* things for dinner."

"That'll do very well," said Alice: "and 'slithy'?"

"Well, 'slithy' means 'lithe and slimy.' 'Lithe' is the same as 'active.' You see it's like a portmanteau – there are two meanings packed up into one word."

"I see it now," Alice remarked thoughtfully: "and what are 'toves'?"

"Well, 'toves' are something like badgers – they're something like lizards – and they're something like corkscrews."

"They must be very curious creatures."

"They are that," said Humpty Dumpty: "also they make their nests under sundials – also they live on cheese."

"And what's to 'gyre' and to 'gimble'?"

"To 'gyre' is to go round and round like a gyroscope. To 'gimble' is to make holes like a gimlet."

"And the 'wabe' is the grass plot round a sundial, I suppose?" said Alice, surprised at her own ingenuity.

"Of course it is. It's called 'wabe,' you know, because it goes a long way before it, and a long way behind it – "

"And a long way beyond it on each side," Alice added.

"Exactly so. Well then, 'mimsy' is 'flimsy and miserable' (there's another portmanteau for you). And a 'borogove' is a thin shabby-looking bird with its feathers sticking out all round – something like a live mop."

"And then 'mome raths'?" said Alice. "If I'm not giving you too much trouble."

"Well, a 'rath' is a sort of green pig: but 'mome' I'm not certain about. I think it's short for 'from home' – meaning that they'd lost their way, you know."

"And what does 'outgrabe' mean?"

"Well, 'outgribing' is something between bellowing and whistling, with a kind of sneeze in the middle: however, you'll hear it done, maybe – down in the wood yonder – and when you've once heard it you'll be *quite* content. Who's been repeating all that hard stuff to you?"

"I read it in a book," said Alice.

Wie oben schon gesagt, ist die nächstliegende Form der Zeilenbindung durch Endreim – und damit möchte ich von der Vielfalt der Klangstrukturen zum Aufbau des Gedichtes aus Zeilenkomplexen und Strophen überleiten – die Bindung zweier direkt aufeinanderfolgender Zeilen im Paarreim ([*rhyming*] *couplet* – aabbcc). Ein Reimpaar alleine macht in der Regel noch keine Strophe (eine Ausnahme wird noch in diesem Kapitel präsentiert), man nimmt mindestens noch ein zweites hinzu und läßt dann mit der fünften Zeile, graphisch abgesetzt, eine neue vierzeilige Strophe beginnen – in Kürze dazu mehr. Aber es gibt natürlich auch Reimpaare, die schon für sich komplette Gedichte sind, z.B. Epigramme, Schüttelreime oder Merkverse.

Dichten in Paarreimen muß sich jedoch auch nicht unbedingt in einer strophischen Gliederung niederschlagen; man kann die *couplets* auch ohne weitere graphische Segmentierungen aufeinander folgen lassen und hat dann eine Form, die sich gut für erzählende Gedichte mittlerer oder größerer Länge eignet.

Das bedeutendste Reimpaar der englischen Dichtung ist das sogenannte *heroic couplet*, zwei direkt aufeinander folgende jambische Pentameter. Obwohl es schon von Chaucer eingeführt wurde, liegt seine Hochzeit in den 130 Jahren zwischen der Restoration (1660) und dem Ausbruch der Französischen Revolution – Dryden und Pope gelten als seine Meister, aber auch Goldsmiths *The Deserted Village* (1770) ist noch in *heroic couplets* abgefaßt – , und aus dieser Epoche stammt auch die Bezeichnung 'heroic': Die großen Heldentragödien und Versepen der Zeit sind in *heroic couplets* geschrieben, der Versform des Neoklassizismus schlechthin.

Als besonders gelungen gelten *heroic couplets*, wenn sie metrisch exakt und *end-stopped* sind, d.h. wenn das Ende des *couplet* mit dem Satzende (oder zumindest mit einem deutlichen syntaktischen Einschnitt) zusammenfällt und also mit jedem neuen *couplet* idealerweise auch ein neuer Satz beginnt (*closed type*). Jonathan Swifts "A Description of a City Shower" gibt einen guten Eindruck von den Möglichkeiten dieses Paarreims:

Careful observers may fortell the hour
(By sure prognostics) when to dread a shower:
While rain depends, the pensive cat gives o'er
Her frolics, and pursues her tail no more.
Returning home at night, you'll find the sink
Strike your offended sense with double stink.
If you be wise, then go not far to dine;
You'll spend in coach hire more than save in wine.
A coming shower your shooting corns presage,
Old achés throb, your hollow tooth will rage.

Sauntering in coffeehouse is Dulman seen;
He damns the climate and complains of spleen.
  Meanwhile the South, rising with dabbled wings,
A sable cloud athwart the welkin flings,
That swilled more liquor than it could contain,
And, like a drunkard, gives it up again.
Brisk Susan whips her linen from the rope,
While the first drizzling shower is borne aslope:
Such is that sprinkling which some careless quean
Flirts on you from her mop, but not so clean:
You fly, invoke the gods; then turning, stop
To rail; she singing, still whirls on her mop.
Not yet the dust had shunned the unequal strife,
But, aided by the wind, fought still for life,
And wafted with its foe by violent gust,
'Twas doubtful which was rain and which was dust.
Ah! where must needy poet seek for aid,
When dust and rain at once his coat invade?
Sole coat, where dust cemented by the rain
Erects the nap, and leaves a mingled stain.
[...]
  Now from all parts the swelling kennels flow,
And bear their trophies with them as they go:
Filth of all hues and odors seem to tell
What street they sailed from, by their sight and smell.
They, as each torrent drives with rapid force,
From Smithfield or St. Pulchre's shape their course,
And in huge confluence joined at Snow Hill ridge,
Fall from the conduit prone to Holborn Bridge.
Sweeping from butchers' stalls, dung, guts, and blood, }
Drowned puppies, stinking sprats, all drenched in mud, }
Dead cats, and turnip tops, come tumbling down the flood. }
(1-30, 53-63)

Es liegt auf der Hand, daß dieses heroische Maß, angewandt (wie hier) auf ein dezidiert unheroisches Sujet, immer schon implizit ironisch oder gar satirisch wirkt: Die propre Wohlgeordnetheit der *couplets* steht in einem distanzierten Spannungsverhältnis zur Flut des Unrats, der hohe Ton der feinen geistigen Art in markantem Kontrast zu den groben und durchaus unfeinen Niederungen meist kreatürlicher Körperlichkeit.

Die Eigenart des *heroic couplet* läßt sich wohl am besten bei Alexander Pope studieren, hier der Anfang seines *Essay on Criticism:*

  'Tis hard to say, if greater want of skill
Appear in writing or in judging ill;
But of the two less dangerous is the offense
To tire our patience than mislead our sense.
Some few in that, but numbers err in this,
Ten censure wrong for one who writes amiss;

A fool might once himself alone expose,
Now one in verse makes many more in prose.
'Tis with our judgments as our watches, none
Go just alike, yet each believes his own.
In poets as true genius is but rare,
True taste as seldom is the critic's share;
Both must alike from Heaven derive their light,
These born to judge, as well as those to write.
Let such teach others who themselves excel,
And censure freely who have written well.
Authors are partial to their wit, 'tis true,
But are not critics to their judgement too?

(1-18)

Auffällig ist die Tendenz zu einer Zäsur (oder Diärese) nach der vierten, fünften oder sechsten Silbe (z.B. Zeile 1: " 'Tis hard to say, / if greater want of skill"), wenn nicht in der ersten, so auch einmal in der zweiten Zeile des Paarreims – oder in beiden zugleich (vgl. z.B. Zeile 5/6: "Some few in that, / but numbers err in this, // Ten censure wrong / for one who writes amiss"). Da die strenge, knappe Form (ein Satz oder eine syntaktische Einheit ist in zwei Zeilen unterzubringen) schon zur pointierten, epigrammatischen Formulierung einlädt, fällt diese häufig grammatisch *parallelisierend* aus, gerade in Kombination mit den Zäsuren gern *inhaltlich Antithesen* aufbauend. Allein in den ersten acht Zeilen finden sich folgende Oppositionen, jeweils im Rahmen *eines* Paarreims:

writing – judging
tire – mislead
patience – sense
some few – numbers
ten – one
censure – write
once – now
one – many
verse – prose

Neun Antithesen in acht Zeilen – kein schlechter Schnitt. Dieses Dichten in Oppositionen mag dem dichotomischen Denken der Aufklärung gemäß gewesen sein – es liest sich ja auch heute noch ungemein geistreich und witzig, ist kühl und brillant, von kristalliner Klarheit in Gedankenführung wie Ausdruck – , doch es birgt auch Gefahren. Die offensichtlichste ist die der Monotonie. Hunderte und Aberhunderte solcher *heroic couplets* hintereinanderweg gelesen wirken auf Dauer – selbst bei Pope – doch etwas eintönig, vor allem wegen des regelmäßigen Zusammenfallens von syntaktischen und Zeilen-Einheiten.

Die zweitgrößte Gefahr liegt im Reimmangel, genauer: im Mangel an 'guten', d.h. passenden, doch überraschenden Reimen. Generell gilt ja, daß Endreime einerseits Mittel der Ordnung sind, sie geben dem Gedicht zusätzliche Regelmäßigkeit. Sie dürfen sich aber andererseits auch nicht allzu vorhersehbar einstellen, d.h.: Man erwartet bei einem Paarreim schon einen Reim *an dieser Stelle*, aber das tatsächlich gewählte Wort sollte doch überraschend sein; *zu* überraschend aber wiederum auch nicht, dann wirkt es leicht im schlechten Sinne des Wortes 'gesucht'. Diese Probleme sind des Paarreimdichters täglich' Brot: Er muß einen Mittelweg finden zwischen totaler Vorhersagbarkeit ('Herz – Schmerz') und gezwungenen, weithergeholten Reimen, die allenfalls in komischer Dichtung nicht stören. Beim Schreiben von *heroic couplets* kommt nun noch die erschwerende Zusatzregel der syntaktischen Termination hinzu – und da mag sich der Dichter anstrengen, wie er will (und formale Herausforderungen gehören ja zu seinem Geschäft): Diese Zusatzregel schränkt die Zahl möglicher sinnvoller Reime ungeheuer ein (man darf in einem *heroic couplet*-Gedicht eben nicht *enjambment* hinter *enjambment* schalten und so die Reime positionieren, wo sie passen) – und macht dadurch sein Tun leichter vorhersagbar, m.a.W.: weniger interessant.

Die einfachste Weise, diesen Problemen des *heroic couplet* aus dem Weg zu gehen, ist selbstverständlich, das Reimen ganz zu lassen und auch die syntaktische Zusatzregel zu streichen: Dann hat man die schon erwähnte populärste englische Versart überhaupt, einen ungereimten jambischen Pentameter, den *blank verse* – eine so flexible Form, daß sich mit ihr nun wirklich fast alles anstellen läßt.[54]

Die Beliebtheit fünfhebiger Zeilen – ob *heroic couplet* oder *blank verse* – mag auch damit zusammenhängen, daß Verszeilen dieser Länge von den meisten als 'normal lang' empfunden werden, Zeilen mit weniger als vier Hebungen dagegen als kurz, Zeilen mit sechs und mehr Hebungen als lang. Die (sechshebigen) Alexandriner haben deshalb schon eine verbindliche (aber auch 'natürlich' fallende) Zäsur, Verse mit sieben Hebungen neigen gar zum Zerbrechen: Das sieht man am Beispiel der populärsten englischen vierzeiligen Strophe, der *ballad stanza*. Sie reimt sich abcb (manche Prosodisten ziehen die Notation xaya vor, weil die x- und y-Endungen nirgends aufgegriffen werden), mit vier Hebungen in der ersten, drei in der zweiten, vier in der dritten und wieder drei in der letzten Zeile. Gerade weil die x- und y-Endungen nirgendwo wieder aufgenommen werden, spricht einiges dafür, daß es sich bei der vierzeiligen *ballad stanza* um einen jeweils nach dem vierten Fuß zerbrochenen siebenhebigen Zweizeiler handelt, paarreimend aa.

Unstreitig 'echte' vierzeilige Strophen sind aber die *quatrains*, in denen Thomas Grays "Elegy Written in a Country Churchyard" verfaßt ist:

> The curfew tolls the knell of parting day,
> The lowing herd wind slowly o'er the lea,
> The plowman homeward plods his weary way,
> And leaves the world to darkness and to me.

54 Fussell behauptet, drei Viertel aller englischen Dichtung sei in *blank verse* verfaßt – das schließt vermutlich dramatische Dichtung mit ein. Paul Fussell, *Poetic Meter and Poetic Form*, New York: Random House, 1965, revised edition 1979, 63.

Now fades the glimmering landscape on the sight,
And all the air a solemn stillness holds,
Save where the beetle wheels his droning flight,
And drowsy tinklings lull the distant folds;

Save that from yonder ivy-mantled tower
The moping owl does to the moon complain
Of such, as wandering near her secret bower,
Molest her ancient solitary reign.

Beneath those rugged elms, that yew-tree's shade,
Where heaves the turf in many a mouldering heap,
Each in his narrow cell for ever laid,
The rude forefathers of the hamlet sleep.

The breezy call of incense-breathing morn,
The swallow twittering from the straw-built shed,
The cock's shrill clarion, or the echoing horn,
No more shall rouse them from their lowly bed.

For them no more the blazing hearth shall burn,
Or busy housewife ply her evening care;
No children run to lisp their sire's return,
Or climb his knees the envied kiss to share.

Oft did the harvest to their sickle yield,
Their furrow oft the stubborn glebe has broke;
How jocund did they drive their team afield!
How bowed the woods beneath their sturdy stroke!

Let not Ambition mock their useful toil,
Their homely joys, and destiny obscure;
Nor Grandeur hear with a disdainful smile,
The short and simple annals of the poor.

The boast of heraldry, the pomp of power,
And all that beauty, all that wealth e'er gave.
Awaits alike th' inevitable hour.
The paths of glory lead but to the grave.

Nor you, ye proud, impute to these the fault,
If Memory o'er their tomb no trophies raise,
Where through the long-drawn aisle and fretted vault
The pealing anthem swells the note of praise.

Can storied urn or animated bust
Back to its mansion call the fleeting breath?
Can Honour's voice provoke the silent dust,
Or Flattery soothe the dull cold ear of Death?

Perhaps in this neglected spot is laid
Some heart once pregnant with celestial fire;
Hands, that the rod of empire might have swayed,
Or waked to ecstasy the living lyre.

But Knowledge to their eyes her ample page
Rich with the spoils of time did ne'er unroll;
Chill penury repressed their noble rage,
And froze the genial current of the soul.

Full many a gem of purest ray serene
The dark unfathomed caves of ocean bear;
Full many a flower is born to blush unseen,
And waste its sweetness on the desert air.

Some village Hampden that with dauntless breast
The little tyrant of his fields withstood,
Some mute inglorious Milton here may rest,
Some Cromwell guiltless of his country's blood.

The applause of listening senates to command,
The threats of pain and ruin to despise,
To scatter plenty o'er a smiling land,
And read their history in a nation's eyes,

Their lot forbade; nor circumscribed alone
Their growing virtues, but their crimes confined;
Forbade to wade through slaughter to a throne,
And shut the gates of mercy on mankind,

The struggling pangs of conscious truth to hide,
To quench the blushes of ingenuous shame,
Or heap the shrine of Luxury and Pride
With incense kindled at the muse's flame.

Far from the madding crowd's ignoble strife
Their sober wishes never learned to stray;
Along the cool sequestered vale of life
They kept the noiseless tenor of their way.

Yet even those bones from insult to protect
Some frail memorial still erected nigh,
With uncouth rhymes and shapeless sculpture decked,
Implores the passing tribute of a sigh.

Their name, their years, spelt by the unlettered muse,
The place of fame and elegy supply;

And many a holy text around she strews,
That teach the rustic moralist to die.

For who to dumb Forgetfulness a prey,
This pleasing anxious being e'er resigned,
Left the warm precincts of the cheerful day,
Nor cast one longing lingering look behind?

On some fond breast the parting soul relies,
Some pious drops the closing eye requires;
Even from the tomb the voice of nature cries,
Even in our ashes live their wonted fires.

For thee who, mindful of the unhonoured dead,
Dost in these lines their artless tale relate,
If chance, by lonely contemplation led,
Some kindred spirit shall inquire thy fate,

Haply some hoary-headed swain my say,
"Oft have we seen him at the peep of dawn
Brushing with hasty steps the dews away
To meet the sun upon the upland lawn.

There at the foot of yonder nodding beech
That wreathes its old fantastic roots so high,
His listless length at noontide would he stretch,
And pore upon the brook that babbles by.

Hard by yon wood, now smiling as in scorn,
Muttering his wayward fancies he would rove,
Now drooping, woeful wan, like one forlorn,
Or crazed with care, or crossed in hopeless love.

One morn I missed him on the customed hill,
Along the heath and near his favourite tree;
Another came, nor yet beside the rill,
Nor up the lawn, nor at the wood was he;

The next with dirges due in sad array
Slow through the church-way path we saw him borne.
Approach and read (for thou canst read) the lay,
Graved on the stone beneath yon aged thorn."

The Epitaph

Here rests his head upon the lap of earth
A youth to Fortune and to Fame unknown.
Fair Science frowned not on his humble birth,
And Melancholy marked him for her own.

Large was his bounty and his soul sincere,
Heaven did a recompense as largely send;
He gave to Misery all he had, a tear,
He gained from Heaven ('twas all he wished) a friend.

No farther seek his merits to disclose,
Or draw his frailties from their dread abode,
(There they alike in trembling hope repose)
The bosom of his Father and his God.

Obwohl Verszeile und syntaktische Einheit hier, wie im *heroic couplet*, fast immer übereinstimmen, fließt dieser *elegiac iambic pentameter* doch viel eher, weil er die Freiheit des Kreuzreimschemas abab (statt aabb) voll nutzt. Inhaltlich mag man in solcher Wohlgeordnetheit gern eine Korrespondenz zum Lobpreis des einfachen Lebens im engen Kreise sehen – aufgebrochen wird diese Geschlossenheit jedoch dadurch, daß gegen Ende in diese lyrische Meditation ein (imaginärer) zweiter Sprecher eingeführt wird und über diesen dann noch ein (abermals imaginärer) Epitaph als völlig neue Textsorte, so daß, bei aller – auch über die Strophenform transportierten – Beschaulichkeit sich in diesem Gedicht doch auch ein recht experimentelles, um nicht zu sagen: modernes Diskursgeflecht ausmachen läßt; zumal ja die Mehrstimmigkeit am Ende als nicht 'echte', sondern bloß subjektiv konstruierte inszeniert wird: In dieser Hinsicht viel eher als in der oberflächlichen Friedhofsstimmung liegt, denke ich, das oftbeschworene Vorromantische dieser Elegie.

Quatrains, besonders aber Kreuzreim-*quatrains* sind eine unglaublich weit verbreitete Strophenform:

> Most of the actual poems that ordinary people remember (and recite) are written in quatrains, as are most common mnemonic verses, nursery rhymes, rhymed saws and proverbs and admonitions, hymns, and popular songs. The unsophisticated person's experience of poetry is almost equivalent to his experience of quatrains, which tends to suggest that there is something in four-line stanzaic organization (or in the principle of alternate rhyming) that projects a deep and permanent appeal to those whose language is English.[55]

Verkürzt man die fünfhebige Zeile des *elegiac iambic pentameter* um einen Fuß, fällt das Ergebnis etwas straffer, gegebenenfalls kecker aus, wie sich bei diesem Gedicht Lord Byrons zeigt:

55 Fussell, *Poetic Meter*, 133.

Written after Swimming from Sestos to Abydos

1

If, in the month of dark December,
Leander, who was nightly wont
(What maid will not the tale remember?)
To cross thy stream, broad Hellespont!

2

If, when the wintry tempest roared,
He sped to Hero, nothing loath,
And thus of old thy current poured,
Fair Venus! how I pity both!

3

For *me*, degenerate modern wretch,
Though in the genial month of May,
My dripping limbs I faintly stretch,
And think I've done a feat today.

4

But since he crossed the rapid tide,
According to the doubtful story,
To woo—and—Lord knows what beside,
And swam for Love, as I for Glory;

5

'Twere hard to say who fared the best:
Sad mortals! thus the gods still plague you!
He lost his labor, I my jest;
For he was drowned, and I've the ague.

Übernimmt man das 4-3-4-3-Metrum der *ballad stanza*, beläßt es jedoch beim Kreuzreim, klingt das Ganze mitunter volkstümlich-direkt; wieder Byron:

When a Man Hath No Freedom to Fight for at Home

When a man hath no freedom to fight for at home,
Let him combat for that of his neighbors;
Let him think of the glories of Greece and of Rome,
And get knocked on his head for his labours.

To do good to mankind is the chivalrous plan,
And is always as nobly requited;
Then battle for freedom wherever you can,
And, if not shot or hanged, you'll get knighted.

Einer besonderen Art von *quatrain* begegnen wir in Tony Harrisons "Books Ends (1)". Er hat den Kreuzreim auf zwei Strophen verteilt – zwei Verszeilen bilden hier also schon eine Strophe – und läßt dieses Muster am Ende zerbrechen, wodurch aber eine neue Art von Zusammengehörigkeit entsteht:

Baked the day she suddenly dropped dead
we chew it slowly that last apple pie.

Shocked into sleeplessness you're scared of bed.
We never could talk much, and now don't try.

You're like book ends, the pair of you, she'd say,
Hog that grate, say nothing, sit, sleep, stare ...

The "scholar" me, you, worn out on poor pay,
only our silence made us seem a pair.

Not as good for staring in, blue gas,
too regular each bud, each yellow spike.

A night you need my company to pass
and she not here to tell us we're alike!

Your life's all shattered into smithereens.

Back in our silences and sullen looks,
for all the Scotch we drink, what's still between 's
not the thirty or so years, but books, books, books.

Die Korrespondenzen zum Inhaltlichen sind offensichtlich: So verschieden Vater und Sohn sind, so bilden sie doch über all das hinweg, was zwischen ihnen liegt, ein Paar – wie Bücherstützen. Und das wird überdeutlich klar, als das Leben des Vaters durch den Tod der Ehefrau zerstört ist. Die Strophenform unterstreicht es.

Eine letzte hier noch kurz zu erwähnende vierzeilige Strophe ist die nach Tennysons Gedicht so benannte *In Memoriam*-Strophe. Ihre Tetrameter-Zeilen reimen sich abba, also mit *embracing rhyme*, wie die Quartette eines Petrarca-Sonetts: Das läßt das Innere der Strophe recht kompakt wirken, ihre Flügel eher entspannt, großzügig abgemessen.

Die Reime einer vierzeiligen Strophe müssen nicht in den folgenden Strophen aufgenommen werden, sie können es aber; und ein guter 'Macher', 'Handwerker', was die ursprüngliche Bedeutung von 'Poet' ist, wird wissen, wie er auch über die Reimfolge eine bestimmte Aussage herüberbringen kann. Robert Frost reimt in "Stopping by Woods on a Snowy Evening" aaba bbcb ccdc, der isolierte Reim einer Strophe wird also zum dreifachen Reim der folgenden – bis zur letzten Strophe:

Whose woods these are I think I know.
His house is in the village though;
He will not see me stopping here
To watch his woods fill up with snow.

My little horse must think it queer
To stop without a farmhouse near

Between the woods and frozen lake
The darkest evening of the year.

He gives his harness bells a shake
To ask if there is some mistake.
The only other sound's the sweep
Of easy wind and downy flake.

The woods are lovely, dark and deep,
But I have promises to keep,
And miles to go before I sleep.
And miles to go before I sleep.

Man sieht, daß die Vorwärtsbewegung des Gedichtes in der letzten Strophe zum Stillstand gekommen ist (dddd) – wie auch die wörtliche Wiederholung der vorletzten Zeile ein Verweilen markiert und inhaltlich Rast und Ruhe (implizit: die letzte) angesprochen wird. Der Trick ist einfach – doch höchst effektiv, denn so teilt sich dem Leser das Innehalten auch auf einer anderen Ebene als der bloß semantischen mit.

Vorgeschrieben ist die Aufnahme eines Reimes der vorhergehenden Strophe dagegen in einer Strophenform, die aus dem Italienischen ins Englische gekommen ist, der *terza rima* oder Terzine. Sie hat die Reimfolge aba bcb cdc ded (usw.). Jeder einzeln stehende Reim (der, streng genommen, noch kein Reim ist...) wird zum Klammerreim der folgenden Strophe, wodurch die Strophen regelrecht miteinander verkettet werden. Dante hat die Form erstmals in seiner *Divina Commedia* verwandt, deren drei Teile (*Inferno, Purgatorio*, und *Paradiso*) sich aus 33 *cantos* zusammensetzen (was mit dem einleitenden Gesang die runde Summe von 100 ergibt), die in eben diesen *terza rima* geschrieben sind. Die Terzine – vorwärtstreibend und virtuell endlos – eignet sich vorzüglich für epische Gedichte, wenn sie auch im Englischen schwerer zu handhaben ist als etwa im Italienischen – es werden ja immer Dreifach-Reime benötigt.

P.B. Shelley hat in seinem letzten größeren Gedicht "The Triumph of Life" sehr bewußt die *terza rima*-Strophe gewählt, geht es in diesem Langgedicht, um es stark zu vereinfachen, doch darum, wie das Leben alle, bis auf ganz wenige Ausnahmeerscheinungen, versklavt im Triumphzug hinter sich herzieht – ein nicht-endender Tanz der Verblendeten wie ein Stolpern der Hoffnungslosen; ein Schauspiel, das immer wieder die Sinnfrage aufwirft:

[...]

As in that trance of wondrous thought I lay
    This was the tenour of my waking dream.
Methought I sate beside a public way

    Thick strewn with summer dust, and a great stream
Of people there was hurrying to and fro
    Numerous as gnats upon the evening gleam,

All hastening onward, yet none seemed to know
    Whither he went, or whence he came, or why
He made one of the multitude, yet so

    Was borne amid the crowd as through the sky
One of the million leaves of summer's bier.—
    Old age and youth, manhood and infancy,

Mixed in one mighty torrent did appear,
    Some flying from the thing they feared and some
Seeking the object of another's fear,

    And others as with steps towards the tomb
Pored on the trodden worms that crawled beneath,
    And others mournfully within the gloom

Of their own shadow walked, and called it death ...
    And some fled from it as it were a ghost,
Half fainting in the affliction of vain breath.

[...]

    Struck to the heart by this sad pageantry,
Half to myself I said, "And what is this?
    Whose shape is that within the car? and why"—

I would have added—"is all here amiss?"
    But a voice answered . . "Life" . . . I turned and knew
(O Heaven have mercy on such wretchedness!)

    That what I thought was an old root which grew
To strange distortion out of the hill side
    Was indeed one of that deluded crew,

[...]

(41-61, 176-184)

– die Sinnfrage, die allerdings auch der zunächst für eine Wurzel gehaltene Rousseau nicht zu beantworten weiß. Die endlos sich fortsetzende *terza rima*-Dichtung bekommt hier beinahe Beckett'sche Qualitäten – wie sie schließlich endet, wird in Kapitel 6 ("Textgestalt") gelüftet, jedenfalls nicht, wie bei Dante, mit dreifacher Reverenz an die Trinität. Man sieht daran: An manche Traditionen und Modelle wird auch angeknüpft, um sich unmißverständlich von ihnen zu distanzieren.

Eine andere aus dem Italienischen rührende Strophenform ist die – wie der Name schon sagt: achtzeilige – *ottava rima*, Reimschema abababcc. Jede Zeile sollte eigentlich elfsilbig sein (wie auch Dantes *terza rima*), aber Verkürzungen auf zehn Silben – wie in Byrons *Don Juan* – sind möglich. Die vor allem in der

Renaissance gefragte *ottava rima*-Strophe hat eine recht deutliche Zweiteilung: Die ersten sechs Zeilen bilden die eine Einheit, das abschließende *couplet* die andere. Diese stark asymmetrische Segmentierung lädt dazu ein, in den ersten sechs Zeilen eine Idee, eine Situation, eine Handlungseinheit zu entwickeln, um sie dann im *couplet* bündig abzuschließen. Das spürt man selbst noch bei W.B. Yeats ein wenig, der die Form recht souverän handhabt:

Sailing to Byzantium

I

That is no country for old men. The young
In one another's arms, birds in the trees
- Those dying generations - at their song,
The salmon-falls, the mackerel-crowded seas,
Fish, flesh, or fowl, commend all summer long
Whatever is begotten, born, and dies.
Caught in that sensual music all neglect
Monuments of unageing intellect.

II

An aged man is but a paltry thing,
A tattered coat upon a stick, unless
Soul clap its hands and sing, and louder sing
For every tatter in its mortal dress,
Nor is there singing school but studying
Monuments of its own magnificence;
And therefore I have sailed the seas and come
To the holy city of Byzantium.

III

O sages standing in God's holy fire
As in the gold mosaic of a wall,
Come from the holy fire, perne in a gyre,
And be the singing-masters of my soul.
Consume my heart away; sick with desire
And fastened to a dying animal
It knows not what it is; and gather me
Into the artifice of eternity.

IV

Once out of nature I shall never take
My bodily form from any natural thing,
But such a form as Grecian goldsmiths make
Of hammered gold and gold enamelling
To keep a drowsy Emperor awake;
Or set upon a golden bough to sing
To lords and ladies of Byzantium
Of what is past, or passing, or to come.

Die binäre Struktur des *heroic couplet* ist in der *ottava rima* aber so verzerrend gesteigert, daß die Versuchung naheliegt, einen im Sestett entwickelten Gedanken im *couplet* regelrecht kippen zu lassen. Lord Byron vor allem erkannte und verwirklichte meisterhaft die Möglichkeit, in dieser Strophenform erst ein *scenario* zu entwerfen – häufig eine aufgeblasene Idee – , um ihm dann in der letzten Zeile genüßlich den *coup de grace* zu geben. Als Beispiel möge noch einmal die Seekrankheit des Titelhelden im zweiten Canto des *Don Juan* dienen: Don Juan ist noch voll Trennungsschmerz und edler Gefühle für seine Julia, da holt ihn die schnöde Körperlichkeit ein:

17
And Juan wept, and much he sighed and thought,
While his salt tears dropped into the salt sea,
"Sweets to the sweet" (I like so much to quote;
You must excuse this extract—'tis where she,
The Queen of Denmark, for Ophelia brought
Flowers to the grave); and, sobbing often, he
Reflected on his present situation,
And seriously resolved on reformation.

18
"Farewell, my Spain! a long farewell!" he cried,
"Perhaps I may revisit thee no more,
But die, as many an exiled heart hath died,
Of its own thirst to see again thy shore:
Farewell, where Guadalquivir's waters glide!
Farewell, my mother! and, since all is o'er,
Farewell, too, dearest Julia!"—(here he drew
Her letter out again, and read it through).

19
"And oh! if e'er I should forget, I swear—
But that's impossible, and cannot be—
Sooner shall this blue ocean melt to air,
Sooner shall earth resolve itself to sea,
Than I resign thine image, oh, my fair!
Or think of anything, excepting thee;
A mind diseased no remedy can physic"—
(Here the ship gave a lurch, and he grew seasick.)

20
"Sooner shall heaven kiss earth"—(here he fell sicker)
Oh, Julia! what is every other woe?—
(For God's sake let me have a glass of liquor;
Pedro, Battista, help me down below.)
Julia, my love—(your rascal, Pedro, quicker)—
Oh, Julia!—(this cursed vessel pitches so)—

Beloved Julia, hear me still beseeching!"
(Here he grew inarticulate with retching.)

21

He felt that chilling heaviness of heart,
  Or rather stomach, which, alas! attends,
Beyond the best apothecary's art,
  The loss of love, the treachery of friends,
Or death of those we dote on, when a part
  Of us dies with them as each fond hope ends:
No doubt he would have been much more pathetic,
But the sea acted as a strong emetic.

Der Schlag der letzten Zeilen ist in den Strophen 19, 20 und 21 unübersehbar, aber Byron hat auch schon in die vorhergehenden Sestette 'pinpricks' eingebaut (häufig in Klammern), ohne Zweifel auch, um die Vorhersagbarkeit der Reime dort zu mindern.

Der Abschlußcharakter eines cc-Reimes ist nicht ganz so ausgeprägt im *rime royal* oder *rhyme-royal* (auch 'Chaucerstrophe' genannt), einem siebenzeiligen jambischen Pentameter (daher *metrisch* dem *blank verse* und dem *heroic couplet* gleich). Das liegt daran, daß das Reimschema ababbcc lautet, d.h. dem *final couplet* scheint schon eines vorherzugehen, das aber so an das *quatrain* geknüpft ist, daß 1. wegen einer Überlappung eine ambige Segmentierung möglich ist (nämlich entweder abab : bcc oder aba : bbcc) und 2. in beiden Fällen die Asymmetrie zwischen den Teilen längst nicht so groß ist wie bei der *ottava rima*-Strophe. Die Blütezeit des *rime royal* war vom ausgehenden Mittelalter bis zum Ende des 16. Jahrhunderts, nur vereinzelt griffen spätere Dichter noch auf diese Strophenform zurück.

Strukturelle Überlappungen macht sich auch die *Spenserian stanza* (Spenser-Stanze) zunutze, eine neunzeilige Strophe, die aus acht jambischen Pentametern und einem jambischen Sechsheber (Alexandriner) besteht. Ihr Reimschema ababbcbcc läßt sich einmal in zwei *quatrains* und eine Schlußzeile segmentieren, dann aber auch (quasi mit finalem Sestett) aba : bbc bcc, und gerade diese Musterinterferenz lockert – zusammen mit der metrischen Abweichung der letzten Zeile – das nach wie vor sehr anspruchsvolle Schema etwas auf.

Wie schon *terza rima*, *ottava rima* und *rime royal* ist auch die Spenser-Stanze vorzüglich für narrative Gedichte geeignet (man denkt natürlich zuerst an Edmund Spensers *Faerie Queene*). Aber wie jede Strophe dieser Größe hat sie die Eigenschaft, die fortlaufende Handlung einer Erzählung in *frames* oder Einstellungen zu zerteilen. Die neunte Zeile wird in der Regel noch stark genug als Limitierung wahrgenommen, um das Vorhergehende als erstarrtes *tableau* erscheinen zu lassen. John Keats hat es in *The Eve of St. Agnes* genial verstanden, diese architektonische Statik der Spenser-Stanze durch interne Dynamik zu konterkarieren[56] – und doch könnte fast jede seiner Strophen noch als Vorlage für eine Illustration dienen, wie es die Präraphaeliten ja auch erkannt haben:

1

St. Agnes' Eve—Ah, bitter chill it was!
The owl, for all his feathers, was a-cold;
The hare limp'd trembling through the frozen grass,
And silent was the flock in woolly fold:
Numb were the Beadsman's fingers, while he told
His rosary, and while his frosted breath,
Like pious incense from a censer old,
Seem'd taking flight for heaven, without a death,
Past the sweet Virgin's picture, while his prayer he saith.

2

His prayer he saith, this patient, holy man;
Then takes his lamp, and riseth from his knees,
And back returneth, meagre, barefoot, wan,
Along the chapel aisle by slow degrees:
The sculptur'd dead, on each side, seem to freeze,
Emprison'd in black, purgatorial rails:
Knights, ladies, praying in dumb orat'ries,
He passeth by; and his weak spirit fails
To think how they may ache in icy hoods and mails.

3

Northward he turneth through a little door,
And scarce three steps, ere Music's golden tongue
Flatter'd to tears this aged man and poor;
But no—already had his deathbell rung;
The joys of all his life were said and sung:
His was harsh penance on St. Agnes' Eve:
Another way he went, and soon among
Rough ashes sat he for his soul's reprieve,
And all night kept awake, for sinners' sake to grieve.

---

56 Ein Kritiker formulierte gar: "Die Wahl der Spenser-Stanze als eines Rahmens erlaubte es Keats, innerhalb jeder geschlossenen strophischen Rahmung eine visuelle und perspektivische Dynamik zu entwickeln [...], die *The Eve of St. Agnes* nicht nur zu 'the most sumptuously dramatic of all his poems' macht, sondern es geradezu *filmisch* erscheinen läßt. Innerhalb der Konvention bewegt Keats den erzählerischen *point of view* so flexibel, daß man verführt ist, anachronistischerweise von einer erzählenden Kameraführung zu sprechen. [...] *The Eve of St. Agnes* ist quasi mit einer sprachlichen Handkamera gedreht [...]." Christoph Bode, *John Keats: Play On*, Heidelberg: Winter, 1996, 142.

4

That ancient Beadsman heard the prelude soft;
And so it chanc'd, for many a door was wide,
From hurry to and fro. Soon, up aloft,
The silver, snarling trumpets 'gan to chide:
The level chambers, ready with their pride,
Were glowing to receive a thousand guests:
The carved angels, ever eager-eyed,
Star'd, where upon their heads the cornice rests,
With hair blown back, and wings put cross-wise on their breasts.

5

At length burst in the argent revelry,
With plume, tiara, and all rich array,
Numerous as shadows haunting fairily
The brain, new stuff'd, in youth, with triumphs gay
Of old romance. These let us wish away,
And turn, sole-thoughted, to one Lady there,
Whose heart had brooded, all that wintry day,
On love, and wing'd St. Agnes' saintly care,
As she had heard old dames full many times declare.

6

They told her how, upon St. Agnes' Eve,
Young virgins might have visions of delight,
And soft adorings from their loves receive
Upon the honey'd middle of the night,
If ceremonies due they did aright;
As supperless to bed they must retire,
And couch supine their beauties, lily white;
Nor look behind, nor sideways, but require
Of heaven with upward eyes for all that they desire.

7

Full of this whim was thoughtful Madeline:
The music, yearning like a god in pain,
She scarcely heard: her maiden eyes divine,
Fix'd on the floor, saw many a sweeping train
Pass by—she heeded not at all: in vain
Came many a tiptoe, amorous cavalier,
And back retir'd, not cool'd by high disdain;
But she saw not: her heart was otherwhere:
She sigh'd for Agnes' dreams, the sweetest of the year.

[...]

Der Kniff besteht darin, der Bewegung einer Figur quasi auf den Fersen zu folgen ("Handkamera"), aber immer dann, wenn keine äußere Bewegung vorliegt, die Übergänge durch das Aufgreifen des Zuletztgesagten zu glätten (vgl. die Übergänge der Strophen 1/2, 5/6 und 6/7).

Wie bei allen Gedichten in strophischer Organisation ist der springende Punkt, daß die Strophe einerseits eine erkennbare Funktion als Ordnungselement erfüllt (sonst könnte man ja genauso gut gleich a-strophisch komponieren), daß sie andererseits aber auch nicht zur Fessel der Dichtung werden darf. So wie der Rhythmus das Metrum umspielt, so wie die Sätze die Zeilen wohl füllen, aber ohne zwingend an sie gebunden zu sein, so muß auch ein Text die Form der Strophe 'umspielen' oder 'überspielen' können: ihre Regeln erfüllen, aber sich *im Erzählfluß* über die strophische Gliederung souverän hinwegsetzen.

Die Strophe ist ein poetisches *Mittel*, wird sie zum Selbstzweck, hindert sie die Entfaltung des Gedichtes. Strophen segmentieren ein Gedicht und machen seine Teile äquivalent. Tun sie nicht mehr als das, steht ihr Sinn in Frage. Strophische Dichtung strebt in der Regel danach, ihre strophische Organisation stimmig, passend scheinen zu lassen – und darf doch nie, will sie als gelungen empfunden sein, den Eindruck erwecken, sie *folge* mechanisch einer Vorgabe. Wie beim Sonett (das wie der Limerick in Kapitel 5 behandelt wird) zeigt sich auch in der strophischen Dichtung die Meisterschaft in einem Erfüllen von äußerlichen Regeln, das so souverän ist, daß es die Regeln vergessen läßt: Idealerweise kommt ihnen das Gedicht *en passant* nach.

Selbstverständlich ist es auch jedem Dichter unbenommen, sich *ad hoc* Regeln zu setzen, um sie dann mit ebensolcher Leichtigkeit zu umspielen. So hat P.B. Shelley seiner "Ode to the West Wind" eine Strophenform zugrundegelegt, die wie eine Kreuzung aus Sonett und *terza rima* anmutet, denn auf die ersten vier Terzinen folgt ein *couplet*, das die Mittelzeile der letzten Terzine aufnimmt:

> O wild West Wind, thou breath of Autumn's being,
> Thou, from whose unseen presence the leaves dead
> Are driven, like ghosts from an enchanter fleeing,
>
> Yellow, and black, and pale, and hectic red,
> Pestilence-stricken multitudes: O Thou,
> Who chariotest to their dark wintry bed
>
> The winged seeds, where they lie cold and low,
> Each like a corpse within its grave, until
> Thine azure sister of the Spring shall blow
>
> Her clarion o'er the dreaming earth, and fill
> (Driving sweet buds like flocks to feed in air)
> With living hues and odours plain and hill:
>
> Wild Spirit, which art moving everywhere;
> Destroyer and Preserver; hear, O hear!

Der Effekt ist der einer Hemmung (*couplet*) eines Flusses (*terza rima*) – weitere vier Male wird das strophisch inszeniert, bis bildlich und semantisch geklärt ist, daß solcher Hemmung in der Natur nicht anders als in der Gesellschaft oder im dichterischen Schaffen mit Naturnotwendigkeit früher oder später eine befreiende Entladung folgen muß (Schlußzeile: "If Winter comes, can Spring be far behind?").

Bleibt noch ein strophisches Phänomen zu erwähnen, das gern – vielleicht wegen seiner Nähe zum Volkslied? – vergessen wird: der Refrain oder Kehrreim, d.h. die regelmäßige Wiederkehr von mindestens einer Kurzzeile am Ende jeder Strophe. Edgar Allan Poe hat in seinem Essay "The Philosophy of Composition" vorbildlich die Vorzüge und Nachteile des Refrains erläutert:

> The universality of its employment sufficed to assure me of its intrinsic value, and spared me the necessity of submitting it to analysis. I considered it, however, with regard to its susceptibility of improvement, and soon saw it to be in a primitive condition. As commonly used, the *refrain*, or burden, not only is limited to lyric verse, but depends for its impression upon the force of monotone – both in sound and thought. The pleasure is deduced solely from the sense of identity – of repetition. I resolved to diversify and so to heighten, the effect, by adhering, in general, to the monotone of sound, while I continually varied that of thought: that is to say, I determined to produce continuously novel effects, by the variation *of the application* of the *refrain* – the *refrain* itself remaining, for the most part, unvaried.[57]

Und Poe fährt dann fort zu zeigen, weshalb ein einziges Wort ("Nevermore!") sich am besten in diverse Kontexte einrücken läßt (als ewig gleiche Antwort auf immer neue selbstquälerische Fragen); weshalb dieses Wort am besten von einem sprechenden, doch nicht bewußten Wesen artikuliert werden sollte (ein Rabe!), kurz: wie er "The Raven" geschrieben haben will. Das ist stringent dargelegt, aber der oben formulierte Gedanke, daß der ewig gleiche Refrain durch variierten Kontext immer neue Bedeutung erlangen solle, ist so originell nicht – so manches anzügliche Trinklied funktioniert nach diesem Schema.

Meistens ist der Refrain eine Rede der erzählenden Stimme, nicht wie in Poes "The Raven" die einer Figur innerhalb der erzählten Welt des Gedichtes. Ist dies aber der Fall, muß, wie Poe erkannt hat, die Frage der *Motivation* der dauernden Wiederholungen überzeugend beantwortet sein. William Wordsworth hat das in "We Are Seven", scheint mir, nicht ungeschickt gelöst:

> ——A simple Child,
> That lightly draws its breath,
> And feels its life in every limb,
> What should it know of death?
>
> I met a little cottage Girl:
> She was eight years old, she said;
> Her hair was thick with many a curl
> That clustered round her head.

57 Edgar Allan Poe, *Tales, Poems, Essays*, London / Glasgow: Collins, 1970, 507.

She had a rustic, woodland air,
And she was wildly clad:
Her eyes were fair, and very fair;
—Her beauty made me glad.

"Sisters and brothers, little Maid,
How many may you be?"
"How many? Seven in all," she said,
And wondering looked at me.

"And where are they? I pray you tell."
She answered, "Seven are we;
And two of us at Conway dwell,
And two are gone to sea.

"Two of us in the church-yard lie,
My sister and my brother;
And, in the church-yard cottage, I
Dwell near them with my mother."

"You say that two at Conway dwell,
And two are gone to sea,
Yet ye are seven! I pray you tell,
Sweet Maid, how this may be."

Then did the little Maid reply,
"Seven boys and girls are we;
Two of us in the church-yard lie,
Beneath the church-yard tree."

"You run about, my little Maid,
Your limbs they are alive;
If two are in the church-yard laid,
Then ye are only five."

"Their graves are green, they may be seen,"
The little Maid replied,
"Twelve steps or more from my mother's door,
And they are side by side.

"My stockings there I often knit,
My kerchief there I hem;
And there upon the ground I sit,
And sing a song to them.

"And often after sun-set, Sir,
When it is light and fair,
I take my little porringer,
And eat my supper there.

"The first that died was sister Jane;
In bed she moaning lay,
Till God released her of her pain;
And then she went away.

"So in the church-yard she was laid;
And, when the grass was dry,
Together round her grave we played,
My brother John and I.

"And when the ground was white with snow,
And I could run and slide,
My brother John was forced to go,
And he lies by her side."

"How many are you, then," said I,
"If they two are in heaven?"
Quick was the little Maid's reply,
"O Master! we are seven."

"But they are dead; those two are dead!
Their spirits are in heaven!"
'Twas throwing words away; for still
The little Maid would have her will,
And said, "Nay, we are seven!"

Das glaubhafte Insistieren des naiven kleinen Mädchens verweist natürlich auf eine höhere Wahrheit als die, die dem empirisch orientierten Erwachsenen – der das Ganze eher als eine Rechenaufgabe zu begreifen scheint – vor Augen steht. Und doch hat sich Wordsworth – zum Glück! – gescheut, "We Are Seven" als regelrechten Refrain einzubauen, es ist nur *a refrain of sorts*. Andernfalls wäre der angestrebte Realismus des Gedichtes auch zu stark gestört worden. Der Rabe war, so gesehen, schon die glücklichere Wahl.

Reime binden, und sie tun dies mit besonderer Emphase, wenn sie sonstige Verbindungen oder Verbundenheit und Verbundensein unterstützen; wieder Wordsworth:

My Heart Leaps Up

My heart leaps up when I behold
A rainbow in the sky:
So was it when my life began;
So is it now I am a man;
So be it when I shall grow old,
Or let me die!
The Child is father of the Man;
And I could wish my days to be
Bound each to each by natural piety.

Das Muster des Lebens, wie eins ins andere greift, ist erst nachträglich erkennbar. Als hochgradig auf Mustererkennung ausgerichtete Lebewesen können wir nie ganz sicher sein, ob es da ist, weil es 'wirklich' da ist, oder weil es sich uns so darstellt. So wie das Kind der Vater des Erwachsenen ist, so leicht auch der Wunsch der Vater des Gedankens ("And I *could wish* my days to be...").

Solche Muster wie Reime aber *machen* wir. Und wenn es gut ist, macht es, *in retrospect*, einen *Unterschied* – es *bedeutet*.

The Road Not Taken

Two roads diverged in a yellow wood,
And sorry I could not travel both
And be one traveler, long I stood
And looked down one as far as I could
To where it bent in the undergrowth;

Then took the other, as just as fair,
And having perhaps the better claim,
Because it was grassy and wanted wear;
Though as for that the passing there
Had worn them really about the same,

And both that morning equally lay
In leaves no step had trodden black.
Oh, I kept the first for another day!
Yet knowing how way leads on to way,
I doubted if I should ever come back.

I shall be telling this with a sigh
Somewhere ages and ages hence:
Two roads diverged in a wood, and I—
I took the one less traveled by,
And that has made all the difference.

In jeder dieser Strophen von Robert Frost geht es knapp aus zwischen den Reimen, 3 : 2, wie halt Entscheidungen so fallen. In *quatrains* geschrieben, wäre "The Road Not Taken" einfach 'unmöglich'. (Oder es müßte einen zeigen, der immer noch an der Weggabelung steht, wie Buridans Esel.)

Doch jeder Muster-Entwurf ist auf Komplettierung aus:

Robert Louis Stevenson

Requiem

Under the wide and starry sky,
Dig the grave and let me lie.
Glad did I live and gladly die,
        And I laid me down with a will.

This be the verse you grave for me:
Here he lies where he longed to be;
Home is the sailor, home from the sea,
And the hunter home from the hill.

Diesseits des *great divide* steht "will" ohne Gegenstück da – mehr noch: auch der Text des Epitaphs ist in sich demonstrativ unvollständig, er hat eine (wenn auch stark alliterative) ungereimte letzte Zeile. Diese beschließt zwar das Gedicht und das Leben und komplettiert beides, ist aber ihrerseits auf das vor-läufige Leben angewiesen, um überhaupt einen Bezug zu haben. Der Reim impliziert: Dieses Leben findet seine Vollendung im Tod, in *dieser* Art von Tod, ohne den es unfertig, unvollkommen wäre:

Here he lies where he longed to be;
Home is the sailor, home from the sea,
And the hunter home from the hill.

Doch die letzte, einzeln stehende Zeile des Epitaphs macht auch nur (reimlich) Sinn, wenn das, was vorherging, ihr wirklich entsprach. Nur wer fort war, kann heimkehren. Und: Nicht jede Vollendung ereignet sich diesseits; vorbereitet werden muß sie aber schon hier.

4 Bildlichkeit

In einem seiner eher nachvollziehbaren Essays[58] diskutiert Paul de Man gleich zu Anfang eine Passage aus John Lockes *Essay Concerning Human Understanding* (1690), und zwar aus dem 10. Kapitel des 3. Buches ("Of the Abuse of Words"), in der der Begründer des englischen Empirismus eindringlich vor den Gefahren des figurativen oder uneigentlichen Sprachgebrauchs warnt. "*[F]igurative speeches* and allusions" hätten zwar eine gewisse Berechtigung dort, wo primär "pleasure and delight" gesucht würden, überall dort aber, wo es um die Wahrheit gehe, seien sie von großem Übel:

> But yet, if we would speak of things as they are, we must allow that all the art of rhetoric, besides order and clearness, all the artificial and figurative application of words eloquence hath invented, are for nothing else but to insinuate wrong *ideas*, move the passions, and thereby mislead the judgment, and so indeed are perfect cheat; and therefore however laudable or allowable oratory may render them in harangues and popular addresses, they are certainly, in all discourses that pretend to inform or instruct, wholly to be avoided and, where truth and knowledge are concerned, cannot but be thought a great fault either of the language or person that makes use of them. What and how various they are will be superfluous here to take notice, the books of rhetoric which abound in the world will instruct those who want to be informed; only I cannot but observe how little the preservation and improvement of truth and knowledge is the care and concern of mankind, since the arts of fallacy are endowed and preferred. It is evident how much men love to deceive and be deceived, since rhetoric, that powerful instrument of error and deceit, has its established professors, is publicly taught, and has always been had in great reputation; and I doubt not but it will be thought great boldness, if not brutality, in me to have said thus much against it. *Eloquence*, like the fair sex, has too prevailing beauties in it to suffer itself ever to be spoken against. And it is in vain to find fault with those arts of deceiving wherein men find pleasure to be deceived.[59]

Man braucht nun nicht Lockes Erkenntnisphilosophie und Sprachtheorie zu rekapitulieren, geschweige denn Paul de Mans Deutung davon, um zu erkennen, daß hier eine herrliche Ironie vorliegt: Die philosophische Idee, für die Locke ja wohl am bekanntesten ist, ist die in seiner Erziehungsschrift *Thoughts Concerning Education* dargelegte und aus seiner Epistemologie abgeleitete Auffassung, der Geist eines Kindes sei anfangs wie ein unbeschriebenes Wachstäfelchen – eine *tabula rasa* – , könne also mit allerlei beliebigen 'Eindrücken' versehen werden.

Der Philosoph, der sich so vehement gegen den Gebrauch von Bildern in Philosophie und Wissenschaft ausspricht, faßt also seine zentrale Idee in ein – Bild!

58 Paul de Man, "The Epistemology of Metaphor", *On Metaphor*, ed. Sheldon Sacks, Chicago / London: University of Chicago Press, 1979, 11-28. Dieselbe Thematik wird behandelt in Jacques Derrida, "White Mythology: Metaphor in the Text of Philosophy", *New Literary History* 6 (1974/75), 5-74.

59 Zitiert nach de Man, "Metaphor", in Sacks (ed.), *On Metaphor*, 13.

Auch in dem oben zitierten Abschnitt fällt ja auf, daß Locke, um die Gefahren der "eloquence" besonders nachdrücklich zu beschwören, sie mit den gefährlichen Verführungskünsten des schönen Geschlechtes vergleicht. Locke hat also im selben Abschnitt, in dem er die figürliche Rede wegen ihrer Vagheit, wegen ihres Appells an die irrationalen Leidenschaften, wegen ihrer 'Trickserei' aus dem Bereich des rationalen Diskurses verbannen möchte, selbst einen kühnen bildhaften Vergleich bemüht, um seinen Punkt besonders deutlich zu machen. (Eine *gender*-orientierte Kritik des Vergleiches verkneife ich mir hier.)

De Man kann dann anhand anderer Stellen bei Locke, Condorcet und Kant zeigen, daß alle Versuche, eine klare Linie zwischen 'eigentlichem' und 'uneigentlichem' Sprachgebrauch (*literal and figurative sense*) zu ziehen und damit der figurativen Sprache einen eigenen, abgegrenzten Bereich zuzuweisen (Rhetorik, Literatur), in solcher (oder ähnlicher) Art von Selbstwidersprüchlichkeit enden. Bildhaftigkeit ist nicht etwas, was man der Sprache *hinzufügt* – was man also, wenn man nur will, auch genauso gut weglassen könnte – , vielmehr ist unsere Sprache immer schon bildhaft durchsetzt. Man kommt gar nicht darum herum, sprachliche Bilder zu benutzen, wenn man eine Reihe ganz normaler Sätze baut (es ist nahezu unmöglich, den Gebrauch von Bildern vollständig zu vermeiden). Lockes 'Fehler' beruhte also nicht etwa auf einer persönlichen Unzulänglichkeit, er war eigentlich unvermeidlich, er geschah mit Notwendigkeit. (Mein vorletzter und vorvorletzter Satz enthielten übrigens folgende bildhafte Ausdrücke: "durchsetzt sein", "um etwas herumkommen", "eine Reihe", "Sätze bauen"). Selbst die Verdammung figürlicher Rede kommt nicht ohne Bilder, Vergleiche, Rhetorik aus.

Nun brauchte es freilich nicht Paul de Man, um uns klarzumachen, daß menschliche Sprache immer schon durch und durch figürlich ist: Seit dem 18. Jahrhundert ist das ein Topos der europäischen Sprachphilosophie – der Gedanke findet sich bei Herder, Hamann, Rousseau, Jean Paul, Novalis, in England bei Blake und Shelley, noch einmal (worauf wir noch zurückkommen) ganz ausgeprägt bei Nietzsche – häufig sogar mit der eigentümlichen, der Romantik verpflichteten Umwertung, die figürliche Rede sei die eigentliche, ursprüngliche, die Ursprache des Menschen – das dagegen, was so gemeinhin die eigentliche Rede genannt werde, sei ein blasses, fast lebloses Verfallsprodukt, eine Degenerationserscheinung, eine – um das Bild zu wechseln – Ansammlung abgegriffener Münzen. Lockes doch eigentlich widerlegte Opposition wird, so scheint es, durch die Hintertür wieder eingeführt, diesmal aber mit umgekehrt verteilter Wertung.

De Man hilft uns jedoch, uns daran zu erinnern, daß Lockes Versuch der Segregation der figürlichen Rede nicht der erste der europäischen Geistesgeschichte war. In seiner *Poetik* (Kapitel 21 und 22) schreibt Aristoteles, das Nomen (er meint damit wahrscheinlich Substantive, Adjektive *und* Verben) sei entweder "Bezeichnung" oder aber "eine Glosse [hier im Sinne von 'Fremdwort'], eine Metapher, ein Schmuck, ein Erfundenes, Erweitertes, Verkürztes, Verändertes", räumt dann ein, eine Sprachform, die vor allem *bezeichnende* Nomina verwende, sei zwar klar, aber bedauerlicherweise auch gewöhnlich, weshalb man eine Beimischung 'uneigentlicher' Rede brauche [mein Ausdruck, CB], die aber wieder nicht zu stark ausfallen dürfe, sonst drohe Unverständlichkeit:

> Erhaben und das Gewöhnliche meidend ist die Dichtung, die fremdartige Worte gebraucht. Fremdartig nenne ich die Glosse, die Metapher, die Erweiterung und alles außerhalb des Bezeichnenden. Wenn aber einer ausschließlich derartiges in seiner Dichtung anwendet, so wird sie entweder ein Rätsel oder ein Barbarismus, und zwar, wenn man dauernd Metaphern verwendet, ein Rätsel, und wenn man Glossen verwendet ein Barbarismus. [...] Man muß also diese Dinge in irgendeiner Weise mischen. Denn das Ungewöhnliche und nicht Vulgäre wird erzeugt durch die Glosse, die Metapher, den Schmuck und alle die andern erwähnten Mittel, die Klarheit aber durch die Wahl des Bezeichnenden.[60]

Offenbar macht es die Dosis. Belebend und ungewöhnlich ist der uneigentliche Sprachgebrauch schon, aber zu viel des Guten, befürchtet der Philosoph, läßt die Kommunikation zusammenbrechen. Die Haltung zur Bildlichkeit der Sprache, zum fremden, ungewöhnlichen Ausdruck, ist also gewissermaßen ambivalent. Die Bildlichkeit bedarf, nach Aristoteles, der Einhegung und Zähmung.

Lockes Versuch der Ausgrenzung der figürlichen Rede war aber auch nicht der letzte in unserem Kulturkreis. Aristoteles' Warnung vor dem Barbarismus und dem rätselhaften Unverständlichen erinnert doch stark an manche Kritik, die an der Literatur der Moderne, besonders ihrer Lyrik, geübt wurde: Ihre Bilder seien fremd, dunkel, unverständlich, nicht mehr nachvollziehbar, solche Literatur sei hermetisch, unzugänglich. Man sieht schon an dieser Daumennagelskizze, daß die Geschichte des Denkens über die Bildlichkeit der Sprache in Europa sehr wechselhaft gewesen ist: Was dem einen als hohes Risikopotential galt, galt dem andern als das Lebendige der Sprache schlechthin; was dem einen als Barbarismus galt, galt dem andern als das Ursprüngliche, Unverdorbene; was dem einen als die eigentliche Rede galt, galt dem andern gerade als die uneigentliche – und umgekehrt. Und über all dem noch die ungelöste Frage, ob und wenn ja wie sich eigentlich das eine vom andern separieren ließe...

Weil die Bildlichkeit der Sprache – allgemein und in Lyrik – nicht diskutiert werden kann, ohne daß man auf faszinierende sprachphilosophische, erkenntnisphilosophische und weltanschauliche Fragestellungen stößt, möchte ich hier folgendermaßen vorgehen: Ich werde zunächst in einem ersten Durchgang ganz naiv und vor-kritisch die wichtigsten Formen bildlicher Sprache – als da sind Simile, Metapher, Metonymie, Symbol und Allegorie – knapp mit einigen Beispielen vorstellen und erläutern, um dann über eine Diskussion allegorisch zu lesender Gedichte zu einer extensiven Erörterung verschiedener Formen der Metapher zu kommen – in vielerlei Hinsicht, wie ich zeigen möchte, Kernstück jeder Figürlichkeit – , aus der dann, wie ich hoffe, das alte Problem des Verhältnisses und der relativen Wertigkeit von Symbol und Allegorie elegant gelöst werden

---

60 Aristoteles, *Poetik*, übers. Olof Gigon, Stuttgart: Reclam, 1961, 1978, 54, 56/57. Vgl. den vorzüglichen Aufsatz von John T. Kirby, "Aristotle on Metaphor", *American Journal of Philology* 118 (1997), 517-554.

kann. Danach kann wohl manches des Vorausgeschickten nicht mehr ganz so naiv gesehen werden.

Bevor aber die wichtigsten Formen bildlicher Sprache knapp vorgestellt werden, eine Klarstellung: Bis jetzt habe ich die Ausdrücke 'bildliche Sprache', 'figürliche Rede' und 'uneigentliche Rede' unterschiedslos gebraucht. Von nun an soll differenziert werden, denn der Bereich der uneigentlichen Rede ist viel grösser als der der bildlichen Sprache – die bildliche Sprache ist nur ein *Teil*bereich der uneigentlichen Rede. Zu den Tropen (von griechisch *tropos* = Wendung) oder bildlichen Ausdrücken, nach einer Sachwörterbuchdefinition

> jede Form der Rede, die das Gemeinte nicht direkt und sachlich durch das eigentliche Wort ausspricht, sondern im Streben nach Ausschmückung, Veranschaulichung und Verlebendigung des Gesagten durch ein Anderes, Naheliegendes einen 'übertragenen' Ausdruck wiedergibt, dabei das Geistige versinnlicht und das Sinnliche vergeistigt und die beiden verschiedenen Gehaltssphären zu wechselseitiger Erhellung verschmilzt,[61]

zu diesen bildlichen Ausdrücken also kommen nämlich noch die rhetorischen Figuren im engeren Sinne hinzu – uneigentliche Rede, die *nicht* bildhaft ist, z.B. Ironie (es wird spöttisch das Gegenteil von dem gesagt, was gemeint ist), Litotes (Betonung durch Untertreibung, z.B. anerkennend 'gar nicht schlecht'), Hyperbel (Betonung durch Übertreibung, z.B. Holden Caulfield in *The Catcher in the Rye*: "He started off with about fifty corny jokes, just to show us what a regular guy he was.") oder Euphemismus (beschönigende Umschreibung einer unangenehmen Sache). Um all *diese* Phänomene uneigentlicher Rede geht es im Folgenden *nicht* (es sei denn, sie begegnen uns am Rande). Dagegen werden Katachrese (als zur Metapher gehörig), Metalepse und Synekdoche (als zur Metonymie gehörig) und Personifikation (als zur Allegorie gehörig) durchaus mitbehandelt – es sind dies ja Phänomene bildlicher Sprache. Wann immer im Folgenden noch aus Gründen des stilistischen Wechsels von 'figürlicher Sprache' die Rede ist, dann im Sinne der *bildlichen* Sprache, nicht im Sinne der *rhetorischen* uneigentlichen Rede (Ironie, Litotes usw.).

Die einfachste Trope ist der ausdrückliche Vergleich mit 'wie' (*as* oder *like* im Englischen). Diese Form heißt *Simile* (*simile*). Wenn Robert Burns etwa schreibt, "O My Luve's like a red, red rose, / That's newly sprung in June", dann versteht jeder, daß er sein Mädchen nicht mit einer Rose identifiziert, sondern es in (mindestens) einer bestimmten Hinsicht mit einer Rose vergleicht. Was dieser Aspekt ist, wird nicht gesagt, das kann sich der Leser denken – es dürfte hier wohl ihre Schönheit sein, aber andere Vergleichspunkte (ihre Frische, Jugend, ihre roten Wangen, ihr Duft...) sind nicht ausgeschlossen. Das Simile verläßt sich darauf, daß der Leser selbst auf naheliegende Vergleichspunkte kommt; ein einziger reicht schon, um das Simile wirken zu lassen.

---

61 Gero von Wilpert, *Sachwörterbuch der Literatur*, Stuttgart: Kröner, 7., verbesserte u. erweiterte Aufl. 1989, s.v. 'Trope'.

Manche Gedichte thematisieren auch die Suche nach dem richtigen Simile. Shakespeares Sonett 18 spielt die verschiedenen Implikationen eines ersten Einfalls durch und verwirft dann diesen Vergleich, weil das Bild den Qualitäten des Geliebten nicht gerecht wird:

> Shall I compare thee to a summer's day?
> Thou art more lovely and more temperate;
> Rough winds do shake the darling buds of May,
> And summer's lease hath all too short a date.
> Sometime too hot the eye of heaven shines
> And often is his gold complexion dimmed;
> And every fair from fair sometimes declines,
> By chance or nature's changing course untrimmed.
> But thy eternal summer shall not fade
> Nor lose possession of that fair thou ow'st,
> Nor shall death brag thou wander'st in his shade,
> When in eternal lines to time thou grow'st.
> So long as men can breathe or eyes can see,
> So long lives this, and this gives life to thee.

Die zunächst befremdend und hyperbolisch anmutende Behauptung, der Geliebte unterliege nicht Wandel, Verfall und Tod, macht natürlich Sinn, wenn man das "this" der letzten Zeile richtig als 'this poem' versteht. Dieses Gedicht verleiht dem Geliebten Unsterblichkeit. Die vermeintlich idealisierende Übertreibung war gar keine.

Aber das gibt es ja. Gerade wenn etwas oder jemand gepriesen werden soll, können Vergleichsbilder sich leicht verselbständigen und in idealisierender Übertreibung jede realistische Bodenhaftung verlieren. In seinem Sonett 130 weist William Shakespeare unrealistische Vergleiche der petrarkistischen Liebeslyrik zurück und beharrt, ein unabhängiger Geist, auf der ganz irdischen, bodenständigen Schönheit seiner Geliebten – einer Liebe, die der Wahrheit statt der schönen Lüge verpflichtet ist, kann kein Makel Abbruch tun:

> My mistress' eyes are nothing like the sun;
> Coral is far more red than her lips' red,
> If snow be white, why then her breasts are dun;
> If hairs be wires, black wires grow on her head.
> I have seen roses damasked, red and white,
> But no such roses see I in her cheeks;
> And in some perfumes is there more delight
> Than in the breath that from my mistress reeks.
> I love to hear her speak, yet well I know
> That music hath a far more pleasing sound;
> I grant I never saw a goddess go,
> My mistress when she walks treads on the ground.
> And yet, by heaven, I think my love as rare
> As any she belied with false compare.

Vergleiche gehören unabstellbar zur gesellschaftlichen und poetischen Rede über ein Sujet – hier: die Schönheit des / der Geliebten – , aber Dichtung kann selbstverständlich solche konventionalisierten und klischeehaften Vergleiche abrufen, um sie dann in ihrer ganzen Unangemessenheit bloßzustellen. Es ist nicht die schlechteste Lyrik die, die Phrasen entlarvt und Klischees unterläuft.

Fehlt bei einem Vergleich das 'wie', liegt eine *Metapher* (*metaphor*) vor. Das klassische Beispiel ist die Aussage über Achilles (wahlweise Hektor), 'der Löwe warf sich in die Schlacht'. Bei der Metapher wird ein Ausdruck aus einem Gegenstandsbereich (hier: dem Tierreich) in einen anderen (die Welt des Krieges) übertragen (griechisch *metapherein* = übertragen), und er ersetzt dort den 'eigentlichen' Ausdruck. Voraussetzung dieser Übertragung und Ersetzung ist, nach klassischer Lehre, daß die beiden Dinge oder Tätigkeiten (mindestens) eine Gemeinsamkeit, eine Ähnlichkeit haben (ein sogenanntes *tertium comparationis*), das sie *in dieser Hinsicht vergleichbar* und damit austauschbar macht – wohlgemerkt: Die Dinge oder Tätigkeiten müssen in einem Aspekt gleich sein, nicht etwa, wie es häufig verkürzt und fälschlich heißt, die Ausdrücke, die sie bezeichnen.[62] Die *Ausdrücke* 'Achilles' und 'Löwe' haben nichts gemeinsam – Achilles in der Schlacht und ein Löwe aber sehr wohl (die Stärke, den Mut): Der Held kämpfte eben 'wie ein Löwe'. Diese Auffassung der Metapher nennt man auch Substitutionstheorie, weil nach ihr das Wesentliche an der metaphorischen Operation ist, daß ein 'eigentlicher' Ausdruck durch einen 'uneigentlichen' *ersetzt* wird, weil die beiden außersprachlichen Referenten in (mindestens) einem Punkte vergleichbar sind. Der ersetzte Term der Austauschoperation oder das 'eigentlich' Gemeinte ('Achilles') wird im Deutschen häufig 'Bildempfänger' genannt, der importierte Term 'Bildspender'.[63] Dieser nicht ganz unproblematischen Terminologie, in der Ausdruck, Gegenstandsbereich und außersprachliche Referenten ungut vermengt werden (dazu später mehr), entsprechen im Englischen die Begriffe *tenor* und *vehicle* ('Löwe' ist *vehicle* für den *tenor* 'Achilles').

So minimal der Unterschied zwischen Simile und Metapher grammatisch scheinen mag – immerhin fehlt ja nur ein einsilbiges Vergleichswort – , so weitreichend sind die semantischen, logischen und erkenntnisphilosophischen Folgen dieses Eingriffs. Ein ausdrücklicher Vergleich mit einem Vergleichswort ist eine ganz normale Aussage. Metaphorische Aussagen aber sind semantisch und logisch 'falsch' – Achilles *ist* kein Löwe, auch nicht in der Schlacht, das ist Unsinn. Sie sind falsch, weil sie als identisch ausgeben, was doch allenfalls ähnlich ist. Similes mögen geschickt oder ungeschickt gewählt sein, passend oder unpassend, sie sind in der Regel wahr. Metaphern dagegen sagen paradoxerweise "usually a

---

62 Siehe etwa Gerhard Kurz, Theodor Pelster, *Metapher: Theorie und Unterricht*, Düsseldorf: Schwann, 1976, 37.

63 Nach Harald Weinrich, "Semantik der kühnen Metapher", *Deutsche Vierteljahrsschrift* 37 (1963), 324-344.

patent falsehood or an absurd truth."[64] Metaphern sagen, was nicht ist, Metaphern lügen.[65]

Bei jeder uns neuen Metapher müssen wir etwas stutzen und versuchen dann, die eigentlich unvereinbaren wörtlichen Bedeutungen der Glieder eines eine Metapher enthaltenden Satzes (kein *einzelnes* Wort kann je für sich eine Metapher sein, Metaphern sind immer Kontext-Phänomene) auf anderer Ebene stimmig zu machen, bis ein Gestaltumsprung stattfindet.[66] Das läuft in der Regel auf eine Rekonstruktion des *tenor* über das (wie bei einem Simile) nicht genannte, sondern bloß implizierte *tertium comparationis* hinaus. Aber anders als das Simile erschöpft sich die Metapher nicht im Vergleich, weil sie ja 'unsinnigerweise' das Ansinnen an uns heranträgt, nicht nur dies unter jenem Aspekt mit dem da zu vergleichen, sondern dies *als das* zu sehen. Metaphern – und auf diesen Punkt wird später zurückzukommen sein – affizieren unsere Wirklichkeitssicht, weil sie uns, wollen wir sie verstehen, zwingen, unsere habituelle Wahrnehmung und Strukturierung der Welt, unsere *frames of reference*, zu rekonfigurieren. Auch nachdem wir die Ersetzungsregel identifiziert haben, bleibt das Skandalon der Behauptung 'dies *ist* das' im Raume stehen – und wirkt nach. Es ist die Frage, ob eine reine Substitutionstheorie diesen bedeutungsgenerierenden und kognitionsverändernden Aspekt der Metapher wirklich hinreichend erfassen kann.

Mit der Zeit verlieren Metaphern, die unsere ganze Sprache durchziehen, ihre Fähigkeit, uns stutzen zu lassen – sie nutzen sich ab. 'Am Fuße des Berges' läßt heute keinen mehr aufhorchen – es ist eine konventionalisierte oder tote Metapher, d.h. sie wird gar nicht mehr als solche wahrgenommen, obwohl der ursprüngliche Vorschlag, sich einen Berg als Lebewesen vorzustellen, doch recht ungewöhnlich ist. Andere Metaphern entstanden, um einen gewissen lexikalischen Neubedarf zu decken (z.B. 'Motorhaube', 'Luftschiff') – auch sie werden gar nicht mehr als Metaphern registriert. Und wie viele denken bei 'im Internet *surfen*' wirklich noch an die Wellenreiter des Pazifik?

Metaphern sollten, so die herrschende Meinung, die sich auf Aristoteles berufen kann, ungewöhnlich, aber nachvollziehbar sein. So lange sie letzteres sind, können sie durchaus gewagt und verblüffend sein. Ist der implizite Vergleich besonders weit hergeholt,[67] spricht man von einer kühnen (*bold*) Metapher, wie sie

---

64 Donald Davidson, "What Metaphors Mean", *On Metaphor*, ed. Sacks, 29-45, 41.

65 Vgl. Christoph Bode, "Das Paradox in post-mimetischer Literatur und post-strukturalistischer Literaturtheorie", *Das Paradox: Eine Herausforderung des abendländischen Denkens*, eds. Paul Geyer, Roland Hagenbüchle, Tübingen: Stauffenburg, 1992, 619-657, insbes. 633ff. ("Metapher, Symbol, Paradoxon: der Wechsel der Verhältnisse").

66 Harald Weinrich hat dieses Phänomen zum Anlaß genommen, in den sechziger Jahren seine sog. Konterdeterminationstheorie der Metapher zu skizzieren, vgl. "Semantik der Metapher", *Folia Linguistica* 1 (1967), 3-17, ebenfalls Weinrich, "Semantik der kühnen Metapher".

67 Weinrich allerdings hat kontra-intuitiv argumentiert, Kühnheit liege gerade bei *geringer* Bildspanne vor, vgl. "Semantik der kühnen Metapher".

sich z.B. in den *conceits* der *metaphysical poets* des 17. Jahrhunderts häufig findet. Ist aber gar nicht mehr auszumachen, was eigentlich der *tenor* des metaphorischen Bildes sein soll, dann liegt eine absolute Metapher vor – und es wird praktisch und theoretisch etwas schwierig.

Jede Metapher (ob auch die absolute, wird zu untersuchen sein) macht einen *Vorschlag*, die Welt, genauer: einen konkreten Ausschnitt der Welt, *anders* zu sehen als bislang, und zwar 'dies *als* das', *x in terms of y*. Das läßt sich vielleicht am besten illustrieren an dem berühmten imagistischen Gedicht "In a Station of the Metro" von Ezra Pound. Hier das Gedicht in seiner ganzen Länge – Pound hat es nach eigenen Angaben in anderthalb Jahren von 30 auf zwei Zeilen komprimiert:

> The apparition of these faces in the crowd;
> Petals on a wet, black bough.

Der Vorschlag des Gedichtes, das Auftauchen der Gesichter in der Menge zu sehen *als* (nicht *like* oder *as*, deshalb auch kein Simile) Blütenblätter auf einem feuchten, schwarzen Ast, wirkt um so nachhaltiger, als man lange darüber sinnieren kann, welche Aspekte diesen Vorschlag motiviert haben mögen. Man kommt sicher auf mehr als nur ein *tertium comparationis*.

Das Gedicht "Oread" (eine griechische Bergnymphe) der amerikanischen Dichterin H.D. (Hilda Doolittle) geht noch etwas weiter:

> Whirl up, sea—
> whirl your pointed pines,
> splash your great pines
> on our rocks,
> hurl your green over us,
> cover us with your pools of fir.

Denn wenn auch der dominante Vorschlag sein mag (gestützt durch den Titel), sich einen Kiefernwald als bewegte See vorzustellen, so ist doch auch die umgekehrte Übertragung denkbar: das bewegte Meer als windbewegter Föhrenwald. Man wünscht sich einen Magritte oder Dalí, beides zu malen oder beides in einem zu malen. Hier ist nicht mehr eindeutig zu identifizieren, was *tenor*, was *vehicle* ist, der Austausch funktioniert in beiden Richtungen, und das heißt: Die Wahrnehmung *beider* Gegenstandsbereiche hat sich verändert. Die Metapher ist eben, das wußte schon Quintilian, die schönste und die wichtigste Trope. Sie stellt einiges mit uns an.

Das kann man von der *Metonymie* (*metonymy*) nicht unbedingt behaupten. Auch der Metonymie (griechisch *metonymia* = Namensvertauschung) liegt nach klassischem Verständnis eine Ersetzungsoperation zugrunde. Ersetzt wird nämlich ein Ausdruck durch einen anderen, wenn das, was durch beide bezeichnet wird, zueinander in einem zeitlichen, räumlichen, logischen[68] oder sonstigen *Zu-*

---

68 Die Ersetzung der Bezeichnung einer Ursache durch die für ihre Wirkung (etwa: 'Zunge' für 'Sprache'), Metalepsis genannt, galt als umstrittene Trope.

sammenhang steht.[69] Das gängigste Beispiel ist 'Washington läßt verlauten' für 'die Regierung der USA läßt verlauten', weil diese eben in Washington sitzt. Es braucht in der Regel wenig mentalen Aufwand, nur einiges an kulturellem Allgemeinwissen, um Metonymien zu verstehen. Das liegt daran, daß der Zusammenhang, der bei dem 'Sprungtropus' einer Metapher erst *herausgefunden* werden muß (das *kann* durchaus sehr schnell gehen, kann aber auch dauern), bei der Metonymie immer schon vorab in der (außersprachlichen) Wirklichkeit *gegeben* ist – sonst wäre es ja keine Metonymie.[70] Falls mir noch ein interessantes dominant metonymisches Gedicht begegnen sollte, will ich es gerne hier einfügen.

Der Metonymie verwandt und manchmal gar nicht mehr von ihr unterschieden, sondern ihr subsumiert, ist die *Synekdoche* (*synecdoche*). Auch sie beruht auf einem Austausch, der, anders als bei der Metapher, innerhalb ein- und desselben Gegenstandsbereiches stattfindet, nämlich dann, wenn statt des weiteren Begriffes ein engerer gewählt wird (oder umgekehrt), statt der Mehrzahl die Einzahl ('Der Mensch ist sterblich'), statt des Ganzen ein Teil (bekannt als *pars pro toto*) usw.. In dem Satz 'Solange Du noch Deine Füße unter meinen Tisch streckst...' ist 'Tisch' eine Synekdoche für 'Haushalt', 'seine Füße unter einen Tisch strecken' eine weitere Synekdoche für 'es sich ohne eigene Einkünfte im Haushalt eines anderen bequem machen' – und das Ganze ist natürlich eine unverhohlene Einschüchterung.

Bleiben noch als letzte wichtige Tropen Allegorie und Symbol zu erläutern, die gern kontrastiv charakterisiert werden. Die *Allegorie* (*allegory*) (griechisch *allegorein* = bildlich, anders reden) kann man bündig definieren als systematisierte Metapher. Das heißt, die Ähnlichkeit besteht nicht mehr in nur einem Punkt oder in zwei Punkten, sondern in einer ganzen *Serie* von Analogien zwischen dem, was gesagt wird, und dem, was gemeint ist. Formelhaft ausgedrückt sagt die Allegorie: A steht zu B, B zu C, C zu D und D zu E wie V zu W, W zu X, X zu Y und Y zu Z. Allegorien setzen verschiedene Systeme analog, z.B. das System 'menschlicher Körper' mit dem System 'Gesellschaft', das System 'Reise' mit dem System 'Lebensweg', das System 'Pilgerfahrt / Suche' mit dem System 'Selbstfindung'.

Sir Walter Raleigh, der *Renaissance man*, hat sechs Jahre vor seiner Hinrichtung in der Haft ein kleines allegorisches Gedicht verfaßt, das sich wohl weitgehend selbst erläutert:

---

69 Falsch noch im *Sachwörterbuch der Literatur*, ed. von Wilpert, s.v. 'Metonymie': "Ersetzung des eigentlichen Wortes durch ein anderes, das zu ihm in realer Beziehung steht [...]" – nicht die *Wörter* stehen zueinander in realer Beziehung, die *Dinge*! Genauso falsch auch in *Metzler Literaturlexikon: Begriffe und Definitionen*, eds. Günther und Irmgard Schweikle, Stuttgart: Metzler, 2., überarbeitete Aufl., 1990, s.v. 'Metonymie'. Der Eintrag zu 'Metapher' enthält den gleichen Fehler.

70 Kinder verstehen und benutzen metonymische Ausdrücke schon recht früh, Metaphern dagegen werden in der Regel erst vom Alter von zehn Jahren an verstanden, vgl. Howard Gardner, Ellen Winner, "The Development of Metaphoric Competence: Implications for Humanistic Disciplines", *On Metaphor*, ed. Sacks, 121-139.

What Is Our Life?

What is our life? A play of passion,
Our mirth the music of division.
Our mothers' wombs the tiring-houses be,
Where we are dressed for this short comedy.
Heaven the judicious sharp spectator is,
That sits and marks still who doth act amiss.
Our graves that hide us from the searching sun
Are like drawn curtains when the play is done.
Thus march we, playing, to our latest rest,
Only we die in earnest, that's no jest.

Das Leben als Passionsspiel, aber auch Spiel der Leidenschaften, der Mutterleib als Garderobe der Schauspieler, Gott als strenges Publikum usw. usf.: Die Analogien tragen, können nachvollzogen werden. Genau das hat man der Allegorie und auch der Personifikation, die ihr verwandt ist, oft vorgeworfen: daß sie zu leicht 'zurückzuübersetzen' sei, so daß der Eindruck entstehe, hier sei eine Vorstellung lediglich in ein (zusammengesetztes) Bild übersetzt worden, aber eben so, daß die Idee noch überdeutlich durchscheine.

Nehmen wir beispielsweise die allegorische Figur (oder Personifizierung) der Idee der Justitia: eine weibliche Figur (wegen des grammatischen Genus) mit Augenbinde (spricht Recht ohne Ansehen der Person), Waagschalen in einer Hand (pro und contra der Beweise und Argumentation abwägend), ein Schwert in der anderen (vollstreckt auch das Urteil). Das paßt auch alles, aber eben so, daß man den Eindruck hat, hier werde eine abstrakte Idee bloß illustriert. Kritiker der Allegorie werfen ihr vor, sie sei kühl, rational, mechanisch, m.a.W.: wenig poetisch. Viel zu denken gibt sie in der Regel nicht.

Als Gegenstück der Allegorie, die selbstverständlich immer einen etwas größeren Textraum benötigt und nie, wie etwa Metapher, Metonymie oder Simile, auf einen einzelnen Ausdruck beschränkt sein kann, wird oft das *Symbol* (*symbol*) dargestellt. Es gibt viele, auch einander widersprechende Symbol-Definitionen und Symbol-Theorien, aber die einleuchtendste Bestimmung scheint mir immer noch die klassische von Goethe zu sein:

> Es ist ein großer Unterschied, ob der Dichter zum Allgemeinen das Besondere sucht oder im Besonderen das Allgemeine schaut. Aus jener Art entsteht Allegorie, wo das Besondere nur als Beispiel, als Exempel des Allgemeinen gilt; die letztere aber ist eigentlich die Natur der Poesie, sie spricht ein Besonderes aus, ohne ans Allgemeine zu denken oder darauf hinzuweisen. Wer nun dieses Besondere lebendig faßt, erhält zugleich das Allgemeine mit, ohne es gewahr zu werden, oder erst spät.[71]

Danach scheint es, als handele es sich beim symbolischen und allegorischen Schreiben um zwei diametral entgegengesetzte Weisen. Das erste geht vom Be-

---

71 Johann Wolfgang von Goethe, "Maximen und Reflexionen", *Werke* (Hamburger Ausgabe), München: dtv, 1982, Bd. 12, 365-547, 471.

sonderen, Konkreten aus, stellt es aber so dar, daß der Eindruck entstehen kann, etwas anderes sei mitgemeint oder eigentlich gemeint (das erinnert strukturell schon an die 'eigentliche', *literarische* Bedeutung eines Textes, die 'hinter' der Literal-Ebene des Textes liegt – Goethes Bemerkung "ist eigentlich die Natur der Poesie" zielt darauf ab), während die Allegorie nur die Veranschaulichung, das Sinnbild eines zuvor gefaßten Gedankens sei. Mitgedacht ist: *Das eine* (Symbol) *läßt sich nicht anders sagen, das andere* (Allegorie) *sehr wohl.* Letzteres ist sinnlich faßbare Illustration, ersteres aber ein Verfahren der Erkundung, des Verweisens auf etwas, das nicht unbedingt benennbar sein muß, es vielleicht sogar nicht ist.

Das Problem für einen Leser könnte, rein theoretisch, sein: In der Vorlage unterscheiden sich beide Weisen kaum. In beiden Fällen bekommt der Leser 'nur' Konkretes an die Hand und soll sich anderes hinzudenken. Aber in der Praxis geht das bei der Allegorie viel leichter, wegen ihrer systematisch analogen Struktur. Wie in jenen Bildern, bei denen numerierte Punkte miteinander zu verbinden sind, liegt ja alles Wesentliche bereits vor und je mehr Analogie-Punkte gefunden worden sind, desto deutlicher tritt die allegorische Figur hervor.

Beim Symbol aber beginnt das Problem schon viel früher: Wann liegt eigentlich ein Symbol vor? Wann soll man nach höherem / tieferem / überschießendem Sinn forschen, wann nicht? Umberto Eco hat einmal (bezogen auf Erzähltexte) geantwortet:

> Das Symbolische liegt [...] dann vor, wenn Sie eine Aussage oder eine Reihe von Aussagen ganz im wörtlichen Sinne aussprechen, bis Sie irgendwann merken, daß diese Insistenz auf einen Aspekt oder ein Detail doch wirklich übertrieben ist. [...] Angesichts dieser Verschwendung narrativer Energie, dieser Verletzung der Gesetze der Ökonomie, fragt sich der Leser, wovon der Autor eigentlich spricht. [Sie merken,] es geht um etwas anderes.[72]

Das läßt sich ohne weiteres auf Lyrik übertragen: Wann immer etwas mit größerer Emphase, als man hätte erwarten können, in den Vordergrund gestellt wird, wann immer auf etwas auffälligerweise zurückgekommen wird, wann immer etwas exponiert wird, dann läßt es sich wohl auch symbolisch deuten.

Konventionalisierte Symbole stellen natürlich kein Problem dar, wir kennen sie alle aus dem Alltag (Rotes Kreuz, rotes Herz und Friedenstaube), aus Filmen und Trivialliteratur: Die Bedeutung *solcher* Symbole läßt sich, sollte man unsicher sein, in Symbollexika nachschlagen. Nicht-konventionalisierte Symbole sind dagegen schwieriger zu verstehen, zumal sie, wenn es sich nicht um die durchgängige Symbolik im Werk eines Autors oder einer literarischen Gruppe handelt (was dann aber schon wieder in Richtung Konventionalisierung ginge),

---

72 Umberto Eco, "Vom offenen Kunstwerk zum Pendel Foucaults", *Lettre International* Nr. 5 (1989), 38-42, 40, 41. Die Aussage ist offensichtlich durch die Übersetzung des Interviews aus dem Italienischen etwas verunklart: Mal soll 'Sie' 'man' bedeuten (= der Leser), mal bedeutet es 'Sie als Autor'.

einmalige Vorkommnisse sind, die hier und nur hier aus ihrer spezifischen Vertextung zu entschlüsseln sind.

Im alten Griechenland war das Symbol ursprünglich ein in zwei Hälften zerbrochener Gegenstand (z.B. zwei Scherben), von denen zwei Partner sich vor dem Auseinandergehen je eine nahmen. Traf man sich nach Jahren wieder, etwa zur Vertragserfüllung oder -erneuerung, hielt man zur Beglaubigung die zwei Bruchstücke zusammen (griechisch *symballein* = zusammenhalten, -werfen, -fügen). Paßten sie, so wußte man, daß man richtig war. Das Besondere am literarischen Symbol ist, daß wir die andere Hälfte suchen müssen (auch und gerade, wenn wir sie schon haben, "ohne es gewahr zu werden"), daß diese Suche Zeit braucht (Goethe: "oder erst spät") – und daß die Art der Sinnsuche uns direkt ins Herz der menschlichen Sprache führt. Aber das muß wahrhaftig in Ruhe entwickelt werden, in einem neuen Durchgang, mit Lyrik als Begleiter.

Beginnen wir, wie angekündigt, mit der relativ einfachen Form der Allegorie. Das allegorische Lesen von Texten hat im jüdisch-christlichen Kulturkreis eine tiefverwurzelte Tradition – und einen eigenen Namen: *Allegorese*. Allegorese unterstellt, daß sich hinter dem Wortsinn eines Textes – z.B. eines griechischen Mythos oder einer Episode aus dem Alten Testament – ein eigentlicher Sinn (*sensus mysticus* oder *spiritualis*) verberge, der in allegorischer Deutung entdeckt werden kann. Allegorese übersetzt also den eigentlichen Sinn aus dem Bild zurück, das als bloßes 'Vehikel' begriffen wird. Das setzt voraus: Der Text wird als Bild begriffen, das nicht das bedeutet, was es offensichtlich ist, sondern etwas anderes, für das es steht. So läßt sich heidnischen Mythen ein 'eigentlicher' christlicher Sinn unterlegen, Begebenheiten aus dem Alten Testament können als bildhafte Vorverweise auf Stellen im Neuen Testament gedeutet werden, so daß die Botschaft des späteren Textes als 'Erfüllung' des früheren erscheint.

Ihren Höhepunkt fand die Allegorese in der Lehre vom dreifachen oder vierfachen (oder einfach: mehrfachen) Schriftsinn, wie sie von den Kirchenvätern entwickelt wurde. Um das seit Dante gängigste Beispiel anzuführen: Der Auszug des Volkes Israel aus Ägypten bedeutet im Literalsinn die historische Tatsache dieses Auszugs. Seine im engeren Sinne allegorische oder heilsgeschichtliche Bedeutung ist die Erlösung der Gläubigen durch Jesus Christus; sein moralischer oder tropologischer Sinn für die christliche Unterweisung ist die Abkehr von der Sünde und die Hinwendung zu Gott im diesseitigen Leben; der vierte, anagogische Sinn ist der eschatologische (Eschatologie = Lehre von den letzten Dingen, vom Weltende) Verweis auf den verheißenen, im Jenseits sich erfüllenden Weg der Seele zu Gott.[73]

Gerade beim Lesen geistlich inspirierter Lyrik vergangener Epochen ist eine gewisse Kenntnis dieses kulturellen Hintergrundes hilfreich, weil es sonst zu grundlegenden anachronistischen Mißverständnissen kommen kann. Nehmen wir George Herberts Gedicht "Love (3)":

---

73 Vgl. dazu am besten Friedrich Ohly, "Vom geistigen Sinn des Wortes im Mittelalter", ders., *Schriften zur mittelalterlichen Bedeutungsforschung*, Darmstadt: WBG, 2. Aufl. 1983, 1-31.

Love bade me welcome: yet my soul drew back,
Guilty of dust and sin.
But quick-eyed Love, observing me grow slack
From my first entrance in,
Drew nearer to me, sweetly questioning
If I lacked anything.

"A guest," I answered, "worthy to be here":
Love said, "You shall be he."
"I, the unkind, ungrateful? Ah, my dear,
I cannot look on thee."
Love took my hand, and smiling did reply,
"Who made the eyes but I?"

"Truth, Lord; but I have marred them; let my shame
Go where it doth deserve."
"And know you not," says Love, "who bore the blame?"
"My dear, then I will serve."
"You must sit down," says Love, "and taste my meat."
So I did sit and eat.

Unkenntnis des Kodierungssystems, dessen sich Herbert bedient, könnte einen dazu verleiten, dieses Gedicht als Thematisierung einer weltlichen Beziehungskrise (und ihrer wunderbaren Lösung) zu lesen, obwohl die Großschreibung von "Love" und der Hinweis auf den Opfertod Christi ("And know you not [...] who bore the blame?") einem schon zu denken geben sollten. Das Gedicht will eine allegorische Veranschaulichung der unermeßlichen, unverdienten und unbegreiflichen Gnade der Liebe Gottes sein. Generell kann man sagen: Werden kulturelle Verschlüsselungs- und Entschlüsselungssysteme nicht mehr geteilt, häufen sich *misreadings*, in denen gar nicht mehr die fremde Andersheit des Textes erkannt, sondern nur noch auf das eigene, aktuelle Interesse gesehen wird.

Das Problem ist, daß die Korrektur solcher *misreadings* kaum einklagbar ist, sondern nur durch Appell an ein anderes Eigeninteresse nahegelegt werden kann: daß es doch mittelfristig nichts bringt, immer nur sich selbst zu begegnen, seinen eigenen Projektionen, daß doch gerade die Begegnung mit dem fremden oder zeitlich entrückten Anderen eine Bereicherung bedeutet, weil es einem etwas Altes zeigt, das paradoxerweise *neu* ist. Aber *grundsätzlich und theoretisch* ist solchen *misreadings* schwer beizukommen, vor allem in einer Kultur, die Liebeslyrik (Salomons *Hohes Lied*, *The Song of Songs*) ebenso religiös-christlich umgedeutet hat wie Teile der *Odyssee* oder Platons Philosophie – einer solchen Kultur fehlen bei Umdeutungen in der anderen Richtung nun die Argumente (auf die Autorenintention jedenfalls wird sie sich schwerlich berufen können, die hat bei ihrer eigenen Allegorese nie eine Rolle gespielt).

Dem Leser ist es freilich freigestellt, nach der Rekonstruktion des (historischen) allegorischen Sinns solcher Lyrik sich zusätzlich seinen eigenen Sinn zu suchen. Henry Vaughans "The Retreat" beispielsweise basiert zwar auf der neoplatonischen Vorstellung der Präexistenz der menschlichen Seele: In der Kindheit werde diese Nähe zum Ursprung bei Gott noch verspürt, dieses intuitive Nachspüren der Geborgenheit in Gottes Liebe gehe allerdings im Laufe des Lebens verloren (noch bei William Wordsworth heißt es in der sog. "Immortality Ode": "Our birth is but a sleep and a forgetting") – wir entfernen uns von unserem Ursprung und von Gott:

Happy those early days, when I
Shined in my angel-infancy!
Before I understood this place
Appointed for my second race,
Or taught my soul to fancy aught
But a white celestial thought;
When yet I had not walked above
A mile or two from my first love,
And looking back, at that short space,
Could see a glimpse of his bright face;
When on some gilded cloud, or flower,
My gazing soul would dwell an hour,
And in those weaker glories spy
Some shadows of eternity;
Before I taught my tongue to wound
My conscience with a sinful sound,
Or had the black art to dispense
A several sin to every sense,
But felt through all this fleshly dress
Bright shoots of everlastingness.
   O how I long to travel back,
And tread again that ancient track,
That I might once more reach that plain
Where first I left my glorious train;
From whence th'enlightened spirit sees
That shady city of palm-trees.
But ah! my soul with too much stay
Is drunk, and staggers in the way.
Some men a forward motion love,
But I by backward steps would move,
And when this dust falls to the urn
In that state I came, return.

Dieses Gedicht ist eine allegorische Darstellung der Sehnsucht nach Rückkehr und Heimkehr im tiefsten Sinne des Wortes, und es basiert, wie gesagt, auf neoplatonischem Gedankengut. Aber ich wüßte nicht, wie man jemandem, der zufälligerweise kein Neoplatoniker oder Christ ist, verwehren wollte, sich auch von diesem Gedicht berührt und angesprochen zu fühlen. Ist ein abstrakter Gedanke einmal in Bilder gefaßt, kann er in der Regel auf mehr als eine Weise rückübersetzt werden (wenn sich auch gerade didaktisch-moralisierende Dichtung immer große Mühe gegeben hat, möglichst nur in *einem* Sinne, in dem des Verfassers nämlich, verstanden werden zu können – was nicht immer sichergestellt werden kann). Die *historische* Bedeutung eines lyrischen Textes zu kennen, scheint mir unerläßlich, die Bedeutung eines lyrischen Textes auf seinen historisch rekonstruierten einschränken zu wollen, dagegen unverantwortlich: Wir würden dann diese Dichtungen nur noch als historische Dokumente studieren, aber nicht als etwas rezipieren, das für uns heute noch *als Literatur* von Belang ist – als etwas, das weiterwirkt, uns *ästhetisch* anspricht, neue Bedeutungen annimmt, weil seine Rezipienten sich verändern. Wie sonst im Leben gilt: Es schadet wahrhaftig nicht, etwas zu wissen. Aber nur etwas zu *wissen* oder *nur* etwas wissen und reproduzieren zu wollen, kann auch Zeichen eines Mangels sein.

Ein allegorisches Spiel beinhaltet auch John Donnes "The Sun Rising", in dem der Liebende sich weigert, die aufgehende Sonne als Signal zum Aufbruch von der gemeinsamen Liebeslagerstatt zu begreifen: Den Liebenden schlägt keine Stunde, die Sonne soll sich nur um ihr eigenes Geschäft kümmern:

Busy old fool, unruly sun,
Why dost thou thus
Through windows and through curtains call on us?
Must to thy motions lovers' seasons run?
Saucy pedantic wretch, go chide
Late schoolboys and sour prentices,
Go tell court huntsmen that the king will ride;
Call country ants to harvest offices:
Love, all alike, no season knows, nor clime,
Nor hours, days, months, which are the rags of time.

Thy beams, so reverend and strong
Why shouldst thou think?
I could eclipse and cloud them with a wink,
But that I would not lose her sight so long:
If her eyes have not blinded thine,
Look, and tomorrow late tell me
Whether both th'Indias of spice and mine
Be where thou left'st them, or lie here with me.
Ask for those kings thou saw'st yesterday,
And thou shalt hear, all here in one bed lay.

She's all states, and all princes, I;
Nothing else is.
Princes do but play us; compared to this,
All honour's mimic; all wealth alchemy.
Thou, sun, art half as happy as we,
In that the world's contracted thus;
Thine age asks ease, and since thy duties be
To warm the world, that's done in warming us.
Shine here to us, and thou art everywhere:
This bed thy centre is, these walls, thy sphere.

Allegorisch wird das Gedicht dort, wo die Geliebte als kostbare koloniale Besitzung, der Liebende selbst als königlicher Herrscher, das Liebespaar synekdochisch für die ganze Welt, das Bett als Mittelpunkt des Universums und die Wände des Zimmers als äußere Sphäre dargestellt werden. Den Liebenden wird ihre (kleine) Welt zur ganzen (großen) Welt. Es gibt nichts anderes außer ihnen, und alles hat sich um sie zu drehen und nach ihnen zu richten. Ein kleines Schließen der Lider nur verursacht – nicht wahr? – eine Sonnenfinsternis ("I could eclipse and cloud them with a wink"): So ist die Macht der Liebe. In der Welt der Liebenden bildet sich die große ab, und dieses Abbild der großen Welt ist das Maß ihres zeitvergessenen Glücks.

Zum Entschlüsseln einer solchen 'innerweltlichen' Allegorie braucht man keine theologischen Kenntnisse (vielleicht nur das kulturgeschichtliche Wissen, daß Anfang des 17. Jahrhunderts die Vorstellung, die Sonne drehe sich um die Erde, die vorherrschende war.) Der Text selbst enthält alles zu seiner Entschlüsselung Nötige, zumal wenn er sich auf entsprechende Erfahrungen des Lesers / der Leserin stützen kann.

Diese allegorische Operation – eine eigene Erfahrung in einen Bildkomplex zu fassen, über den dann dem Rezipienten das Eigentliche vermittelt werden soll – liegt auch einem Gedicht Emily Dickinsons zugrunde:

Because I could not stop for Death—
He kindly stopped for me—
The Carriage held but just Ourselves—
And Immortality.

We slowly drove—He knew no haste
And I had put away
My labor and my leisure too,
For His Civility—

We passed the School, where Children strove
At Recess—in the Ring—
We passed the Fields of Gazing Grain—
We passed the Setting Sun—

Or rather—He passed Us—
The Dews drew quivering and chill—
For only Gossamer, my Gown—
My Tippet—only Tulle—

We paused before a House that seemed
A Swelling of the Ground—
The Roof was scarcely visible—
The Cornice—in the Ground—

Since then—'tis Centuries—and yet
Feels shorter than the Day

I first surmised the Horses' Heads
Were toward Eternity—

Eine mystische *near death experience* wird hier gestaltet als Rendezvous mit dem Tod, der als *gentleman caller* die Sprecherin mit seinem Gefährt abholt, sie durch den Ort und hinaus fährt und ihr einen Blick auf eine letzte Ruhestatt in der Erde gewährt. Seit dieser dem normalen Zeiterleben entrückten (" 'tis Centuries — and yet / Feels shorter than the Day") und rücksichtsvoll-behutsamen, gar nicht angsteinflößenden Begegnung hält sie es für denkbar, daß das Gespann des Todes in Richtung Ewigkeit fuhr – und Unsterblichkeit der dritte Passagier war. Der *tenor* des allegorischen Gedichtes ist also die Beruhigung eines Bewußtseins durch eine nur bildlich beschreibbare außergewöhnliche Erfahrung der Entrückung vom normalen Alltagsleben. Man tut wohl diesem Gedicht nicht Unrecht, wenn man konstatiert, daß das auch schon der Kern seiner Botschaft ist. Gemessen an der Regel, ein gutes Gedicht sei nicht zu paraphrasieren, muß das natürlich nachdenklich stimmen. Aber das ist eben die Funktionsweise dominant allegorischer Dichtung: Sie verläßt sich auf unser Vermögen, Bilder zu ent-konkretisieren, im Besonderen das Allgemeine ausmachen zu können.

Dieses Vermögen, Bilder zu ent-konkretisieren, im Besonderen das Allgemeine ausmachen zu können – Grundvoraussetzung für die Rückübersetzung jeder Allegorie – ist literarischen Lesern so inhärent, daß Dichtung auch mit ganz dezenten Allegorie-Signalen auskommen kann: Schon suchen wir die 'eigentliche' Bedeutung. In Frosts "Stopping by Woods on a Snowy Evening" (in Kapitel 3 vollständig abgedruckt) wird nirgends *ausdrücklich* gesagt, daß es sich um etwas anderes als die Beschreibung eines nächtlichen Innehaltens auf langer winterlicher Reise handelt – allein das Reimschema und die wortwörtliche Wiederholung von "And miles to go before I sleep" lassen uns vermuten, daß mit diesem Bild etwas anderes (mit-)gemeint sein könnte. Auch in Frosts "The Road Not Taken" (ebenfalls komplett in Kapitel 3) wird nirgends *ausdrücklich* gesagt, daß es sich um etwas anderes handele als die Beschreibung einer völlig banalen Entscheidungs-Situation, die damals pragmatisch gelöst wurde. Allenfalls das "all" in "And that has made all the difference" und der verdächtige Umstand, daß so eine Situation nach all der Zeit überhaupt noch der Thematisierung für würdig erachtet wird (warum überhaupt darauf zurückkommen, wenn es nichts bedeutet?), läßt uns aufmerken und die Möglichkeit in Betracht ziehen, daß diese bildlich entworfene Situation nur *vehicle* ist und die eigentliche Bedeutung über dieses Mittel transportiert wird. Warum sprechen wir so sensibel auf kaum merkliche Signale an? Und benötigen manchmal *gar keine* Signale, um Allegorese zu betreiben? Ich denke, das hat mit der (institutionell-pragmatischen) *Rahmung* dieser lyrischen Texte zu tun: Wir haben mitbekommen, daß man literarische Texte liest und versteht, indem man ihre Bilder, ihren Wortsinn als das Vordergründige begreift, als das Unwesentliche (aber Notwendige), eben als das Vehikel.

Und gerade deshalb ist es so traurig und eine Verkehrung der Verhältnisse, wenn einzelne Lehrer Schülern schlechte Noten dafür geben, daß sie "Stopping by Woods on a Snowy Evening" völlig zutreffend als Gedicht interpretieren, das eine besondere Station auf dem Lebensweg beschreibt ("The darkest evening of the year"), und "The Road Not Taken" als Allegorie auf die weitreichenden Folgen vermeintlich unwichtiger Entscheidungen im Leben, wobei man die damals verworfene Option nie mehr wahrnehmen kann, weil man nie wieder an diesen Knotenpunkt des Flußdiagramms des Lebens zurückkehrt. In groteskem Mißverständnis von 'spekulativer Überinterpretation' wird dann versucht, den Schülern auszutreiben, was ihnen zu vermitteln wäre, und ihnen weisgemacht, die Nacherzählung des Offensichtlichen – und nur dies – sei ihre Aufgabe und Krönung ihrer Kunst.

'Das steht da nicht!' ist in solchen Fällen der pädagogische Offenbarungseid. Natürlich steht das da nicht. Das ist der Witz bei Lyrik. Die Frage ist, ob das, was da steht, so zu *deuten* ist, und ob sich meine Deutung an dem, was da steht, bewährt. Der Verzicht auf Deutung und Wiederholung des Literalsinns sind keine vernünftige Reaktion auf die realen Gefahren der rein subjektiven Überinterpretation. (Nebenbei bemerkt zeigt sich die Unwilligkeit, Gedichte *als Gedichte* zu lesen, und die Tendenz, sie stattdessen lediglich zu paraphrasieren, am ehesten dort, wo 'realistische' Szenen ohne auffällige allegorische *markers* präsentiert werden, also bei Gedichten vom Frost-Typus; wenn aber der Tod im Gespann vorfährt, hält es auch ein Literal-Pädagoge und ein sich an den Text klammernder Schüler oder Student für möglich, daß das Emily Dickinson nicht unbedingt 'wirklich passiert' ist).

Die Gabe zu erkennen, daß etwas nicht nur einfach *ist*, nicht nur sich selbst bedeutet, sondern darüber hinaus auch noch etwas anderes, ist nicht allein eine *literarisch* relevante Fähigkeit – die Gabe, etwas als *signifikant*, als bedeutsam und vielsagend zu erkennen, ist auch unabdingbare Voraussetzung dafür, ein empathisches, d.h. einfühlendes Wesen zu sein, das sich in einen anderen hineinversetzen kann:

Stevie Smith

Not Waving but Drowning

Nobody heard him, the dead man,
But still he lay moaning:
I was much further out than you thought
And not waving but drowning.

Poor chap, he always loved larking
And now he's dead
It must have been too cold for him his heart gave way,
They said.

Oh, no no no, it was too cold always
(Still the dead one lay moaning)
I was much too far out all my life
And not waving but drowning.

Solange ein Gedicht – oder der Passus eines Gedichtes – von einem Algorithmus oder einer *master trope* regiert wird, können wir es allegorisch deuten. So baut z.B. die "Stricken Deer"-Passage aus dem dritten Buch von William Cowpers Langgedicht *The Task* auf dem Bild des waidwunden Damwildes auf, das sich von den andern absentiert hat, um in Ruhe im tiefen Wald zu verenden, wo es aber von einem, der auch Wundmale trägt, liebevoll gerettet wird:

> I was a stricken deer, that left the herd
> Long since; with many an arrow deep infixed
> My panting side was charged, when I withdrew
> To seek a tranquil death in distant shades.
> There was I found by one who had himself
> Been hurt by the archers. In his side he bore,
> And in his hands and feet, the cruel scars.
> With gentle force soliciting the darts,
> He drew them forth, and healed, and bade me live.
> Since then, with few associates, in remote
> And silent woods I wander, far from those
> My former partners of the peopled scene;
> With few associates, and not wishing more.
> Here much I ruminate, as much I may,
> With other views of men and manners now
> Than once, and others of a life to come.
> I see that all are wanderers, gone astray
> Each in his own delusions; they are lost
> In chase of fancied happiness, still wooed
> And never won. Dream after dream ensues;
> And still they dream that they shall still succeed.
> And still are disappointed. Rings the world
> With the vain stir. I sum up half mankind
> And add two-thirds of the remaining half,
> And find the total of their hopes and fears
> Dreams, empty dreams.

Die anschließende pessimistische Kulturkritik entwickelt sich nahtlos aus diesem Bild des verwundeten Einzelgängers, dem seine Distanz zur Herde nur einen um so klareren Blick schenkt.

Auch Sylvia Plaths Bekenntnisgedicht "Lady Lazarus" nutzt ein Grundbild – das der Frau, die mit 30 schon drei Selbstmordversuche hinter sich hat, aber immer wieder wundersamerweise wie Lazarus aufersteht – , um daraus eine (auto-)aggressive Anklage zu entwickeln:

> I have done it again.
> One year in every ten
> I manage it——
>
> [...]

I am only thirty.
And like the cat I have nine times to die.

This is Number Three.
What a trash
To annihilate each decade.

[...]

The first time it happened I was ten.
It was an accident.

The second time I meant
To last it out and not come back at all.
I rocked shut

As a seashell.
They had to call and call
And pick the worms off me like sticky pearls.

Dying
Is an art, like everything else.
I do it exceptionally well.

I do it so it feels like hell.
I do it so it feels real.
I guess you could say I've a call.

[...]

Daß Plath darüber auch noch die Bildlichkeit des Holocaust legt –

A sort of walking miracle, my skin
Bright as a Nazi lampshade

[...]

So, so, Herr Doktor.
So, Herr Enemy.

[...]

Ash, ash—
You poke and stir.
Flesh, bone, there is nothing there——

A cake of soap,
A wedding ring,
A gold filling.

Herr God, Herr Lucifer,
Beware
Beware.

[...]

mögen wir für geschmacklos und unangemessen halten, unverständlich im rein logischen Sinne ist es nicht.

Wenn auch die Metapher alleinstehend die frappierende Energie eines Paradoxons haben kann, so wird diese doch durch allegorische Rahmung systematisch gezähmt. Über Metaphern lassen sich z.B. wunderbar die Paradoxien der Liebe antithetisch formulieren – wie etwa in der folgenden Petrarca-Nachdichtung von Sir Thomas Wyatt – , aber es kann überhaupt kein Zweifel bestehen, wovon hier von Anfang bis Ende die Rede ist:

I find no peace, and all my war is done

I find no peace, and all my war is done;
I fear and hope, I burn and freeze like ice;
I fly above the wind, yet can I not arise;
And nought I have, and all the world I seize on.
That looseth nor locketh, holdeth me in prison,
And holdeth me not, yet can I scape no wise,
Nor letteth me live, nor die at my device,
And yet of death it giveth me occasion.
Without eyes I see, and without tongue I plain;
I desire to perish, and yet I ask health;
I love another, and thus I hate myself;
I feed me in sorrow, and laugh in all my pain.
Likewise displeaseth me both death and life,
And my delight is causer of this strife.

Gleiches gilt für die dritte und vierte Strophe von John Donnes "The Canonization", in denen das süße Vergehen in der Vereinigung und das Wiederauferstehen der Liebenden als Übertrumpfung des Phönix-Rätsels ausgegeben wird und diese Art von Märtyrer-Liebestod als Voraussetzung der verdienten Heiligsprechung:

Call us what you will, we're made such by love;
Call her one, me another fly,
We're tapers too, and at our own cost die,
And we in us find the eagle and the dove;
The phoenix riddle hath more wit
By us; we two, being one, are it;
So to one neutral thing both sexes fit.
We die and rise the same, and prove
Mysterious by this love.

We can die by it, if not live by love,
    And if unfit for tombs and hearse
Our legend be, it will be fit for verse;
And if no piece of chronicle we prove,
    We'll build in sonnets pretty rooms;
    As well as well-wrought urn becomes
The greatest ashes, as half-acre tombs;
    And by these hymns all shall approve
        Us canonized for love.

Solche allegorisch gebundene Metaphorik sprengt nicht den Code der Rahmung. Fehlt aber ein das Gedicht als Ganzes regierender Algorithmus, können die Metaphern ihre Bewegungsenergie frei entfalten, wie in Craig Raines "A Martian Sends a Postcard Home":

Caxtons are mechanical birds with many wings
and some are treasured for their markings—

they cause the eye to melt
or the body to shriek without pain.

I have never seen one fly, but
sometimes they perch on the hand.

Mist is when the sky is tired of flight
and rests its soft machine on ground:

then the world is dim and bookish
like engravings under tissue paper.

Rain is when the earth is television.
It has the property of making colours darker.

Model T is a room with the lock inside—
a key is turned to free the world

for movement, so quick there is a film
to watch for anything missed.

But time is tied to the wrist
or kept in a box, ticking with impatience.

In homes, a haunted apparatus sleeps,
that snores when you pick it up.

If the ghost cries, they carry it
to their lips and soothe it to sleep

with sounds. And yet, they wake it up
deliberately, by tickling with a finger.

Only the young are allowed to suffer
openly. Adults go to a punishment room

with water but nothing to eat.
They lock the door and suffer the noises

alone. No one is exempt
and everyone's pain has a different smell.

At night, when all the colours die,
they hide in pairs

and read about themselves—
in colour, with their eyelids shut.

Sicherlich ein Gedicht, an dem Viktor Šklovskij, der Formalist und Verfremdungstheoretiker, seine helle Freude gehabt hätte, wird hier doch in jeder Strophe ein Gegenstand oder Phänomen des täglichen Lebens wie von einem Marsmenschen gesehen beschrieben – eine Rätselstrecke, zu deren Entzifferung man wissen muß, daß Caxton der englische Gutenberg war und "markings" sowohl die Zeichnung des Gefieders eines Vogels als auch die Randanstreichungen in einem Buch bedeuten kann. Die verfremdete Beschreibung der Bewegung eines Autos (unter besonderer Berücksichtigung des Rückspiegels!), eines Telefons (mit Wählscheibe und britischem Amtston) oder der Toilettenpraxis der Erdlinge sind, denke ich, Höhepunkte eines metaphorischen Neu-Sehens der Welt.

Aber außer seiner Bilderflut hat man diesem Gedicht auch seine innere Widersprüchlichkeit vorgeworfen. Der Marsmensch kennt keine Bücher, aber Radierungen unter Vorsatzpapier sehr wohl? Fernsehen ist ihm ein Begriff, ein Automobil aber nicht? Träume sind ihm so fremd wie ein Telefon, aber auf der Erde landen konnte er schon? Das sei nicht stimmig, der Marsmensch nicht glaubhaft. Nun, wer glaubt auch schon an Marsmännchen? Dieses Gedicht hat eben – außer der systematischen Verfremdung des Alltags – keinen *master code*, der jedes einzelne Bilderrätsel auf gleiche Weise entschlüsselbar machte, weil es ihm einen Ort in einer analogen Struktur zuwiese, wie etwa in Raleighs "What Is Our Life?" Das macht diese Lektüre schwieriger – aber auch interessanter. Wir müssen immer neu ansetzen, können uns auf kein 'dann geht es wohl so weiter' verlassen.

Aber auch ohne Großrahmung können Metaphern immer noch relativ gezähmt gehalten werden, wenn man das möchte. Vergleichen wir zwei Nebel-Bilder. Das erste findet sich in Carl Sandburgs "The Fog", das hier in ganzer Länge zitiert wird:

The fog comes
on little cat feet.

It sits looking
over harbor and city
on silent haunches
and then moves on.

Etwa zur selben Zeit – um 1916 – schreibt T.S. Eliot in "The Love Song of J. Alfred Prufrock":

> The yellow fog that rubs its back upon the windowpanes,
> The yellow smoke that rubs its muzzle on the windowpanes
> Licked its tongue into the corners of the evening,
> Lingered upon the pools that stand in drains,
> Let fall upon its back the soot that falls from chimneys,
> Slipped by the terrace, made a sudden leap,
> And seeing that it was a soft October night,
> Curled once about the house, and fell asleep.

Es ist wohl offensichtlich, daß Sandburg seine Metapher auf einem einzigen *tertium comparationis* basieren läßt – 'lautlos, wie auf Katzenpfoten' – , daraus auch nicht mehr macht, während bei Eliot das Nebel-als-Katze-Bild kühn *entfaltet* wird (und auch das *tertium comparationis* signifikanterweise *nicht* genannt wird – bei Sandburg ein dichterischer *loss of nerve*!). Damit gesteht das Gedicht dem *vehicle* eine Eigendynamik zu, die uns am *tenor* nicht nur Bekanntes bildhaft wiedererkennen läßt ('wie auf Katzenpfoten!'), sondern ihm Eigenschaften, Verhaltensweisen usw. *unterstellt*, die gerade nicht aus 'normalem' Erleben des Nebels abgeleitet sind. Das ist schon eine andere Qualität als in Raines Marsmännchen-Gedicht, dessen bildhafte Umschreibungen die Alltagsgegenstände zwar verfremdet erscheinen lassen, aber nicht so, daß wir den Telefonapparat nicht wiedererkennen würden – im Gegenteil: Wir erkennen ihn sehr wohl wieder, *neu gesehen*.

Raines metaphorische Operation läßt sich restlos mit der Substitutionstheorie der Metapher erklären: X tritt an Stelle von Y, weil ihnen Z gemeinsam ist. Bei Eliot geht das nicht auf. Es gibt kein X, das ersetzt wird, weil der Nebel, wie ihn das Vehikel entwirft, nur in ihm, dem *vehicle*, ist und in keinem *tenor*. Diese Art von Metaphern ist nicht bedeutungs*ersetzend*, sondern bedeutungs*generierend*. Diese Art Metaphern drücken nicht etwas ein bißchen anders aus, sie produzieren einen Sinn, der vorher *nicht da war*.[74] Die Metapher ist, wie Ricœur verallge-

---

74 Vgl. dazu Max Black, *Models and Metaphors: Studies in Language and Philosophy*, Ithaca, NY: Cornell UP, 1962, 25-47; ders., "How Metaphors Work: A Reply to Donald Davidson", *On Metaphor*, ed. Sacks, 181-192; Paul Ricœur, *Die lebendige Metapher*, München: Fink, 1986. Vgl. generell Anselm Haverkamp (ed.), *Theorie der Metapher*, Darmstadt: WBG, 1983.

meinernd sagt, "eine momentane Sprachschöpfung, eine *semantische Innovation*".[75]

Der Streit darüber, ob eine Metapher nur das bedeute, was sie wörtlich bedeutet,[76] oder ob sie vielmehr einen Bedeutungsüberschuß produziere, kann hier nicht referiert und schon gar nicht entschieden werden. Mir scheint: Offenbar macht die Verwendung der Metapher einen Unterschied – Austauschbarkeit bedeutet eben nicht Gleichheit der Wirkung, und es ist selbstverständlich nicht egal, ob man 'Achilles' oder 'der Löwe' sagt. Aber andererseits gibt es – und deshalb wurden Sandburgs und Eliots Nebel nebeneinandergesetzt – sehr wohl Metaphern, die nur etwas *abrufen*, und andere, die etwas *hervorrufen*, und vielleicht sollte man nur dieser zweiten Art nachsagen, was wohl *potentiell* in jeder Metapher steckt: Über ihren semantischen und logischen Un-Sinn ('Metaphern lügen') affizieren sie unsere Wirklichkeitssicht und unsere kognitiven Raster und setzen, über die Texte, in denen sie erscheinen, etwas Neues in die Welt, das es so noch nicht gab. In diesem Sinne sind sie bedeutungsgenerierend und subversiv. Für *solche* Metaphern läßt sich nicht angeben, was der 'eigentliche' Ausdruck denn wäre, der (beispielsweise) durch Eliots 'uneigentliches' Katzenbild 'ersetzt' worden sein soll. Einfach "fog" kann es ja wohl nicht sein.

Die klassische Rhetorik hatte einen eigenen Begriff für falsche uneigentliche Wortwahl: *Katachrese* (griechisch *katachresis* = Mißbrauch), und sie kannte sie in zwei Formen: als notwendige Füllung einer semantischen Lücke oder als grotesk-lächerliche Bildermischung (*mixed metaphors*, à la 'das schlägt dem Faß die Krone ins Gesicht!'). In gewissem Sinne aber ist jede metaphorische Rede katachretisch, weil sie das, worauf sie abzielt, nur verfehlen *kann*, weil es außerhalb von ihr gar nicht existiert. Das ist ein genuin romantisches Problem, und es wird zu prüfen sein, ob ihm ein echtes Paradox zugrundeliegt oder nur *sloppy thinking* – und ohne diese Klärung wird sich auch nicht die absolute Metapher der Moderne und das Verhältnis symbolischer zu allegorischer Dichtung auf den Begriff bringen lassen.

Die vielleicht bedeutendste Revolution der Romantik liegt in ihrer Neudefinition des Verhältnisses von Sprache und Denken. In Alexander Popes *Essay on Criticism* findet sich noch die neoklassizistische Auffassung, der sprachliche Ausdruck kleide den Gedanken ein:

> True wit is nature to advantage dressed,
> What oft was thought, but ne'er so well expressed[.]
> [...]
> Expression is the dress of thought [...].
> (Part 2, 297/298, 318)

Die Romantiker aber lehnen diese Sicht ab. Sprache legt sich nicht wie ein Gewand um eine Idee, Sprache ist, so William Wordsworth, Inkarnation des Denkens, Ausdrücke sollten sein "not what the garb is to the body but what the body

---

75 Ricœur, *Metapher*, 165.

76 So noch Davidson, "Metaphors", in Sacks (ed.), *On Metaphor*.

is to the soul."[77] Das bedeutet aber auch, daß eine Idee nicht auf verschiedene Weisen ausgedrückt werden und dabei doch dieselbe bleiben kann. Sprache ist dem Denken nicht äußerlich, wir denken *in Sprache*. Und das wiederum bedeutet, daß der Dichter, der um neue Ausdrücke und Bilder ringt, der das Instrument der Sprache verfeinert und differenziert, im gleichen Zuge die Grenzen des Denkbaren, Vorstellbaren und Wahrnehmbaren verlegt: Der Bereich des Sag- und Denkbaren wird kontinuierlich erweitert, die Tiefe ausgelotet. Romantische Dichtung ist in diesem Sinne immer Grenz-Dichtung. Am Anfang, sagt P.B. Shelley in *A Defence of Poetry*, war alle Sprache Poesie. Gegen die bald einsetzende Automatisierung der Sprache und der Wahrnehmung muß der Dichter seine Gabe setzen, durch Sprache die Welt wieder neu erscheinen zu lassen:

> Their language [i.e. the poets' language, but basically every human being's] is vitally metaphorical; that is, it marks the before unapprehended relations of things, and perpetuates their apprehension, until the words which represent them, become through time signs for portions or classes of thoughts instead of pictures of integral thoughts; and then if no new poets should arise to create afresh the associations which have been thus disorganized, language will be dead to all the nobler purposes of human intercourse.[78]

Romantische Dichtungstheorie ist in großen Teilen eine Verfremdungs-Ästhetik:

> [Poetry] awakens and enlarges the mind itself by rendering it the receptacle of a thousand unapprehended combinations of thought. Poetry lifts the veil from the hidden beauty of the world, and makes familiar objects be as if they were not familiar; it reproduces all that it represents, and the impersonations clothed in its Elysian light stand thenceforward in the minds of those who have once contemplated them, as memorials of that gentle and exalted content which extends itself over all thoughts and actions with which it coexists.[79]

Diese Sicht der Poesie als eines Mediums der umfassenden menschlichen Regeneration und geistigen Evolution der Menschheit liegt auch Coleridges Kritik an Pope zugrunde. Pope, sagt Coleridge, denkt nicht eigentlich poetisch: "the matter and diction seemed to me characterized not so much by poetic thoughts as by thoughts *translated* into the language of poetry."[80] Was aber radikal und irreduzibel neu ist, kann nicht mit anderen Worten genauso gesagt werden. Die beste Dichtung ist nicht nur nicht paraphrasierbar – dieser Topos ist also ein ur-romantischer und geht mit dem Konzept des organischen Kunstwerks einher – , es kann

---

77 William Wordsworth, "Essays upon Epitaphs", *Selected Prose*, ed. John O. Hayden, Harmondsworth: Penguin, 1988, 322-371, 360.

78 Percy Bysshe Shelley, "A Defence of Poetry", *Shelley's Poetry and Prose: Authoritative Texts, Criticism*, eds. Donald H. Reiman, Sharon B. Powers, New York / London: Norton, 1977, 478-508, 482.

79 Shelley, "Defence", 487.

80 Samuel Taylor Coleridge, *Biographia Literaria* [*Collected Works* 7], 2 Bde. in 1, eds. James Engell, Walter Jackson Bate, Princeton, NJ: Princeton UP, 1984, 1: 19.

auch kein Jota an ihr geändert werden, ohne daß sich Wesentliches änderte: "[...] it would be scarcely more difficult to push a stone out of the pyramids with the bare hand, than to alter a word, or the position of a word, in Milton or Shakespeare [...] without making the author say something else, or something worse, than he does."[81] Poetische Texte bedeuten in ihrer Gesamtheit, ihrer Struktur; der Zusammenhang von Teil und Ganzem ist unauflöslich.

Dichtung gibt uns nicht nur neue Daten über die Welt, sie ändert vor allem unsere Sicht, unsere habituellen *Verarbeitungsprogramme*, und ist deshalb die Größe, die unser Wissen organisiert und unser Verhältnis zur Welt immer neu definiert. Wieder Shelley:

> Poetry is indeed something divine. It is at once the centre and the circumference of knowledge; it is that which comprehends all science, and that to which all science must be referred. It is at the same time the root and blossom of all other systems of thought: it is that from which all spring, and that which adorns all; and that which, if blighted, denies the fruit and the seed, and withholds from the barren world the nourishment and the succession of the scions of the tree of life.[82]

Wenn aber Denken in Sprache stattfindet und Sprache essentiell poetisch und bildlich ist, dann ist Dichtung *at its best* unübersetzbar. In William Blakes "London" (aus den *Songs of Experience*) sind die Bilder und Vergleiche der ersten beiden Strophen 'für sich genommen' noch entkodierbar (wenn auch genau *dieser* Effekt sich natürlich nur mit dem dreifachen "mark(s)", dem fünffachen "every" erzielen läßt):

> I wander thro' each charter'd street,
> Near where the charter'd Thames does flow.
> And mark in every face I meet
> Marks of weakness, marks of woe.
>
> In every cry of every Man,
> In every Infant's cry of fear,
> In every voice, in every ban,
> The mind-forg'd manacles I hear:

Aber die Bilder der dritten Strophe sind von einer geradezu expressionistischen Wucht, zumal da die in den ersten beiden Zeilen implizierte Fernwirkung des Schreis des Schornsteinfegers sich zum synästhetischen Seufzer des Soldaten steigert: Er ist *zu sehen*!

> How the Chimney-sweeper's cry
> Every black'ning Church appalls,
> And the hapless Soldier's sigh,
> Runs in blood down Palace walls.

---

81 Coleridge, *Biographia Literaria*, 1: 23.

82 Shelley, "Defence", 503.

Hier wurde wirklich, bei Blake nicht verwunderlich, in Bildern gedacht. Der Maler, Zeichner, Kupferstecher und Dichter verachtete Künstler, die als Aufgabe der Kunst das *Abbilden* des Sichtbaren sahen – seine Kunst war *Vision*.

Spätestens hier wird deutlich, daß die deutsche Metaphern-Begrifflichkeit 'Bildspender' und 'Bildempfänger' nicht nur unglücklich, sondern auch untauglich ist: Unglücklich war sie sowieso schon, weil 1. man den Bildteil einer Metapher nicht selbst als 'Bildspender' bezeichnen kann (spendet es sich etwa selbst?), sondern doch wohl allenfalls den Gegenstandsbereich, aus dem es stammt; 2. der *tenor* ja kein Bild empfängt, sondern – will man schon bei der Substitutionstheorie bleiben – durch das Bild bezeichnet wird; und 3. auf der Ebene der Ausdrücke kein Austausch im Sinne von *Kommunikation* stattfindet (mit Sender und Empfänger), sondern Austausch im Sinne von *Ersetzen*: Ein Empfänger ist gar nicht mehr da, der Spender hat sich selbst geschickt und an seine Stelle gesetzt... Dieses terminologisch schiefe Konstrukt versagt nun vollends, wenn, wie schon bei Eliots "fog", das poetische Bild originell, irreduzibel und unübersetzbar ist: Es tritt *nicht* an die Stelle des 'Eigentlichen'. Es ist kein (noch so origineller) *Ersatz*. "Es ist was es ist" (Erich Fried), etwas *Neues*, keine Abbildung von Welt, sondern eine kreative *Hinzufügung*.

Wenn aber Dichten Neu-denken in Sprache ist, dann ist es nicht verwunderlich, daß so viel romantische Dichtung Ringen um das rechte Wort, das rechte Bild ist, das gerade nicht das platte Klischee wiederholt, sondern in äußerster Konzentration *trifft*. Lord Byron im dritten Canto von *Childe Harold's Pilgrimage*:

> Could I embody and unbosom now
> That which is most within me—could I wreak
> My thoughts upon expression, and thus throw
> Soul, heart, mind, passions, feelings, strong or weak,
> All that I would have sought, and all I see,
> Bear, know, feel—and yet breathe—into *one* word,
> And that one word were lightning, I would speak;
> But as it is, I live and die unheard,
> With a most voiceless thought, sheathing it as a sword.

Shelleys "To a Sky-Lark" ist ein einziges sprachliches Umkreisen des sprachlich kaum Faßbaren. Schon die ersten sechs Strophen bieten eine Fülle von Similes und Metaphern:

> Hail to thee, blithe Spirit!
>   Bird thou never wert—
> That from Heaven, or near it,
>   Pourest thy full heart
> In profuse strains of unpremeditated art.
>
> Higher still and higher
>   From the earth thou springest
> Like a cloud of fire;

The blue deep thou wingest,
And singing still dost soar, and soaring ever singest.

In the golden lightning
Of the sunken Sun—
O'er which clouds are brightning,
Thou dost float and run;
Like an unbodied joy whose race is just begun.

The pale purple even
Melts around thy flight,
Like a star of Heaven
In the broad day-light
Thou art unseen,—but yet I hear thy shrill delight,

Keen as are the arrows
Of that silver sphere,
Whose intense lamp narrows
In the white dawn clear
Until we hardly see—we feel that it is there.

All the earth and air
With thy voice is loud,
As when Night is bare
From one lonely cloud
The moon rains out her beams—and Heaven is overflowed.

Aber die fast resignierende Frage (zu Beginn der siebten Strophe) "What thou art we know not; / What is most like thee?" löst noch eine ganze Kaskade von weiteren bildhaften Umschreibungen aus. Am Ende bleibt der Eindruck, daß trotz aller Anstrengung bestenfalls eine *Annäherung* geglückt ist.

Ist das aber nicht ein eklatanter Widerspruch innerhalb der romantischen Sprachphilosophie und Dichtungstheorie? Wenn wir *in Sprache* denken, wie kann dann jemals ein Ausdruck einem Gedanken *inadäquat* sein? Er müßte ihm doch *per definitionem* immer adäquat sein, immer seine "incarnation" (Wordsworth) sein? Nicht unbedingt. Glaubt man, wie die Romantiker, an den wesentlich figurativen Charakter von Sprache, dann ist es nicht nur möglich, sondern auch zwingend, mit Nietzsche 'Wahrheit' zu definieren als das, was allgemein für wahr gehalten wird *im selben Maße* wie die Menschen sich des Umschreibungscharakters von Sprache nicht mehr bewußt sind. Nietzsche beantwortet die Frage "Was ist Wahrheit?" an einer Stelle so:

> Ein bewegliches Heer von Metaphern, Metonymien, Anthropomorphismen, kurz eine Summe von menschlichen Relationen, die, poetisch und rhetorisch gesteigert, übertragen, geschmückt wurden, und die nach langem Gebrauch einem Volke fest, kanonisch und verbindlich dünken: die Wahrheiten sind Illusionen, von denen man vergessen hat, daß sie welche sind, Metaphern, die abgenutzt und sinn-

> lich kraftlos geworden sind, Münzen, die ihr Bild verloren haben und nun als Metall, nicht mehr als Münze in Betracht kommen.[83]

Es gibt nur Interpretation, weil alle Sprache 'uneigentlich' ist – was aber kein Makel oder Manko, sondern ihr Wesenselement ist. Worum es also Poesie und Philosophie gehen muß, ist, aus dem Bewußtsein der schleichenden Verflachung der Bilder eine Sprache zu schaffen, die das Bildhafte wieder hervorkehrt, aber so, daß es als *notwendig* 'uneigentlicher' Ausdruck einsehbar wird: Es geht nicht anders, es geht nicht besser, denn eine *eigentliche* Sprache hat es nie gegeben.[84] Wahre poetische Sprache setzt sich also nicht von anderen dadurch ab, daß sie etwas eleganter ausdrücken würde, was sich viele schon oft gedacht haben; wahre poetische Sprache paradiert vielmehr mit ihrer Originalität zugleich das Bewußtsein ihrer eigenen (notwendigen) Unzulänglichkeit. Das nennt man romantische Ironie: das dem Text eingeschriebene Bewußtsein seiner Uneigentlichkeit, weil das Eigentliche nie sagbar ist – sobald es in den Bereich des Sagbaren eingeholt werden soll, verwandelt es sich in Uneigentliches, ähnlich wie in dem Zen-Koan: "Das Wort, das sich sagen läßt, ist nicht das Wort." Es gibt selbstverständlich ein Außerhalb-der-Sprache: das Schweigen.

Ein Beispiel für diesen seit der Romantik ubiquitären Unsagbarkeitstopos mag genügen, John Keats' Sonett "On First Looking into Chapman's Homer":

> Much have I travelled in the realms of gold,
> And many goodly states and kingdoms seen;
> Round many western islands have I been
> Which bards in fealty to Apollo hold.
> Oft of one wide expanse had I been told
> That deep-browed Homer ruled as his demesne:
> Yet did I never breathe its pure serene
> Till I heard Chapman speak out loud and bold:
> Then felt I like some watcher of the skies
> When a new planet swims into his ken;
> Or like stout Cortez, when with eagle eyes
> He stared at the Pacific - and all his men
> Looked at each other with a wild surmise -
> Silent, upon a peak in Darien.

Durchdenkt man es recht, sagt das Gedicht: 'Die angemessene Reaktion auf die ungeheuerliche Entdeckung Homers in Chapmans Übersetzung wäre – wie – wie – wie – sie wäre: Schweigenmüssen, Sprachlosigkeit. Leider konnte ich das nur *sagen*. Sonst würde hier *nichts* stehen.' Das Gedicht ist ein einziger performativer

---

83 Friedrich Nietzsche, "Über Wahrheit und Lüge im außermoralischen Sinne", *Werke in vier Bänden*, ed. Gerhard Stanzel, Erlangen: Karl Müller, o.J., 4: 541-554, 546.

84 "All philosophy is condemned, to the extent that it is dependent upon figuration, to be literary and, as the depository of this very problem, all literature is to some extent philosophical." De Man, "Metaphor", in Sacks (ed.), *On Metaphor*, 28.

Widerspruch. Es ist ein unmögliches Gedicht. Es dürfte dieses Sonett 'eigentlich' gar nicht geben:

> Das Eigentliche [...] kann nur umschrieben, bedeutet werden. Ich kann *sagen*: "Silent, upon a peak in Darien." Ein Text kann aber nicht selbst sprachlos staunen. Er muß sein Schweigen durch Bilder überwinden. Diese Bilder sind allesamt Substituierungen. Daß eines das andere ablöst, aus ihm herauswächst, ist schon Zeichen des unabschließbaren Umkreisens des Eigentlichen. Der Text, das sind die Bahnen des Umkreisens; der Text ist das überwundene Schweigen.[85]

Ein Bewußtsein der uneigentlichen Drift der Bilder kann ein Gedicht aber auch dadurch andeuten, daß es sein Ausgangsbild verläßt und einen Gedankengang als sich teleskopartig auseinanderschiebende Bilderflucht inszeniert. Philosophisch-weltanschauliche Erörterungen des möglicherweise bedeutendsten Gedichtes von Matthew Arnold, "Dover Beach", haben vielleicht den Blick dafür verstellt, was sich hier *bildlich* ereignet:

> The sea is calm to-night.
> The tide is full, the moon lies fair
> Upon the straits; on the French coast the light
> Gleams and is gone; the cliffs of England stand,
> Glimmering and vast, out in the tranquil bay.
> Come to the window, sweet is the night-air!
> Only, from the long line of spray
> Where the sea meets the moon-blanched land,
> Listen! you hear the grating roar
> Of pebbles which the waves draw back, and fling,
> At their return, up the high strand,
> Begin, and cease, and then again begin,
> With tremulous cadence slow, and bring
> The eternal note of sadness in.
>
> Sophocles long ago
> Heard it on the Aegaean, and it brought
> Into his mind the turbid ebb and flow
> Of human misery; we
> Find also in the sound a thought,
> Hearing it by this distant northern sea.
> The Sea of Faith
> Was once, too, at the full, and round earth's shore
> Lay like the folds of a bright girdle furled.
> But now I only hear
> Its melancholy, long, withdrawing roar,
> Retreating, to the breath
> Of the night-wind, down the vast edges drear
> And naked shingles of the world.

85 Christoph Bode, *John Keats: Play On*, Heidelberg: Winter, 1996, 23/24.

Ah, love, let us be true
To one another! for the world, which seems
To lie before us like a land of dreams,
So various, so beautiful, so new,
Hath really neither joy, nor love, nor light,
Nor certitude, nor peace, nor help for pain;
And we are here as on a darkling plain
Swept with confused alarms of struggle and flight,
Where ignorant armies clash by night.

Man vergleiche die Schlußzeilen mit den ersten fünf Zeilen des Gedichtes, noch einmal:

The sea is calm to-night.
The tide is full, the moon lies fair
Upon the straits; on the French coast the light
Gleams and is gone; the cliffs of England stand,
Glimmering and vast, out in the tranquil bay.

Arnold entwirft eben keine *paysage moralisé*. Die Gedanken des lyrischen Ich verselbständigen sich bildhaft – die äußere Szenerie, darf man annehmen, ist am Ende so ruhig-friedlich wie anfangs, die folgenden Bilder sind Bilder einer inneren Befindlichkeit.

Die Uneigentlichkeit der Bildersprache kann aber auch durch einen auffallenden logischen Bruch unterstrichen werden. In Emily Dickinsons "Wild Nights! – Wild Nights!", einem greifbar erotischen Gedicht, wird zunächst das Unnatürliche der Enthaltsamkeit beschworen (ähnlich wie Gustav Gründgens in *Tanz auf dem Vulkan* sang: "Ein Schiff ist nicht nur für den Hafen da, / Es muß hinaus, hinaus auf hohe See!"):

Wild Nights—Wild Nights!
Were I with thee
Wild Nights should be
Our luxury!

Futile—the Winds—
To a Heart in port—
Done with the Compass—
Done with the Chart!

Rowing in Eden—
Ah, the Sea!
Might I but moor—Tonight—
In Thee!

Aber am Ende wird in kühnem Bilderbruch gerade das "In-Dir-Ankern" als höchstes Glück gepriesen. Wo ein Bild beides sein kann – das eine so gut wie sein Gegenteil – , wird vorgeführt, daß es doch 'nur' ein Bild ist.

Ist einmal die Erkenntnis durchgesickert, daß, um Schlegel zu zitieren, die Form der Dichtung die "Unmöglichkeit und die Notwendigkeit einer vollständigen Mitteilung" thematisiere,[86] ihre prinzipielle Unfähigkeit, das Eigentliche zu sagen, so ist der Weg frei für eine sprachliche Erkundung der Welt durch Staffelung von 'Ansichten'. In Wallace Stevens' modernistischem Gedicht "Thirteen Ways of Looking at a Blackbird" werden 13 verschiedene Bezugnahmen vorgestellt, und dreizehnmal wird die Amsel perspektivisch funktionalisiert, ihre Wahrheiten sind immer standpunktgebunden – jegliche 'Essenz' des Vogels entzieht sich der Rede:

I

Among twenty snowy mountains,
The only moving thing
Was the eye of the blackbird.

II

I was of three minds,
Like a tree
In which there are three blackbirds.

III

The blackbird whirled in the autumn winds.
It was a small part of the pantomime.

IV

A man and a woman
Are one.
A man and a woman and a blackbird
Are one.

V

I do not know which to prefer,
The beauty of inflections
Or the beauty of innuendoes,
The blackbird whistling
Or just after.

VI

Icicles filled the long window
With barbaric glass.
The shadow of the blackbird
Crossed it, to and fro.
The mood
Traced in the shadow
An indecipherable cause.

---

86 Zitiert nach Manfred Frank, *Einführung in die frühromantische Ästhetik: Vorlesungen*, Frankfurt / M.: Suhrkamp, 1989, 364.

VII

O thin men of Haddam,
Why do you imagine golden birds?
Do you not see how the blackbird
Walks around the feet
Of the women about you?

VIII

I know noble accents
And lucid, inescapable rhythms;
But I know, too,
That the blackbird is involved
In what I know.

IX

When the blackbird flew out of sight,
It marked the edge
Of one of many circles.

X

At the sight of blackbirds
Flying in a green light,
Even the bawds of euphony
Would cry out sharply.

XI

He rode over Connecticut
In a glass coach.
Once, a fear pierced him,
In that he mistook
The shadow of his equipage
For blackbirds.

XII

The river is moving.
The blackbird must be flying.

XIII

It was evening all afternoon.
It was snowing
And it was going to snow.
The blackbird sat
In the cedar-limbs.

Wenn aber die Bilder alles sind, was wir haben, kann jedes 'Ding' als Bild präsentiert werden und die literarische Rahmung wird eine Semiosis beim Rezipienten in Gang setzen, eine Deutungsaktivität, die den Bedeutungen des bedeutungsvoll Gebotenen nachspürt:

William Carlos Williams

The Red Wheelbarrow

so much depends
upon

a red wheel
barrow

glazed with rain
water

beside the white
chickens.

Nimmt man dieses Bild als Metapher, müßte man es eine absolute Metapher nennen, denn anders als bei Löwe Achilles ist über kein *tertium comparationis* auszumachen, auf welchen *tenor* dieses *vehicle* zielt.[87] Man hat etwas Besonderes an die Hand bekommen; *daß* es bedeutet, wird vom Kontext suggeriert, *was* es bedeutet, wäre erst noch auszumachen. Man sieht daran: Absolute Metaphern (terminologisch sowieso ein Selbstwiderspruch) sind eigentlich gar keine Metaphern, es handelt sich vielmehr um *Symbole*. Was sie eigentlich bedeuten, bekommen wir mit, "ohne es gewahr zu werden, oder erst spät." Manche Aufregung über die Unverständlichkeit absoluter Metaphern fiele vielleicht nicht gar so extrem aus, wenn man sich des Fehlers in der kategorialen Einordnung bewußt wäre – das Kind hat einfach einen falschen Namen – , denn bei Symbolen muß man gar nicht wie in einem Quiz mit der Lösung 'X bedeutet Y' rüberkommen. Symbole in der Form absoluter Metaphern halten den Bedeutungsfindungsprozeß wunderbar offen, sie entsprechen in der Wirkung derjenigen "Vorstellung der Einbildungskraft, die viel zu denken veranlaßt, ohne daß ihr doch irgendein bestimmter Gedanke, d.i. *Begriff*, adäquat sein kann, die folglich keine Sprache völlig erreicht und verständlich machen kann". Das ist übrigens Immanuel Kants Definition einer 'ästhetischen Idee' aus der *Kritik der Urteilskraft*.[88]

Und damit wird auch klar, weshalb das Verhältnis zwischen Symbol und Allegorie so gespannt ist. Die Allegorie als *systematisierte* Metapher zähmt ausgerechnet das paradoxe Potential der Metapher und bringt eine bildliche Organisation *auf den Begriff*. Sie entfernt damit die subversive Metapher von ihrem ra-

87 Zum Phänomen der absoluten Metapher immer noch unverzichtbar: Hugo Friedrich, *Die Struktur der modernen Lyrik*, Reinbek: Rowohlt, erw. Neuausgabe 1979, bes. 206-212. Vgl. auch Gerhard Neumann, "Die 'absolute' Metapher: Ein Abgrenzungsversuch am Beispiel Stéphane Mallarmés und Paul Celans", *Poetica* 3 (1970), 188-225.

88 Immanuel Kant, *Kritik der Urteilskraft*, ed. Gerhard Lehmann, Stuttgart: Reclam, 1963, 1981, 246.

dikalen Geschwister, dem Symbol, in Richtung des Unpoetischen. Die freie Metapher aber nähert sich dem Symbol an (die absolute *ist* Symbol), so wie das konventionalisierte Symbol eine gewisse Ähnlichkeit mit der Allegorie hat.

Die Freiheit des Symbols, das konkret ist, aber offenbar mehr bedeutet als es ist, wird herrlich veranschaulicht in Philip Larkins "High Windows":

When I see a couple of kids
And guess he's fucking her and she's
Taking pills or wearing a diaphragm,
I know this is paradise

Everyone old has dreamed of all their lives—
Bonds and gestures pushed to one side
Like an outdated combine harvester,
And everyone young going down the long slide

To happiness, endlessly. I wonder if
Anyone looked at me, forty years back,
And thought, *That'll be the life;*
No God any more, or sweating in the dark

About hell and that, or having to hide
What you think of the priest. He
And his lot will all go down the long slide
Like free bloody birds. And immediately

Rather than words comes the thought of high windows:
The sun-comprehending glass,
And beyond it, the deep blue air, that shows
Nothing, and is nowhere, and is endless.

Der Gedanke, die Vorstellung ("rather than words") hoher Fenster ist hier schon versprachlicht (wie anders könnten wir das Bild 'sehen', es sei denn Larkin wäre Maler gewesen?), aber nicht so, daß wir ihre Bedeutung fassen könnten, die uns doch durch den Titel des Gedichtes und die Endposition des Bildes suggeriert wird.

Es bleibt eine bildliche Beunruhigung und Bewegung, so als ob eine Kugel ins Rollen gebracht worden wäre, von der man noch nicht weiß, auf welche Zahl und Farbe sie fallen wird. Anders als bei anderen Glücksspielen setzt man bei Poesie nicht, bevor es heißt: "Les jeux sont faits!" Hier gewinnt jede Zahl, wenn sie kommt, und der Reiz besteht, wie beim anderen Spiel, auch solange sie noch nicht gekommen ist.

Dadurch, daß die Dichtung der Moderne so hochgradig symbolisch ist, ist aber die normale Metapher längst nicht obsolet geworden. Das wird vielleicht nirgends deutlicher als in Liebeslyrik, die ja stärker als andere Lyrik vor der Aufgabe steht, für etwas, das fast allen bekannt ist, aber jedem einmalig vorkommt, neue, nicht abgegriffene Bilder zu finden, die als ungewöhnlich, aber treffend empfunden werden. Aus Platzgründen kann ich hier nicht auf Christina Rossettis

Langgedicht "Goblin Market" eingehen, einen erotischen Leckerbissen, bei dem sich die Bilder hinter dem Rücken der viktorianischen Jungfer verselbständigt haben; auch nicht auf das Skandalgedicht "Nuptial Sleep" ihres Bruders Dante Gabriel Rossetti, der, im Gegensatz zu ihr, sehr wohl wußte, was er da komponierte: Die Öffentlichkeit war nicht reif für die metaphorische Darstellung körperlicher Liebe, noch nicht einmal, wenn sie beruhigend als *eheliche* identifiziert wurde.

Stattdessen ein Beispiel nur für die wechselseitige Macht der kühnen Metapher, die ihren *tenor* ganz nach ihrem Bilde entwirft und deren *vehicle* doch von ihr nicht minder verwandelt wird (dem entspricht beim Leser das, was Stählin schon 1914 eine "Bewußtseinslage der doppelten Bedeutung" nannte).[89] Die Beschreibung eines langen Liebesspiels, der wechselseitigen körperlichen Erkundung als gegenseitige Erschaffung der Liebenden (der Liebesakt als Schöpfungsakt) über eine Bildlichkeit des Metallischen, Mechanischen, eines *junk yard*-Ersatzteillagers – kann das überhaupt gutgehen, kann das überhaupt funktionieren? Sind die Bereiche nicht gar zu entfernt voneinander, ja geradezu entgegengesetzt? Ted Hughes' "Bride and Groom Lie Hidden for Three Days" liefert,[90] denke ich, den Beweis, daß "figurative speeches and allusions" nicht nur nicht gefährlich sind, wie Locke meinte, sondern unvermutete Bereichungen bieten können und eine Wahrheit enthalten, eine *poetische* Wahrheit, die der philosophischen Lockes in nichts nachsteht, sie vielleicht sogar übertrifft:

> She gives him his eyes, she found them
> Among some rubble, among some beetles
>
> He gives her her skin
> He just seemed to pull it down out of the air and lay it over her
> She weeps with fearfulness and astonishment
>
> She has found his hands for him, and fitted them freshly at the wrists
> They are amazed at themselves, they go feeling all over her
>
> He has assembled her spine, he cleaned each piece carefully
> And sets them in perfect order
> A superhuman puzzle but he is inspired
> She leans back twisting this way and that, using it and laughing, incredulous
>
> Now she has brought his feet, she is connecting them
> So that his whole body lights up
>
> And he has fashioned her new hips
> With all fittings complete and with newly wound coils, all shiningly oiled
> He is polishing every part, he himself can hardly believe it

---

89 Zitiert nach Kurz, Pelster, *Metapher*, 60.

90 Ted Hughes, *Selected Poems 1957-1981*, London / Boston: Faber & Faber, 1982, 1985, 140/141.

They keep taking each other to the sun, they find they can easily
To test each new thing at each new step

And now she smooths over him the plates of his skull
So that the joints are invisible
And now he connects her throat, her breasts and the pit of her stomach
With a single wire

She gives him his teeth, tying their roots to the centrepin of his body

He sets the little circlets on her fingertips

She stitches his body here and there with steely purple silk

He oils the delicate cogs of her mouth

She inlays with deep-cut scrolls the nape of his neck

He sinks into place the inside of her thighs

So, gasping with joy, with cries of wonderment
Like two gods of mud
Sprawling in the dirt, but with infinite care

They bring each other to perfection.

5 Ausgewählte Gedichtformen

In diesem Kapitel geht es um Gedichtformen, in denen die Strophenabfolge selbst wieder nach einer formalen Regel erfolgt (z.B. Villanelle, Pantun und Sestina) oder sozusagen eine bestimmte 'Strophen'form bereits das Gedicht bildet (z.B. Sonett, Limerick) oder bei denen wegen sonstiger formaler Konstanten von einer ausgeprägten Dichtungsgattung mit eigenen charakteristischen Zügen gesprochen werden kann (z.B. Ballade). In jedem Falle wird darauf abgestellt, welche Möglichkeiten und Herausforderungen sich aus den jeweiligen formalen Vorgaben ergeben (vieles knüpft daher an die Bemerkungen über Strophenformen in Kapitel 3 an), und das ist auch der Grund, weshalb Gedichtformen, die *nicht formal* definiert sind – wie z.B. Ode, Hymne oder Elegie – hier nicht weiter dargestellt werden: Im Unterschied zur Pindarischen oder Horazischen Ode ist die englische Ode nicht durch irgendwelche formalen Regelmäßigkeiten definiert, sondern über den feierlich-ernsten Ton, in dem ein Abstraktum, eine personifizierte Idee, ein Ding o.ä. angesprochen oder ein Thema behandelt wird (z.B. Wordsworth, "Ode to Duty", Shelley, "Ode to the West Wind", Keats, "Ode to a Nightingale", Wordsworth, "Ode: Intimations of Immortality from Recollections of Early Childhood"). Die Form der Ode kann im konkret-individuellen Fall durchaus recht streng sein, aber sie wird *ad hoc* gewählt, der Dichter ist nicht an bestimmte traditionelle Schemata gebunden, wenn er eine Ode schreibt: Es gibt nämlich im Englischen keine für diese Gedichtform.

Gleiches gilt für Hymne (*hymn*) und Elegie (*elegy*): Auch sie sind allein durch ihren Grundton, ihre Stimmung bestimmt, die im Falle der Hymne (ursprünglich Preis- oder Lobgesang auf einen Helden oder Gott) seit der frühen Neuzeit kaum von der der Ode zu unterscheiden ist (vgl. z.B. Shelley, "Hymn to Intellectual Beauty") und im Falle der Elegie (ursprünglich jedes Gedicht in Distichen, mit Ausnahme des Epigramms) neuzeitlich immer klagend-traurig, sehnsüchtig-reflektierend ausfällt (z.B. Milton, "Lycidas", Thomas Gray, "Elegy Written in a Country Churchyard"). Diese *nicht formal* definierten Gedichtformen tragen ihre Gattungsbezeichnung häufig im Titel.

Doch ganz gleich, ob die Gattung im Titel explizit genannt ist oder ob man sie, wie bei Sonett und Limerick, auf den ersten Blick erkennt, egal, ob sie sich bei der Lektüre erschließt oder aus der Sekundärliteratur bekannt oder aus der Anordnung in einer Anthologie ersichtlich ist: Die Identifikation der Gedichtform ist von ungemein wichtiger, häufig unterschätzter Bedeutung für die Analyse eines Gedichtes. Und nicht etwa in dem Sinne, daß man so etwas 'wissen muß' – und dann nichts daraus folgt; sondern in dem Sinne, wie etwa die Vor-Kenntnis der Tonart, in der eine musikalische Komposition gehalten ist, oder die Kenntnis der Art eines Musikstückes (Quartett oder Sinfonie? Lied oder Sonate? Walzer oder Jazz?) hilft, das Folgende richtig einzuordnen, und zwar in zweierlei Hinsicht: Einmal, weil sie uns eine gewisse Vorstellung gibt, was zu erwarten ist, dann aber auch, weil wir erst, wenn wir wissen, in welche 'Reihe' der Dichter seinen Gedichttext gestellt hat, darauf achten können, wie er sich *innerhalb der Konventionen* dieser Gedichtform bewegt, welche Freiheiten er sich nimmt, welche originellen Neuerungen er einführt, wie er sich auf Vorhergehendes bezieht, wie er die Vorgaben 'umspielt' – und wie das *wirkt*. Die Kenntnis der Konventionen einer Gattung ist also unerläßliche Voraussetzung für ein Erkennen der *Besonderheit* des konkreten Falls. Als Beispiel werden hier Ballade, Sonett, Villanelle und Limerick gewählt, weil sie sich stark voneinander unterscheiden und sich deshalb Unterschiedliches an ihnen zeigen läßt.

Die Ballade ist eine erzählende Gedichtform, die also, *to state the obvious*, nichts mit der Lyrik im eigentlichen, engeren Sinne zu tun hat. Sie hat ihre Wurzeln im ländlichen Raum, in einer von Mündlichkeit geprägten Kultur, und sie steht der Musik nahe, wird sie doch häufig und ursprünglich nicht gesprochen, sondern gesungen. Aus dieser Volksballade (*folk ballad*, *popular ballad*), die man seit dem Spätmittelalter kennt, entwickelte sich im England des 16., 17., und 18. Jahrhunderts (andauernd bis ins 19.) eine städtische Variante, die *street ballads* oder *broadsides*, so genannt weil der Balladentext auf einem Handblatt oder *broadsheet* in den Straßen und auf den Jahrmärkten käuflich erworben werden konnte, ohne Noten freilich (der Text wurde meistens einfach auf schon bekannte Melodien gesungen), dafür oft mit einer reißerischen Illustration versehen. Vom 18. Jahrhundert an werden dann von einzelnen, namentlich bekannten Autoren Kunstballaden (*literary ballads*) gedichtet, mit einem Höhepunkt in der Epoche der Romantik.

In formaler und thematischer Hinsicht sind die Konventionen der Ballade über die Jahrhunderte hinweg erstaunlich konstant geblieben. Die Balladenstrophe haben wir schon kennengelernt. Sie ist ein (in der Regel jambischer) Vierzeiler mit vier Hebungen in der ersten und dritten Zeile und drei Hebungen in der zweiten und vierten Zeile. Das Reimschema ist abcb (was die Vermutung nahelegt, es handele sich eigentlich um zwei auseinandergebrochene Siebenheber) oder abab oder Abwandlungen davon.

Eine der ältesten überlieferten englischen Balladen ist *The Ballad of Chevy Chase*, die wie viele *Border ballads* des 15. und 16. Jahrhunderts von den Auseinandersetzungen an der englisch-schottischen Grenze erzählt. Obwohl kontinuierlich bekannt, wurde sie mit vielen anderen Volksballaden erst im 18. Jahrhundert 'wiederentdeckt': Joseph Addison verglich sie mit den großen Heldenepen der Antike und pries ihre "majestick Simplicity"[91] in zwei *Spectator*-Essays (Nr. 70 und 74, 1711), und Bishop Percy nahm sie als Kopf-Stück in seine Sammlung *Reliques of Ancient English Poetry* auf. Wohl nicht zufällig – in Deutschland läuft die Entwicklung parallel, wenn auch zeitlich versetzt – sorgt sich die sich beschleunigt modernisierende, zunehmend industrialisierende Gesellschaft um die Bewahrung ihrer oralen und oral tradierten Kulturgüter (Lieder, Balladen und Märchen) – und erkennt zugleich in diesen archaischen Volksdichtungen, was schon unwiderbringlich verloren ist. *The Ballad of Chevy Chase* wird hier aber auch deshalb ausdrücklich erwähnt, weil durch deutsche Handbücher und Lyrik-Einführungen immer noch die sogenannte 'Chevy-Chase-Strophe'

---

91 *Selections from* The Tatler *and* The Spectator *of Steele and Addison*, ed. Angus Ross, Harmondsworth: Penguin, 1982, 356.

geistert, für die als Beispiel dann seltsamerweise *deutsche* Vierzeiler des Reimschemas abac [sic!] gegeben werden[92] – eine Irreführung, aber auch kein Zufall, denn die Strophen der *Chevy Chase*-Ballade hätten hier gar nicht dienen können, die reimen sich nämlich abcb oder abab, also ganz normal in *ballad stanza*-Form.

Addisons "majestick Simplicity" trifft den Nagel auf den Kopf: Balladen sind ganz stark handlungszentriert und stellen vor allem auf *action* ab. Das Ausmalen des Hintergrundes, die feine psychologische Motivierung der Figuren ist ihnen fremd. Balladen schüren und bieten Spannung und Dramatik – sprachliche Feinarbeit ist ihre Sache nicht. Der Text konzentriert sich ganz auf die erzählerische Hauptsache (so gibt es auch keine Nebenhandlung), und die wird straff und quasi entschlackt von allen Verzierungen auf den (oft melodramatischen) Effekt hin abzielend dargeboten.

Dieser Charakterisierung der *ballad* als einer schlanken, straffen Erzähldichtung mag es deshalb zu widersprechen scheinen, daß sie andererseits so auffallend viele Redundanzen aufweist: Wörter, Phrasen, ganze Zeilen werden wiederholt, der Parallelismus ist eine Hauptfigur der Ballade. Das hat alles mit den oralen Ursprüngen der Ballade zu tun: All diese Doppelungen dienen dem Gedächtnis des Vortragenden und dem Verständnis der Zuhörer, und wenn, wie es vorkommt, eine Ballade einen Refrain hat, kann man sich vorstellen, daß der Vortrag zu einem kommunalen Ereignis auch in dem Sinne wird, daß der 'Neutext' zwar vom einzelnen Vortragenden, der Kehrreim aber vom Publikum gesungen wird – in echtem Wechselgesang. In gewisser Weise könnte man also sagen, daß die performativ nahegelegten Redundanzen gerade die äußerste Konzentration des Stoffes, der reinen *story* erfordern. Redundanz und Holzschnittechnik greifen ineinander, sind zwei Seiten einer Medaille, und diesem technischen Schwarz-Weiß entspricht auch eine inhaltliche Eindeutigkeit – oder nicht?

Bevorzugte Themen der Volksballade sind tragische Liebe, Schicksalsschläge, das Übernatürliche und Schauerliche, Tod und kriegerische Auseinandersetzungen, die *street ballad* fügt dem politische und religiöse Satire, Verbrechen und Hinrichtungen hinzu. Und da beginnt das Ganze zu schillern, weil sich die Ballade – gerade in der Form der Verbrecher-Ballade (bis hin zu *Tom Dooley* und *The Ballad of Bonnie and Clyde*) – weitgehend einer Wertung des Berichteten enthält. Das mag psychologisch mit der Faszination des Bösen und Sensationellen zu tun haben – "The ballad keeps an audience awake. Its subject matter is tabloid: death, murder, suicide, disgrace, mystery. It is lurid, musical, communal. It leaps from event to event."[93] – , es hängt aber auch mit der Erzählsituation der Ballade zusammen. Wenn es einen Erzähler gibt, dann ist es ein unpersönlicher Erzähler, der ganz hinter die Handlung zurücktritt: *Sie* ist von Belang, nicht seine Relation *zu ihr*. Dieses Zurücktreten des Erzählers schlägt sich auch im relativ

---

92 Vgl. Hans-Dieter Gelfert, *Einführung in die Verslehre*, Stuttgart: Reclam, 1998, 90; Ivo Braak, *Poetik in Stichworten: Literaturwissenschaftliche Grundbegriffe – Eine Einführung*, Kiel: Hirt, 5. Aufl. 1974, 99.

93 Mark Strand, Eavan Boland (eds.), *The Making of a Poem: A Norton Anthology of Poetic Forms*, New York / London: Norton, 2000, 74/75.

häufigen Vorkommen reiner Dialog-Passagen in der Ballade nieder, sie dienen – im Wortsinn – der Dramatisierung. Es wird etwas *gezeigt*, nicht mehr erzählt. Häufig werden die Sprechenden auch gar nicht mehr vom Erzähler identifiziert – man muß sich erschließen, wer den Text spricht. Beide Techniken aber – der unpersönliche Erzähler, die Dramatisierung im Dialog – haben eines gemeinsam: Sie lassen keine explizite Wertung von einem dritten Standpunkt aus zu. Das führt noch nicht zu einer Verunklarung, wenn sich aus dem Dialog ein gemeinsamer Verstehens- und Wertungshorizont ergibt, wie etwa in der alten Ballade "Lord Randal", die ganz aus einem Dialog besteht:

"O where hae ye been, Lord Randal, my son?
O where hae ye been, my handsome young man?"
"I hae been to the wild wood; mother, make my bed soon,
For I'm weary wi hunting, and fain wald lie down."

"Where gat ye your dinner, Lord Randal, my son?
Where gat ye your dinner, my handsome young man?"
"I dined wi my true-love; mother, make my bed soon,
For I'm weary wi hunting, and fain wald lie down."

"What gat ye to your dinner, Lord Randal, my son?
What gat ye to your dinner, my handsome young man?"
"I gat eels boiled in broo; mother, make my bed soon,
For I'm weary wi hunting, and fain wald lie down."

"What became of your bloodhounds, Lord Randal, my son?
What became of your bloodhounds, my handsome young man?"
"O they swelled and they died; mother, make my bed soon,
For I'm weary wi hunting, and fain wald lie down."

"O I fear ye are poisoned, Lord Randal, my son!
O I fear ye are poisoned, my handsome young man!"
"O yes! I am poisoned; mother, make my bed soon,
For I'm sick at the heart, and I fain wald lie down."

Am Geschehen, das hier im Dialog entfaltet wird (übrigens von Bob Dylan kongenial in "A Hard Rain's Gonna Fall" ins 20. Jahrhundert übertragen), und an seiner Wertung besteht kein Zweifel: Mutter und Sohn sind sich einig ("O yes! I am poisoned") – ein Fall von Lebensmittelvergiftung.

Das ändert sich aber – faszinierenderweise unter Beibehaltung der meisten Genre-Parameter! – wenn man, wie in John Keats' Kunstballade (oder Parodie einer Kunstballade? die Kritiker sind uneins) "La Belle Dame Sans Merci", nur zwei kleine Punkte ändert:

I

O, what can ail thee, knight-at-arms,
Alone and palely loitering?
The sedge has withered from the lake,
And no birds sing.

II

O, what can ail thee, knight-at-arms,
So haggard and so woe-begone?
The squirrel's granary is full,
And the harvest's done.

III

I see a lily on thy brow
With anguish moist and fever-dew,
And on thy cheek a fading rose
Fast withereth too.

IV

I met a lady in the meads
Full beautiful, a fairy's child,
Her hair was long, her foot was light,
And her eyes were wild.

V

I made a garland for her head,
And bracelets too, and fragrant zone;
She looked at me as she did love,
And made sweet moan.

VI

I set her on my pacing steed,
And nothing else saw all day long,
For sidelong would she bend, and sing
A fairy's song.

VII

She found me roots of relish sweet,
And honey wild, and manna dew;
And sure in language strange she said,
'I love thee true'.

VIII

She took me to her elfin grot,
And there she wept, and sighed full sore,
And there I shut her wild wild eyes
With kisses four.

IX

And there she lullèd me asleep,
And there I dreamed - Ah! woe betide! -
The latest dream I ever dreamed
On the cold hill's side.

X

I saw pale kings, and princes too,
Pale warriors, death-pale were they all;
They cried - 'La belle dame sans merci
Hath thee in thrall!'

XI

I saw their starved lips in the gloam
With horrid warning gapèd wide,
And I woke, and found me here
On the cold hill's side.

XII

And this is why I sojourn here,
Alone and palely loitering,
Though the sedge is withered from the lake,
And no birds sing.

Die erste Änderung besteht darin, daß auf die dreistrophige Frage eine neunstrophige Antwort kommt, die nicht wieder vom Fragenden kommentiert, gewertet oder sonstwie aufgegriffen wird. Eine Frage, eine Antwort – und die Antwort steht dann im Raum. Und diese Antwort ist eigentlich gar keine Antwort auf die Frage 'Warum?' Der Ritter gibt als Antwort auf die Frage nach dem Warum seine Geschichte zum Besten – die erklärt aber nichts. War die "lady" eine böse Fee? Selbst in seiner Geschichte hat sie ihm nichts Böses getan. Schlecht ging es ihm erst nach seinem Traum. Hat er sein Glück durch seinen kleinmütigen Zweifel selbst zerstört? Die Kritik hallt bis auf den heutigen Tag wieder vom Echo solcher und ähnlicher und immer neuer Hypothesen. Die Kunstballade spielt auf den Saiten der Volksballade eine Weise, die viel tiefer beunruhigen kann als das Oberflächlich-Schauerliche. Man weiß: Es geht dem Ritter schlecht, das ist offensichtlich. Gefragt warum, kann er nur seine Geschichte erzählen, in der Hoffnung, daß sie irgendwie Sinn macht. Aber sie macht keinen Sinn, sie erklärt nichts und läßt, wir registrieren es betroffen, alle Fragen offen. Wenn das nicht schauerlich ist.

Der zweite kleine Kniff, den Keats anbringt, ist die Verknappung der vierten Zeilen. Wie soll man "And no birds sing" lesen? x / / / ? Das wird extrem langsam – würde passen. "And the harvest's done"? x x / x / ? Die Zeile ist auf zwei Hebungen verkürzt wie "And her eyes were wild", gelesen x x / x / . Das Muster ist klar: Keats schneidet entweder die letzte Zeile ab, verkürzt sie auf zwei statt drei Hebungen, wie auch das Leben des Ritters verkürzt wurde; oder er läßt die drei Hebungen stehen, nimmt aber Senkungen heraus und wird so extrem langsam und hinfällig ("And no birds sing."). Zwei kleine Ursachen – den Dialog auf eine Frage und eine Antwort reduziert, die letzten Zeilen gekappt – , eine große Wirkung. Die Konventionen der Ballade sind gewahrt und respektiert – und doch *von innen heraus* brillant so transzendiert, daß im Schoße der alten Gattung durchaus etwas Neues entstanden ist.

Im Jahre 1827 veröffentlicht William Wordsworth folgendes Sonett:

> Scorn not the Sonnet; Critic, you have frowned,
> Mindless of its just honours; with this key
> Shakspeare unlocked his heart; the melody
> Of this small lute gave ease to Petrarch's wound;
> A thousand times this pipe did Tasso sound;
> With it Camöens soothed an exile's grief;
> The Sonnet glittered a gay myrtle leaf
> Amid the cypress with which Dante crowned
> His visionary brow: a glow-worm lamp,
> It cheered mild Spenser, called from Faery-land
> To struggle through dark ways; and when a damp
> Fell round the path of Milton, in his hand
> The Thing became a trumpet; whence he blew
> Soul-animating strains—alas, too few![94]

Dieses Gedicht ist nicht nur aufschlußreich, weil es die wichtigsten Namen der europäischen Sonettgeschichte nennt und selbst eine Kreuzung aus der italienischen und englischen Sonettform darstellt, sondern auch weil es belegt, daß das Sonett trotz seiner ehrwürdigen Tradition in der Romantik (der dritten Hoch-Zeit des englischen Sonetts nach dem *Elizabethan Age* und den Sonetten Donnes, Herberts und Miltons im 17. Jahrhundert) beileibe keine unumstrittene Gattung war – und nicht nur in England und nicht nur bei Literaturkritikern: Von Goethe ist bekannt, daß er die künstlich-enge Form ablehnte – "Ich schneide sonst so gern aus ganzem Holze, / Und müßte nun doch auch mitunter leimen" – , ehe er in schöner Volte sich ergebend dichtete:

> In der Beschränkung zeigt sich erst der Meister,
> Und das Gesetz nur kann uns Freiheit geben.[95]

John Keats teilte diese ambivalente Haltung dem Sonett gegenüber. Einerseits schien ihm die Form eng wie eine Fessel, die gesprengt werden mußte, andererseits war die Gattung gerade deshalb für ihn eine Herausforderung *par excellence*: Könnte man nicht durch Umstrukturierung im Inneren oder gar die Entwicklung einer neuen Strophenform das Sonett aus sich heraus revolutionieren?

---

94 William Wordsworth, *Poetical Works*, ed. Ernest de Selincourt, Oxford: Oxford UP, 1936, 1969, 206.

95 Johann Wolfgang von Goethe, *Werke* (Hamburger Ausgabe), München: dtv, 1982, 1: 245.

> I have been endeavouring to discover a better sonnet stanza than we have. The legitimate [the Italian or Petrarchan] does not suit the language over-well from the pouncing rhymes – the other kind [the English or Shakespearean] appears too elegaic [sic] – and the couplet at the end of it has seldom a pleasing effect – I do not pretend to have succeeded – it will explain itself.[96]

Das Probestück liest sich dann so:

If by dull rhymes our English must be chain'd

If by dull rhymes our English must be chain'd,
And, like Andromeda, the sonnet sweet
Fetter'd, in spite of pained loveliness;
Let us find out, if we must be constrain'd,
Sandals more interwoven and complete
To fit the naked foot of Poesy;
Let us inspect the lyre, and weigh the stress
Of every chord, and see what may be gain'd
By ear industrious, and attention meet;
Misers of sound and syllable, no less
Than Midas of his coinage, let us be
Jealous of dead leaves in the bay wreath crown;
So, if we may not let the muse be free,
She will be bound with garlands of her own.[97]

Das Reimschema abcabdcabc dede sieht in der Tat sehr experimentell aus und vermeidet die 'legitime' wie 'die andere' Form so konsequent, daß in den ersten zehn Zeilen fast gar keine Ordnung auszumachen ist – ein organisches Sonett? Andernorts sollte Keats mit glücklicherem Ergebnis experimentieren.

Doch rekapitulieren wir zunächst einmal das Grundwissen: Das Sonett ist eine vierzehnzeilige Gedichtform, obwohl es auch Dichter gegeben hat, die dreizehn- oder sechzehnzeilige Gedichte geschrieben und diese als Sonette ausgegeben haben. Die Form entstand Anfang des 13. Jahrhunderts in Sizilien und fand dann vor allem über Petrarca und Dante Verbreitung über Italien hinaus. Im Italienischen sind die Zeilen Elfsilber (im Französischen Alexandriner, im Englischen meist jambische Pentameter), und das Reimschema lautet abba abba cde cde. Die ersten acht Zeilen bilden zwei Quartette (*quatrains*) oder eine Oktave (*octave*), die folgenden sechs zwei Terzette (*tercets*) oder ein Sextett (*sestet*). In diesem sogenannten Petrarca-Typ kann die Reimfolge im Sextett auch variiert werden, z.B. cdc dcd oder cdd ccd. Später und im französischen Ronsard-Typ sind mit einem fünften Reim auch ccd eed oder ccd ede oder cde edc oder cde dec möglich. Aber in jedem Falle wird ein *closing couplet* vermieden.

---

96 John Keats, *The Letters of John Keats, 1814-1821*, ed. Hyder Edward Rollins, 2 Bde., Cambridge, MA: Harvard UP, 1958, 2: 108.

97 John Keats, *Complete Poems*, ed. Jack Stillinger, Cambridge, MA / London: Harvard UP, 1978, 1982, 278.

Diese romanischen Formen haben eine recht deutliche Zweiteilung in Oktave und Sextett, und ihr entspricht häufig eine Zweiteilung des Gedankenganges. In den ersten acht Zeilen, in denen sich ja nicht nur zwei, sondern sogar drei *envelope quatrains* verbergen (ab**ba ab**ba), wird ein Gedanke entwickelt, der dann antithetisch umschlägt (*volta*) in der neunten Zeile, mit der das Sextett beginnt, das knapper, aber auch vielgestaltiger und weniger vorhersagbar ausfällt als die Oktave (immerhin drei Reime in sechs Zeilen gegenüber vier Reimen in acht Zeilen zuvor), so daß eine leichte, höchst reizvolle Asymmetrie zwischen beiden Teilen entsteht. Die inhaltliche Zweiteilung ist natürlich nicht zwingend, wird aber von 'Aufgesang' und 'Abgesang', wie es im Deutschen mitunter etwas antiquiert heißt, schon nahegelegt, und ein schneller, vergewissernder Blick, ob Zeile 9 mit einem 'Aber' oder 'Doch' beginnt, klärt, ob der Dichter auf dieses Angebot eingegangen ist oder nicht.

Wirklich interessant sind aber nun die Veränderungen, die das Sonett in England erfahren hat. Sir Thomas Wyatt importiert die Form und wandelt sie in vielen seiner Sonette gleich ab, indem er das Sextett cdc cdd reimt oder, sich einen Extra-Reim gönnend, cdd cee. (Seine Petrarca-Übertragung "I find no peace, and all my war is done", in Kapitel 4 schon abgedruckt, möge als Beispiel dienen). Der Eingriff scheint klein, hat aber Folgen: Das Sextett hat nun ein *closing couplet*, und das klingt nicht nur viel bestimmter, bündiger als der vergleichsweise offene italienische Schluß, dieses Reimpaar lädt auch dazu ein, am Schluß ein pointiertes Resümee zu ziehen, das ganze Sonett auf eine Pointe oder Sentenz hinauslaufen zu lassen: Das Sonett kulminiert im *couplet*.

Dieser Effekt wird noch verstärkt durch das Reimschema, das der Earl of Surrey kurz nach Wyatt einführt: abab cdcd efef gg. Das schafft die Zweiteilung in Oktave und Sextett ab, statt Petrarcas 8 + 6 haben wir jetzt das Grundmuster des *englischen* Sonetts, 4 + 4 + 4 + 2. Das ergibt einen ganz anderen Gedicht-Typ. Die Form legt keinen These-Antithese-Aufbau mehr nahe, sondern einen gleichmäßig sich entwickelnden Gedankengang, der im *couplet* seinen Schluß, seine Krönung findet.

Möchte man aber weiter antithetisch dichten, so müßte man die *volta* beim Beginn des dritten *quatrain* liegen lassen, was akzeptabel scheint, da hier ein neues Reimpaar einsetzt, andererseits aber auch nicht zwingend, da ja auch das zweite *quatrain* schon mit einem neuen Reim begann. Sir Philip Sidney macht das so im ersten (ungewöhnlicherweise in Hexametern komponierten) Sonett aus seinem Zyklus *Astrophil and Stella*:

Loving in truth, and fain in verse my love to show

Loving in truth, and fain in verse my love to show,
That the dear She might take some pleasure of my pain,
Pleasure might cause her read, reading might make her know,
Knowledge might pity win, and pity grace obtain,
I sought fit words to paint the blackest face of woe;
Studying inventions fine, her wits to entertain,
Oft turning others' leaves, to see if thence would flow
Some fresh and fruitful showers upon my sun-burned brain.

But words came halting forth, wanting Invention's stay;
Invention, Nature's child, fled step-dame Study's blows,
And others' feet still seemed but strangers in my way.
Thus, great with child to speak, and helpless in my throes,
Biting my truant pen, beating myself for spite,
'Fool!' said my muse to me, 'Look in thy heart and write!'

Man beachte, wie im ersten Quartett ein aus Liebe geborenes Kalkül entsteht, das im zweiten in die Tat umgesetzt werden soll. "But" in Zeile 9 signalisiert dann die *volta*, die letzte Zeile enthält die Maxime, daß man den Ausdruck echter eigener Gefühle nicht bei anderen abschreiben kann. Gerade dadurch imitiert dieses Sonett aber witzigerweise seine Vorläufer, die selbstverständlich auch alle in Sonettform die Einzigartigkeit *ihrer* Liebe beschworen.

Möchte man aber in der englischen Form den Umschlag nach hinten in die letzten beiden Zeilen verlegen, so geht das natürlich auch, dieser Umschlag müßte dann allerdings schon sehr originell sein, um nach 12 Zeilen 'einerseits' ein überzeugendes 'andererseits' in nur zwei Zeilen hervorzuzaubern. Michael Drayton macht es genial vor:

Since there's no help, come let us kiss and part

Since there's no help, come, let us kiss and part.
Nay, I have done: you get no more of me,
And I am glad, yea, glad with all my heart
That thus so cleanly I myself can free.
Shake hands for ever, cancel all our vows,
And when we meet at any time again,
Be it not seen in either of our brows
That we one jot of former love retain.
Now at the last gasp of Love's latest breath,
When, his pulse failing, Passion speechless lies,
When Faith is kneeling by his bed of death,
And Innocence is closing up his eyes.
Now if thou wouldst, when all have given him over,
From death to life thou might'st him yet recover.

Es gibt nicht viele Gedichte, deren Inhalt ich Zeitlosigkeit bescheinigen möchte. Aber dieses verdächtig breit angelegte 'In Ordnung, dann ist eben Schluß, und ich bin sogar froh darüber!', gefolgt von einem 'Aber falls Du doch wieder willst...' in allerletzter Minute – das hat schon was andauernd Aktuelles.

Die Auflösung des 8 : 6 -Schemas und die Betonung des Schlusses durch das *closing couplet* sind also die charakteristischen Züge der englischen Form des Sonetts. Hinzu kommt noch, daß man in dieser Form mehr Reime verwenden darf als in der Ausgangsform. In der strengen Petrarca-Form müssen ja vier Reime reichen, im englischen Typus darf man bis zu sieben Reime verwenden – was gar nicht alle Dichter ausschöpfen. Edmund Spenser beispielsweise hat eine eigene Sonett-Form entwickelt, die etwa zwischen der italienischen und der englischen Form steht. Sie reimt sich abab bcbc cdcd ee (entspricht also den ersten neun Zeilen seiner *Spenserian stanza*, vgl. Kapitel 3). Reimlich enger als die englische Form, verwischt diese Sonett-Strophe doch andererseits den für den italienischen Typ charakteristischen Kontrast zwischen Oktave und dem Folgenden, weil der c-Reim ja schon einmal aufgetaucht ist. Das Schluß-*couplet* wird etwas geschwächt, weil zuvor schon zwei 'versteckte' *couplets* erschienen waren (aba**b** **b**cb**c** **c**dcd **ee**); andererseits würde man erwarten, daß die Zeilen 13 und 14 das etablierte Muster fortsetzten und d wiederaufgriffen – daß sie es nicht tun, verstärkt wieder ihren Effekt:[98] eine interessant austarierte Kreuzung also.

Als Grund für die Besonderheit der englischen Sonettform ist mit Recht die relative Endreimarmut des Englischen, speziell im Vergleich mit dem Italienischen, genannt worden. Man erlaubt sich auf der Insel mehr als vier Reime, weil die Petrarca-Form im Englischen schwieriger zu realisieren ist. Aber es darf auch nicht vergessen werden, daß gerade deshalb viele englische Dichter die italienische Form (Keats: "the legitimate") als noble Herausforderung begriffen haben. Sehr viele englische Sonette sind in der *schwierigeren* italienischen Form geschrieben, und eine Untersuchung von knapp 6000 englischen Sonetten hat gezeigt, daß 60% Petrarcas abba abba in der Oktave vorziehen und nur 22% die großzügigere Möglichkeit des Kreuzreims mit doppelt so vielen Reimen nutzen (abab cdcd).[99]

Shakespeare allerdings ist der Meister der englischen Form, die deshalb auch, parallel zu Petrarca im Italienischen, der Shakespeare-Typus genannt wird. Von seinen Sonetten 18 und 130 war schon unter dem Aspekt ihrer Bildlichkeit die Rede. In struktureller Hinsicht unterscheiden sie sich darin, daß das erstere die klare *volta* in der neunten Zeile hat und eine enorm starke Doppel-Schlußzeile ("So long as men can breathe or eyes can see, / So long lives this, and this gives life to thee."), während 130 einen gleichmäßig entwickelten Gedankengang bietet, der zwar intern lauter Oppositionen aufbaut (petrarkistisches Ideal vs. reale Geliebte), aber keine dialektische Bewegung nachzeichnet: Der Schluß des Sonetts ("And yet, by heaven, I think my love as rare / As any she belied with false compare.") ist Endpunkt *eines* ungebrochen sich durchziehenden Gedankens.

Eines der faszinierendsten Beispiele für Shakespeares Sonettkunst findet sich gar nicht im 1609 veröffentlichten (aber früher entstandenen) Zyklus[100] seiner 154 *Sonnets*, sondern etwas versteckt in *Romeo and Juliet*. In der fünften Szene

98 Vgl. dazu sehr schön Alfred Corn, *The Poem's Heartbeat: A Manual of Prosody*, Brownsville, OR: Story Line, 1997, 94/95.

99 Vgl. *The New Princeton Encyclopedia of Poetry and Poetics*, eds. Alex Preminger, T.V.F. Brogan, Princeton, NJ: Princeton UP, 1993, 1168.

100 Während ein Sonettzyklus aus Sonetten besteht, die thematisch miteinander verbunden sind, sind die Sonette eines Sonett*kranzes* auch formal miteinander verknüpft. Ein Sonettkranz besteht aus 15 Sonetten. Die letzte Zeile des ersten Sonettes bildet die erste Zeile des zweiten, die letzte Zeile des zweiten die erste Zeile des dritten Sonetts usw.. Das 15. Sonett setzt sich dann aus den 14 Anfangsverszeilen zusammen.

des ersten Aktes begegnen sich Romeo und Juliet zum ersten Mal, und dies sind die allerersten Worte, die sie aneinander richten:

ROMEO
If I profane with my unworthiest hand
This holy shrine, the gentle sin is this.
My lips, two blushing pilgrims, ready stand
To smooth that rough touch with a tender kiss.

JULIET
Good pilgrim, you do wrong your hand too much,
Which mannerly devotion shows in this.
For saints have hands that pilgrims' hands do touch,
And palm to palm is holy palmers' kiss.

ROMEO
Have not saints lips, and holy palmers too?

JULIET
Ay, pilgrim, lips that they must use in prayer.

ROMEO
O, then, dear saint, let lips do what hands do!
They pray: grant thou, lest faith turn to despair.

JULIET
Saints do not move, though grant for prayers' sake.

ROMEO
Then move not while my prayer's effect I take.
He kisses her[101]

Hier wird mit einem Geniestreich die ganze petrarkistische Tradition beiseite gewischt. Im Petrarkismus spricht ein Mann, und nur der Mann, er *monologisiert.* Er himmelt die ferne, unerreichbare, ideale Geliebte an, die ihn in ihrer Tugendhaftigkeit gar nicht erhören *kann* – was ihn wiederum in verzehrende Verzweiflung stürzt und ihn zwanghaft petrarkistische Liebeslyrik verfassen läßt. Hier jedoch haben wir einen *Dialog*, einen *Dialog der Geschlechter*.[102] Juliets geistreich-witziger Verteidigung – sie vergibt ihm flirtend, damit er sich nicht 'wiedergutmachend' etwas herausnimmt – hat Romeo, trotz (oder gerade wegen?) seiner durchsichtigen Pilger-Heilige-Allegorie, nichts Überlegenes entgegenzusetzen. Würde sie ihn in Zeile 13 nicht geradezu *einladen*, sie zu küssen, wäre es bloß beim Berühren der Handflächen (auch das ja schon ein Fortschritt gegenüber Petrarca) geblieben: Diese Partner sind ebenbürtig und gleichberechtigt. Es sind, *horribile dictu*, Menschen mit Körpern, und daß sie beide so aus dem Stand

101 *The Norton Shakespeare*, ed. Stephen Greenblatt, New York / London: Norton, 1997, 888 [*Romeo and Juliet*, 1.5.90ff.].

102 Sonette in Dialogform hatte vor Shakespeare auch schon Cecco Angiolieri (1260-1312) geschrieben, der in Italien einen burlesk-realistischen Gegenpol zu Dantes *dolce stil nuovo* bildete.

sich abwechselnd ein Shakespeare-Sonett sprechen und sich das dritte *quatrain* (fast gleichgewichtig) und das *couplet* (ganz gerecht) teilen, das zeigt, daß sie füreinander bestimmt sind. "He kisses her" ist selbstverständlich nicht mehr Teil des Sonetts, aber konsequenter als so manches *closing couplet*.

Nach Shakespeare nennt Wordsworth in "Scorn not the Sonnet" nur noch Milton. Er sei auch hier erwähnt, weil er – obwohl seine nur 18 Sonette reimlich in strengster Petrarca-Form verfaßt sind! – mit diesen eine ungemein befreiende Wirkung hatte. So streng Milton sich nämlich an das äußere Schema hielt, so frei verfuhr er im Inneren: Keiner gebraucht *run-on lines* so oft, setzt Zäsuren und Pausen so häufig in der Zeilenmitte, platziert die *volta* auch mal weiter hinten, wenn es der Sinn erfordert, kurz: Keiner der englischen Sonettdichter baut eine solche Spannung zwischen Druckbild und Sprachbild auf wie er, keiner läßt Rahmen und Füllung stärker divergieren als er – bis zur literarischen Moderne. Miltons Sprachfluß setzt sich großzügig über die vorgegebene Form hinweg – und nur einer kommt ihm darin nahe: John Keats.

Wenn Wordsworth nach Milton keinen weiteren englischen *sonneteer* nennt, so nur aus Bescheidenheit, denn selbstverständlich sah er sich selbst als großen Dritten im Bunde – nicht ganz unbegründet, wenn ihm auch das *Romantic sonnet revival* zu Unrecht angerechnet wird. Dafür waren nachweislich in erster Linie Frauen verantwortlich: vor allem Charlotte Turner Smith (*Elegiac Sonnets*) und Mary Robinson (*Sappho and Phaon* – "In a Series of Legitimate Sonnets"). Aber Wordsworth – allein sein Sonett-Ausstoß ist imponierend – verstand es, dem englischen Sonett eine radikale Frische und Unmittelbarkeit und programmatische Subjektivität zu geben, die in den besten Augenblicken etwas Revolutionäres hatte, das selbst bei fast zu Tode behandelten Gedichten wie dem folgenden noch durchscheint:

Composed Upon Westminster Bridge,
September 3, 1802

Earth has not anything to show more fair:
Dull would he be of soul who could pass by
A sight so touching in its majesty:
This City now doth, like a garment, wear
The beauty of the morning; silent, bare,
Ships, towers, domes, theatres, and temples lie
Open unto the fields, and to the sky;
All bright and glittering in the smokeless air.
Never did sun more beautifully steep
In his first splendour, valley, rock, or hill;
Ne'er saw I, never felt, a calm so deep!
The river glideth at his own sweet will:
Dear God! the very houses seem asleep;
And all that mighty heart is lying still!

Man beachte das konkrete Datum, den konkreten Ort, das 'Ich', das Präsens des Textes! Hier geht es nicht um eine allgemeine Allerweltserfahrung, sondern um das Einfangen des besonderen, kostbaren Moments, so wie *dies hier jetzt sich mir* darstellt. Die Form ist die Petrarca-Form: So ein Augenblick duldet keine *closure* durch ein *couplet*.

Radikaler aber als Wordsworth springt P.B. Shelley mit der Form des Sonetts um, und er läßt sie sprechen. England befand sich 1819 in einer miserablen Verfassung. Die Auswirkungen der Industriellen Revolution – Kinderarbeit, Massenelend, Hunger – wurden immer deutlicher spürbar, die innenpolitische Repression nahm zu, im selben Maße wie die Bevölkerung sich Rechte erstreiten wollte. Am 16. August 1819 ließ die korrupte Regierung – auch in Europa Stütze der Reaktion – eine friedlich sich versammelnde Menge nahe Manchester niederreiten und niedersäbeln (*Peterloo Massacre*) – mindestens 11 Tote und Hunderte von Verletzten, darunter Frauen und Kinder, waren zu beklagen. Die wichtigsten Grundrechte wurden bald darauf eingeschränkt oder abgeschafft (*Six Acts*). Die Spitze dieser Gesellschaft bildeten der 1811 offiziell für wahnsinnig erklärte König George III und der seitdem als Prinzregent (daher *Regency Period*) fungierende *Prince of Wales*, der spätere George IV, bekannt für seine Exzesse und Libertinage.

Im italienischen Exil schreibt Shelley Ende des Jahres 1819 folgendes Sonnet:

England in 1819

An old, mad, blind, despised, and dying King;
Princes, the dregs of their dull race, who flow
Through public scorn,—mud from a muddy spring;
Rulers who neither see nor feel nor know,
But leechlike to their fainting country cling
Till they drop, blind in blood, without a blow.
A people starved and stabbed in th' untilled field;
An army, whom liberticide and prey
Makes as a two-edged sword to all who wield;
Golden and sanguine laws which tempt and slay;
Religion Christless, Godless—a book sealed;
A senate, Time's worst statute, unrepealed—
Are graves from which a glorious Phantom may
Burst, to illumine our tempestuous day.

Obwohl Bildlichkeit (man beachte das Blutegelbild in den Zeilen 5 und 6 oder das Bild des zweischneidigen Schwertes in Zeile 9) und Rhythmus (besonders die Zeilen 1, 3, 4, 11/12) sehr bemerkenswert sind, kommt es mir hier allein auf die Großstruktur an: Shelley reimt ababab cdcdccdd, d.h. er hat das Sextett, das doch eigentlich 'unten' hingehört, 'oben' hingesetzt und die Oktave, der der Platz 'oben' gehört, 'unten' hin – und das in einem Gedicht, in dem behauptet wird, daß in dieser Gesellschaft das Unterste nach oben gekehrt ist, daß der Abschaum, das königliche Gesindel und seine Lakaien, oben schwimmt, während das Volk geknechtet unten gehalten wird! Und damit ja kein Mißverständnis entsteht, behandelt Shelley in den ersten sechs Zeilen ausschließlich die "rulers", in den folgenden acht aber das Volk und die Institutionen, die es unten halten: Armee, Religion, Justiz. Aus den tiefsten Tiefen der Erniedrigung – dem *closing couplet* –

mag eines Tages das Phantom der Freiheit aufsteigen, und dann, kann man sich denken, wird alles und jeder an seinen rechtmäßigen Platz zurückkehren können. Shelley war ein extrem dialektisch denkender Kopf – er hätte seine Freude am *I Ging* gehabt.

Noch viel erstaunlicher ist, was Shelley mit der Sonettform in "Ozymandias" anstellt, auf das Inhaltliche möchte ich daher, in Verkehrung weitverbreiteter Praxis, nur insoweit eingehen, als es formal von Belang ist:

I met a traveller from an antique land,
Who said—"Two vast and trunkless legs of stone
Stand in the desart . . . . Near them, on the sand,
Half sunk a shattered visage lies, whose frown,
And wrinkled lip, and sneer of cold command,
Tell that its sculptor well those passions read
Which yet survive, stamped on these lifeless things,
The hand that mocked them, and the heart that fed;
And on the pedestal, these words appear:
My name is Ozymandias, King of Kings,
Look on my Works, ye Mighty, and despair!
Nothing beside remains. Round the decay
Of that colossal Wreck, boundless and bare
The lone and level sands stretch far away."

Dieses Sonett gibt nach dem Prinzip der russischen Puppe drei 'Reden' wieder: die des 'Ich', die des Reisenden und schließlich die Inschrift auf dem Sockel der zerbrochenen Statue des Pharao Ozymandias. Es ist klar, daß der Spruch dieser Inschrift im Laufe der Jahrtausende, jegliche Autorenintention hinter sich lassend, zu einer ironischen Warnung an alle Despoten mutiert ist: Was als Imponiergeste gegenüber anderen Mächtigen gedacht war, sagt nun – Trümmer im Wüstensand – : So wird es Euch allen ergehen. Eine Wahrheit, die Ozymandias nicht sah, nicht sehen wollte, und die sein Bildhauer besser verbarg – die Zeit brachte diese Wahrheit schon heraus.

Jetzt aber zur Form: Die ersten vier Zeilen kann man als abab-*quatrain* ansehen, wenn man "frown" als Halbreim auf "stone" durchgehen läßt. Beim zweiten Quartett könnte man "command" als Aufnahme von "land" und "sand" verstehen (also: a), dann hätte man acdc. "Things" ragt dann ziemlich heraus – aber das ist ja nicht ganz unangebracht in einem Sonett, das immerhin Statuenreste im Wüstensand beschreibt. Die besseren Dichter sind unverbesserliche *punster*. "Appear" ist ein e-Reim, "Kings" steht in Verbindung mit "lifeless things" (klar...), aber das dürfte ja 'eigentlich' nicht sein, denn dieser d-Reim verklammert Oktave und Sextett und beide Reime stehen in ihren Teilen isoliert, ohne Gegenstück.

Aber jetzt wird es wirklich ingeniös. Wenn man bei "Appear / Kings / despair / decay" unsicher ist, ob das edf oder ede zu lesen ist, kann man ja sicherheitshalber *vom Ende* des Sonetts *her* rekonstruieren, daß "despair / decay / bare / away" ein perfektes *quatrain* ist – "appear" stünde entweder ganz isoliert (in einem Gedicht über Schein und Erscheinen und das Auftauchen der wahren Botschaft) oder retrospektiv als extremer *slant rhyme* (edefef statt edfgfg). Die

Wahrheit des "appear" scheint sich erst im Rückblick, im Laufe der Zeit herauszustellen. Ein e-Reim wäre es zwar so oder so gewesen, aber so verweist es 'fragwürdig' auf ein "despair", das vor 3000 Jahren dies und nun jenes bedeutet.

Dieses Sonett sieht irgendwie willkürlich ruiniert aus: All die *slant rhymes*, eine inkomplette Oktave, ein inkomplettes Sextett, ungewöhnlich verklammert, wie um es vor dem Auseinanderbrechen zu bewahren. Als Basis aber hat es noch ein ganz solides Quartett, wie die "legs of stone" auf dem Sockel, die alleine noch stehen. Dieses Sonett äfft die wackelige Kolossal-Statue nach. Ob es haltbarer ist, sei dahingestellt. Aber das ist erst die halbe Geschichte – hier muß sie reichen.[103]

Doch die Form des Sonetts kann man auch sprechen lassen, ohne daß man sie so brillant manipuliert wie Shelley. Nehmen wir als (letztes) Beispiel ein Keats-Sonett von 1818:

When I Have Fears That I May Cease To Be

When I have fears that I may cease to be
  Before my pen has glean'd my teeming brain,
Before high piled books, in charactry,
  Hold like rich garners the full ripen'd grain;
When I behold, upon the night's starr'd face,
  Huge cloudy symbols of a high romance,
And think that I may never live to trace
  Their shadows, with the magic hand of chance;
And when I feel, fair creature of an hour,
  That I shall never look upon thee more,
Never have relish in the fairy power
  Of unreflecting love;—then on the shore
Of the wide world I stand alone, and think
Till love and fame to nothingness do sink.

Dieses Gedicht thematisiert nicht Todesangst, sondern Angst davor, nicht rechtzeitig fertig zu werden mit allem, was man noch vorhat, die Ernte nicht einfahren zu können. Das doppelt aufgenommene "when" der ersten Zeile (Zeilen 5 und 9) umkreist das Motiv der Verlustangst – Verlust des bereits Imaginierten; Verlust des Empfundenen, das aber noch nicht versprachlicht ist; Verlust des unwiederbringlich Erlebten – und läßt die Zeiteinheiten bedenklich schrumpfen: War der Sprecher zunächst um die Ernte seines Lebens besorgt, so folgt die Sorge um die sprachlich noch ungefaßte Empfindung einer Nacht, und nun geht es um eine Stunde, die zum erinnerten Augenblick geronnen ist. Zeit als Ablauf ist an ihren Grenzpunkt gekommen – wie in Bernstein gefangen, in ewiger Gegenwart: ein Augenblick – doch nie zurückzuholen! Da – aber vergangen. An diesem Höhe-

103 Wer sich für die andere Hälfte interessiert, möge Christoph Bode, " 'Look on my Works, ye Mighty, and despair!' Notes on the Non-teachability of Poetry" konsultieren, *Teachable Poems from Sting to Shelley (anglistik & englischunterricht* 53), ed. Manfred Pfister, Heidelberg: Winter, 1994, 139-152.

punkt des Schreckens vor der Vergänglichkeit und Unwiederbringlichkeit löst sich endlich die Spannung des dreifachen "when" und schlägt um in die entspannende Lösung des "then" (ganz unorthodox in Zeile 12!):

—then on the shore
Of the wide world I stand alone, and think
Till love and fame to nothingness do sink.

Auf sich selbst zurückgeworfen im Bewußtsein der eigenen Zeitlichkeit begreift das 'Ich' seine Bestimmung als Mensch, und in diesem Moment zerstieben individuelles Begehren und individuelle Ruhmsucht wie nichts.

Das ist das eine, was dieses Gedicht sagt. Aber seine Form sagt noch etwas anderes. Bis zu diesem Tage hatte Keats sich nämlich ausnahmslos an der Petrarca-Form des Sonetts geübt. "When I have fears that I may cease to be" ist sein erstes Sonett in Shakespeare-Form überhaupt, und darin steckt ein Anspruch, ein *challenge*, wie er anmaßender kaum sein könnte. Die Gelassenheit und Bescheidenheit des ausdrücklich Gesagten (*sub specie aeternitatis...*) wird ergänzt und konterkariert durch eine in der Form implizierte kecke Frechheit, die selbstironisch sagt: 'Wenn ich befürchten muß, am Ende nicht wie Shakespeare dazustehn...'. Keats wußte sehr genau, was er da augenzwinkernd machte (die Parallelen zu Shakespeares Sonett Nr. 64 sind zu offensichtlich): Es ist ja nur ein landläufiger Irrtum, Genies seien bescheiden.

Villanella, Pantun und Sestina sind Gedichtformen, die ganz andere Anforderungen an einen Dichter stellen, auch andere Möglichkeiten und Restriktionen bieten als das Sonett. Die Villanella (*villanelle*) besteht aus sechs Strophen, fünf davon à drei Zeilen, nur die letzte Strophe hat vier Zeilen, so daß das ganze Gedicht 19 Zeilen hat. Die Bauregel der Villanelle ist, daß die erste Zeile der ersten Strophe komplett zur letzten Zeile der zweiten und vierten Strophe wird, die letzte Zeile der ersten Strophe aber zur letzten Zeile der dritten und fünften Strophe. In der letzten Strophe – der einzigen vierzeiligen – fungieren diese beiden Refrain-Zeilen (erste und dritte der ersten Strophe) als Schlußzeilen, die erste als vorletzte, die dritte als letzte. Das Reimschema ist durchgehend aba, in der letzten Strophe dann abaa. Dieses 19zeilige Gedicht kommt also mit ganzen zwei Reimen aus.

Man glaubt es kaum, aber diese komplexe Gedichtform ist oral-ländlichen Ursprungs: Vor seiner Formalisierung in Frankreich war die Villanelle wohl ein italienisches Lied für den dörflichen Rundtanz. Was sich abstrahiert so hochkompliziert anhört, ist konkret einfach ein Text mit extrem hoher Redundanz: Acht der 19 Zeilen kommen mehrfach vor. Das läßt sich gut merken, wirft aber auch ein Problem auf: In einer *villanelle* läßt sich keine Geschichte erzählen. Da ja nicht nur Reime, sondern ganze Zeilen exakt wiederholt werden müssen, kreist die Villanella in sich und kommt nicht vom Fleck: "[...] the form refuses to tell a story. It circles around and around, refusing to go forward in anykind of linear development, and so suggesting at the deepest level, powerful recurrences of mood and emotion and memory."[104]

---

104 Strand, Boland, eds., *Making of a Poem*, 8.

Eine der großartigsten Villanellen ist Dylan Thomas' Gedicht auf das Sterben seines Vaters, "Do Not Go Gentle Into that Good Night":

Do not go gentle into that good night,
Old age should burn and rave at close of day;
Rage, rage against the dying of the light.

Though wise men at their end know dark is right,
Because their words had forked no lightning they
Do not go gentle into that good night.

Good men, the last wave by, crying how bright
Their frail deeds might have danced in a green bay,
Rage, rage against the dying of the light.

Wild men who caught and sang the sun in flight,
And learn, too late, they grieved it on its way,
Do not go gentle into that good night.

Grave men, near death, who see with blinding sight
Blind eyes could blaze like meteors and be gay,
Rage, rage against the dying of the light.

And you, my father, there on the sad height,
Curse, bless, me now with your fierce tears, I pray.
Do not go gentle into that good night.
Rage, rage against the dying of the light.

Dylan Thomas hat hier die engen Vorgaben genau erfüllt, aber doch auch genial variiert: Sowohl "do" als auch "rage" stehen zweimal als Imperativ, aber auch zweimal als 3. Person Singular ("wise men [...] do not go"; "grave men [...] rage, rage"). Durch diese *grammatische* Variation ist Thomas der Rigidität des Schemas entkommen – ohne es verletzt zu haben. Für einen originellen Dichter gibt es kaum Schöneres, für einen mitdenkenden Leser auch nicht.

Nicht über allen Villanellen steht 'Villanelle', und manche, über denen 'Villanelle' steht, scheinen gar keine zu sein:

Villanelle: The Psychological Hour

I had over-prepared the event,
                    that much was ominous.
With middle-ageing care
                    I had laid out just the right books.
I had almost turned down the pages.

Beauty is so rare a thing.
So few drink of my fountain.

So much barren regret,
So many hours wasted!
And now I watch, from the window,
                    the rain, the wandering busses.
"Their little cosmos is shaken"—
                    the air is alive with that fact.
In their parts of the city
                    they are played on by diverse forces.
How do I know?
                    Oh, I know well enough.
For them there is something afoot.
                    As for me;
I had over-prepared the event—

                Beauty is so rare a thing.
                So few drink of my fountain.

Two friends: a breath of the forest . . .
Friends? Are people less friends
    because one has just, at last, found them?
    Twice they promised to come.

                "Between the night and morning?"

Beauty would drink of my mind.
Youth would awhile forget
                my youth is gone from me.

                    II
("Speak up! You have danced so stiffly?
    Someone admired your works,
    And said so frankly.

    "Did you talk like a fool,
    The first night?
    The second evening?"

"*But* they promised again:
                'To-morrow at tea-time.'")

                    III
Now the third day is here—
                no word from either;
No word from her nor him,
Only another man's note:
                "Dear Pound, I am leaving England."

Es genügt ein Blick um zu sagen: Das ist doch keine Villanelle! Aber hat man begriffen, was eine Villanelle *ausmacht* – das In-sich-Kreisen, das Sich-im-Kreise-Drehen, das Nicht-vom Fleck kommen – , dann versteht man, daß dieses Grübeln eines Einsamen, eines Versetzten, eines nach Tagen noch Wartenden, selbstverständlich, *in a way*, den Titel 'Villanella' vollkommen zu Recht trägt. Man sollte da kein Formalist sein – Pound, der Verfasser, wußte doch durchaus, was eine Villanelle laut Handbuch ist.

Das Pantun (*pantoum*), eine aus dem Malaiischen stammende Gedichtform, und die Sestine (*sestina*), eine Troubadour-Erfindung von der Wende zum 13. Jahrhundert, seien hier nur beiläufig erwähnt, um zu illustrieren, welchen z.T. komplizierten Regeln man sich beim Dichten unterwerfen kann, und um eine Ahnung davon zu geben, welche Freude es bereiten kann, sie zu beherrschen.

Die Länge eines Pantuns ist nicht festgelegt, aber jede Strophe sollte vier Kreuzreimzeilen haben. Die zweite und vierte Zeile der ersten Strophe werden zur ersten und dritten der zweiten Strophe usw., so daß eine Art Kettengedicht entsteht. In der letzten Strophe aber müssen die allein noch nicht wiederholten Zeilen 1 und 3 der ersten Strophe als letzte bzw. vorletzte (also in umgekehrter Reihenfolge) eingesetzt werden. Anders als die Villanella kommt das *pantoum* wenigstens ein bißchen voran, aber auch nur nach dem Muster der Echternacher Springprozession. Moderne *pantoumisten* erlauben sich bisweilen entweder reimlose Zeilen (z.B. John Ashbery, "Pantoum") oder mogeln beim Strickmuster (z.B. Carolyn Kizer, "Parents' Pantoum") – beides eigentlich schade, denn die raupenhafte Bewegung des Pantun eignet sich vorzüglich zur Abbildung ebensolcher Bewußtseinsvorgänge. Ich zitiere den Anfang eines zehnstrophigen *pantoum* von Austin Dobson:

In Town

"The blue fly sung in the pane."
–*Tennyson.*

Toiling in Town now is "horrid,"
(There is that woman again!)
June in the zenith is torrid,
Thought gets dry in the brain.

There is that woman again:
"Strawberries! fourpence a pottle!"
Thought gets dry in the brain;
Ink gets dry in the bottle.

"Strawberries! fourpence a pottle!"
Oh for the green of a lane!
Ink gets dry in the bottle;
"Buzz" goes a fly in the pane!

Oh for the green of a lane,
Where one might lie and be lazy!
"Buzz" goes a fly in the pane;
Bluebottles drive me crazy!

Die Sestine ist eine so komplizierte Gedichtform, daß sie heute fast ausgestorben ist, obwohl Swinburne und Rossetti, Pound und Anthony Hecht[105] noch schöne Exemplare abgeliefert haben. Eine Sestine hat sechs Strophen à sechs Zeilen, gefolgt von einem Envoi à drei Zeilen, also *summa summarum* 39 Zeilen. In ihrer Anfangszeit war die Sestine ungereimt – und sie ist es in ihren späteren Formen auch wieder. Nur zwischenzeitlich mußte sie ein abc abc-Reimschema erfüllen. Regelmäßigkeit erlangt die Sestine dadurch, daß in ihr die sechs Endwörter der ersten Strophe systematisch permutiert werden und zwar so: Nummeriert man die ersten sechs Endwörter durch (1 bis 6), dann müssen in der zweiten Strophe diejenigen Endwörter Paare bilden, die vorher auseinanderstanden, und zwar wird von den Enden her gekuppelt: 6 und 1, 5 und 2, 4 und 3 (die standen schon beieinander, tauschen aber jetzt die Plätze). Die Anwendung der Regel ergibt für die dritte Strophe: 364125, für die vierte: 532614 usw. usf.. Im schon erwähnten dreizeiligen Envoi müssen die Endwörter schließlich paarig untergebracht werden: 1 und 2 in der ersten, 3 und 4 in der zweiten, 5 und 6 in der letzten Zeile.

Man versteht vielleicht, warum die Sestine, gereimt oder ungereimt, nicht recht überlebensfähig war, obwohl Strand und Boland, für mich nicht ganz nachvollziehbar, von einer neuerlichen Beliebtheit der Form bei zeitgenössischen Dichtern sprechen und dafür auch eine Erklärung parat haben:

> The sestina's popularity with contemporary poets has a great deal to do with how easily it accommodates itself to conversation or plain style discourse. Ordinary speech tends to repeat certain words, in fact, this is a salient feature of how people talk: Repetition becomes a form of affirmation, a way of establishing fixity. An example might be: "Did you really go to the store?" "Yes, I'm telling you I went to the store." Well, then, what kind of store was it?" "A furniture store, you dumb ass." "Are you calling me an ass?" "I am because you simply won't believe I went to the store."[106]

Ob diese Beobachtung wirklich die Sestine rettet?

Der Limerick schließlich bedarf keiner Vorstellung; hier sind zwei von Edward Lear:

There was an Old Person of Basing,
Whose presence of mind was amazing;
He purchased a steed,
Which he rode at full speed,
And escaped from the people of Basing.

105 Schöne Beispiele finden sich in Strand, Boland, eds., *Making of a Poem.*

106 Strand, Boland, eds., *Making of a Poem*, 24.

There was an Old Man of Whitehaven,
Who danced a quadrille with a Raven;
  But they said – "It's absurd,
  To encourage this bird!"
So they smashed that Old Man of Whitehaven.

Die formale Analyse sagt uns, daß es sich bei diesen Scherz- oder *nonsense*-Gedichten um Fünfzeiler handelt, mit vier Hebungen in den Zeilen 1, 2 und 5, doch nur zwei Hebungen in der dritten und vierten Zeile. Das Reimschema muß aabba sein und das letzte Wort der ersten Zeile möglichst ein Orts- oder Ländername.

Gelfert hat die Wirkung schön erklärt:

> Im Unterschied zur späteren Form enden Lears Limericks nicht mit einer Pointe, sondern mit einer Wiederholung des ersten Reimworts und oft sogar der ganzen ersten Zeile. Dadurch entsteht der typische Nonsens-Effekt, der die auf eine Pointe gespannte Erwartung des Lesers oder Hörers ins Leere laufen lässt.
> Die heute populäre Form des Limericks praktiziert das genaue Gegenteil. Sie füllt die Leere mit einer unerwarteten Pointe. Das Charakteristische daran besteht in der extremen Formalisierung, die zudem noch dadurch gesteigert wird, dass die Reimwörter oft in zwei oder drei Silben übereinstimmen. Die erste Zeile endet beim klassischen Limerick immer mit einem Ortsnamen, der möglichst kompliziert sein sollte, so dass das Finden von zwei dazu passenden Reimwörtern entsprechend schwer, die Spannung also besonders groß ist. Die letzte Zeile sollte dann in das unerwartete, kaum noch für möglich gehaltene Reimwort eine Pointe verpacken, die sich aus dem Vorangegangenen logisch überzeugend ergibt.[107]

Ob aber das anapästische Hüpfen des Limerick an sich schon die Unernsthaftigkeit des reimenden Briten oder generisch die Schlüpfrigkeit eines Bruder Leichtfuß verrät – oder ob diese Assoziation vielmehr erst durch das exzessive Hören von Limericks in unseren Bewußtseinen behavioristisch verankert wurde: dies ist eine der großen ungelösten Fragen der Prosodie, die, wie alle großen ungelösten Fragen, von jedem einfach je nach Weltanschauung beantwortet wird.

Jedenfalls illustriert der Limerick wunderbar, worum es jeder formal etablierten Gedichtform geht: eine Erwartung zu wecken und diese Erwartung dann möglichst überraschend zu erfüllen. Das ist eigentlich auch schon alles.

---

107 Gelfert, *Verslehre*, 137.

6 Textgestalt

Gedichte sind metrisch-rhythmische Gebilde, die über ihre Modulation von Betonungs-Mustern und Variation von Tempi unsere eigene rhythmische Grundverfassung – nämlich Herzschlag und Atmung – ansprechen und modifizieren. Gedichte sind auch klangliche Gebilde, in denen die Rekurrenz bestimmter Laute 'unwahrscheinliche' Muster bildet und sie wieder bricht, Muster, die unsere Aufmerksamkeit in diesen Texten auf diesen materialen, in Alltagskommunikation nicht so hervorgekehrten Aspekt von Sprache lenken. Erst das laute Lesen von Gedichten macht diese beiden sinnlichen Dimensionen des ästhetischen Gebildes Gedicht konkret und körperlich erfahrbar (Ästhetik ist ja eigentlich die Lehre von der Sinneserkenntnis). Der Vortrag und das Hören eines Gedichtes sollten also genauso selbstverständlich sein wie der Vortrag und das Hören eines Musikstückes, bei dem man sich ja auch nicht mit einem stummen Studium der Noten begnügt, sondern es spielen oder wenigstens hören möchte. Mehr als jede andere Sprachkunst setzt die Dichtung voraus – und erfordert es – , daß wir unseren Körper als Instrument und Resonanzboden einsetzen: Ohne solche Wiedergabe ist das Gedicht einfach noch nicht *realisiert*, es bleibt taubes, lebloses Material.

Seit Gedichte aber schriftlich fixiert werden, tritt zu diesen beiden sinnlichen Dimensionen noch eine dritte hinzu: die visuelle. Die graphische Anordnung der Schriftzeichen und die typographische Einrichtung des Textes sind zunächst einmal visuelle Notationen zur Erleichterung der oralen Realisation. Die berüchtigte 'unausgefüllte' Zeile signalisiert eine metrisch-lautliche Grundeinheit, ein Maß. Das Arrangement von Zeilen zu Strophen – kurzen oder langen Strophen, mit gleich langen oder unterschiedlich langen Zeilen, mit Musterbildung oder ohne – oder das Fehlen jeder strophischen Organisation gibt uns erste Anhaltspunkte bezüglich des Charakters eines Textes (ein Epos sieht anders aus als ein Limerick, ein Sonett anders als eine Ballade), und das Graphische leitet unsere Realisation. Wir *sehen* größere oder kleinere Einschnitte und Einheiten, ehe wir sie (uns oder anderen) *zu Gehör bringen*. Das Sichtbare steht hier also im Dienste des Hörbaren.

Aber das Sichtbare erfüllt nicht nur diese dienende Funktion, es kann auch eine eigene ästhetische Dynamik entwickeln. Zwei Beispiele wurden schon in anderen Zusammenhängen erwähnt: Der Augenreim ist ein rein visuelles Phänomen – zu hören ist er nicht, in rein oraler Dichtung unvorstellbar, ist er eine Erscheinung der Schriftkultur. Viel weiter verbreitet ist aber der ästhetische Reiz, der aus dem Spannungsverhältnis zwischen graphischer Einrichtung des Textes und einer durch andere Faktoren nahegelegten, davon abweichenden Realisation rührt, wenn etwa *run-on lines* uns dazu bringen, das Zeilenende zu übergehen, oder Zäsuren und Satzenden in der Zeilenmitte eine Pause erfordern, die das graphische Arrangement *nicht* nahelegt.

Gerade in diesen Fällen, in denen die dienende Funktion der graphischen Einrichtung *nicht* greift, sie also quasi freigestellt wird, nehmen wir sie verstärkt als *Form* wahr, als *Ordnung*, und gerade die Abweichung des rezitierten Textes von dieser Ordnung – *und doch im Rahmen dieser Ordnung* – macht uns das Gedicht als rhythmisch-lautlich-visuelles Gesamt-Kunstwerk bewußt. Es liegt aber auf der Hand, daß dieser besondere Reiz eines Gedichtes überhaupt nur dem erkennbar ist, der den Text *vor Augen hat*, sei es, daß er ihn selbst laut liest, sei es, daß er den Vortrag eines anderen anhand eines Textes mitverfolgt. Der ganz besondere Reiz der extremen Spannung zwischen Druckbild und Sprachbild, wie er etwa in den Sonetten Miltons und Keats' besteht, teilt sich selbstverständlich beim bloßen Hören gar nicht mit: Diese Texte sind offenbar als *Seh-Texte* konzipiert (was die Achtung vor Miltons späten Sonetten noch einmal steigert), während man über viele (wenn auch längst nicht alle) *free verse*-Gedichte sagen kann, daß sich bei ihnen die graphische Einrichtung im Zweck der Notation der *performance* erschöpft, die ja, mangels anderer fester Rahmenvorgaben, auch durchaus erwünscht ist: In solchen Fällen geht beim bloßen Hören aber kaum etwas verloren.

In diesem Kapitel nun soll es aber nicht um die visuell wahrnehmbare Gestalt von Gedichttexten in dem Sinne gehen, in dem jedes schriftlich fixierte Gedicht auch immer ein visuelles Phänomen ist. Vielmehr geht es hier ausschließlich um Beispiele solcher textlichen Einrichtungen, die selbst wieder auf der Leere des weißen Blattes ein Zeichen anderer Ordnung bilden und etwas bedeuten, nicht etwa *zusätzlich* zu der Bedeutung, die das Gedicht 'an sich' transportiert: Die graphische Anordnung ist ja, wie gleich exemplarisch gezeigt werden wird, integrierter, unablösbarer Bestandteil ebendieser Gesamtbedeutung.[108]

Auf vorantike, antike und mittelalterliche Formen visueller Poesie einzugehen erübrigt sich vielleicht, es genügt festzuhalten, daß das Spiel mit der visuellen Darbietungsform von Dichtung in unserem Kulturkreis eine mehr als dreitausendjährige Tradition hat.[109] Renaissance und Barock zeigten eine besondere Vorliebe für graphisch bedeutende Textarrangements, sei es, daß der Text geometrische Muster formte, sei es, daß er die Form, den Umriß von Gegenständen nachahmte. Im Figurengedicht (*pattern poetry* oder *shaped poetry*) bildet etwa ein Text über die Glückseligkeit die Form eines Füllhorns, viele andere mit Erlösungsthematik ein Kreuz. Hier zwei der bekanntesten Beispiele der englischen Lyrik, beide aus der Feder von George Herbert:

---

108 Gegenstand dieses Kapitels sind also ausdrücklich nicht Buchstabenspiele wie Anagramm (Umstellen der Buchstaben innerhalb eines Wortes oder einer Wortgruppe), Palindrome (Worte, Zeilen, Sätze oder Texte, die vor- wie rückwärtsgelesen denselben Sinn ergeben) oder Akrostichon (die Anfangsbuchstaben der Zeilen ergeben einen Sinn) – bei solchen kombinatorischen Spielen wird ja die Ebene des Buchstabens nicht verlassen. Vgl. Gerhard Grümmer, *Spielformen der Poesie*, Leipzig: VEB Bibliographisches Institut, 2. Aufl. 1988.

109 Vgl. Jeremy Adler, Ulrich Ernst, *Text als Figur: Visuelle Poesie von der Antike bis zur Moderne*, Weinheim: VCH, 1987; Klaus Peter Dencker, *Text-Bilder: Visuelle Poesie international – Von der Antike bis zur Gegenwart*, Köln: Dumont, 1972.

The Altar

A broken A L T A R, Lord, thy servant rears,
Made of a heart, and cemented with tears:
Whose parts are as thy hand did frame;
No workman's tool hath touched the same.
A H E A R T alone
Is such a stone,
As nothing but
Thy power doth cut.
Wherefore each part
Of my hard heart
Meets in this frame,
To praise thy Name:
That, if I chance to hold my peace,
These stones to praise thee may not cease.
Oh let thy blessed S A C R I F I C E be mine,
And sanctify this A L T A R to be thine.

Das Faszinierende an diesem Gedicht ist nicht etwa, daß der Text unter der Überschrift "The Altar" einen Altar bildet – das wäre banal. Tatsächlich thematisiert er eine sehr komplexe Zeichenrelation. Die Lautform der Zeichen unserer Sprache hat bekanntlich nichts mit ihrem Inhalt zu tun, und Gleiches gilt – anders als bei Hieroglyphen oder den chinesischen Schriftzeichen – analog für unser Schriftsystem: Die Koppelung von Zeichenform und -inhalt ist arbiträr und konventionell, man spricht semiotisch von sogenannten *symbolischen* Zeichen (im Sinne von Charles Sanders Peirce, nicht zu verwechseln mit dem in Kapitel 4 verwendeten *literarischen* Symbol-Begriff). Die mangelnde Motivation dieser Koppelung (die ja durch die ebenfalls arbiträre und bloß konventionelle Koppelung von Schriftzeichen und Lauten noch einmal verdoppelt wird) liegt allerdings bei den sogenannten *ikonischen* Zeichen nicht vor: Von ikonischen Zeichen spricht man, wenn die Zeichen in irgendeiner Hinsicht dem Bezeichneten ähneln oder entsprechen. Das Wort *altar* ist also ein symbolisches Zeichen, die Textgestalt des Gedichtes "The Altar" ist aber ein ikonisches Zeichen, bildet sie doch die Form eines Altartisches ab. Die graphische Einrichtung des Textes leistet damit etwas, was die einzelnen Sprachzeichen, da sie symbolisch sind, gar nicht leisten können: Sie zeigen, daß der Zusammenhang zwischen Form und Inhalt kein willkürlicher, sondern ein sinnvoller ist. Seit der Antike ist so immer wieder versucht worden, das Skandalon des fehlenden notwendigen, also des bloß kontingenten Bezuges zwischen Form und Inhalt der Sprachzeichen zu umgehen, den Hiatus zu überbrücken. Das ikonische Zeichen scheint 'näher dran' zu sein, weil an ihm noch ein Zusammenhang erkennbar ist.

Nur: Dieses Gedicht von Herbert benutzt ja nur die *Metapher* des Altars, um Gott das *Herz* darzubieten, d.h. die Textgestalt bildet nur die Form des Uneigentlichen, Sichtbaren ab, das Eigentliche, Unsichtbare auszudrücken bleibt den symbolischen Sprachzeichen vorbehalten, die sich damit, auf den zweiten Blick, als die höheren, weil geistigeren erweisen. Das sinnlich Wahrnehmbare ist nur ein

Gleichnis, das Verständnis muß sich darüber erheben. Offenbar will dieses Gedicht genau auf diesen Unterschied zwischen dem Sichtbaren und dem Gemeinten hinaus – Herbert hätte ja auch ohne weiteres die Wörter zu einem Herzen arrangieren können. Daß er es nicht tat, macht einen Unterschied.

"Easter Wings" ist ähnlich deutbar:

Lord, who createdst man in wealth and store,
Though foolishly he lost the same,
Decaying more and more
Till he became
Most poor:
With thee
O let me rise
As larks, harmoniously,
And sing this day thy victories:
Then shall the fall further the flight in me.

My tender age in sorrow did begin:
And still with sicknesses and shame
Thou didst so punish sin,
That I became
Most thin.
With thee
Let me combine,
And feel this day thy victory;
For, if I imp my wing on thine,
Affliction shall advance the flight in me.

Die Textgestalt bildet in der variierten Zeichenlänge erst das Schrumpfen, Klein-und-ängstlich-Werden des Sprechers und dann seine Befreiung, sein Wachsen, sein Sich-Erheben durch die österliche Erlösung zweimal mimetisch ab. Aber auch hier gilt, daß das dadurch erzeugte doppelte Flügelpaar[110] noch nicht einmal 'direkt' den historischen Sinn, geschweige denn die anderen drei allegorischen Bedeutungen der Auferstehung Christi indiziert: Die Auferstehung der Seele des Gläubigen im Bewußtsein seiner Erlösung ist hier durch symbolische Zeichen vermittelt; die ikonischen verweisen auf einen metaphorischen Zusammenhang, den die symbolischen aussprechen ("if I imp my wing on thine"), sie selbst aber nur vehikelhaft wiederholen können. Es spricht einiges dafür, daß das Bloßstellen der Insuffizienz des Ikonischen wesentlicher Teil der Bedeutung dieser Figurengedichte ist.

Das würde in gewisser Weise diese Art visueller Poesie mit einer anderen Dichtungsform verbinden, die nur selten unter diesem Aspekt bedacht wird und

---

110 Ein Vorläufer ist das Flügelgedicht des Simias von Rhodos (um 300 v. Chr.). Das Flügelpaar ist gemäß orphischer Tradition ein Symbol des Weltschöpfers. Die Flügelform findet sich aber auch etwa bei Jean Grisel, Ende des 16. Jahrhunderts. Vgl. Adler, Ernst, *Text*, 30, 47.

die doch auch ihre Wirkung ganz wesentlich aus der Relation von Textgestalt und sie umgebender leerer Fläche bezieht: Ich meine das romantische Fragment-Gedicht. In Kapitel 4 ist im Zusammenhang mit Symbol und Allegorie bereits alles Nötige zum romantischen Unsagbarkeitstopos skizziert worden. Eines der bedeutendsten Mittel, den Text als notwendigerweise unzulänglich auszuweisen, als etwas, das auf das Gemeinte nur hindeuten, es aber nie bedeuten oder ausdrücken kann, ist: den Text abbrechen zu lassen, ihn also schon durch seine äußere Gestalt signalisieren zu lassen: Dies hier ist ein *notwendig* (d.h. nicht wegen individueller Unzulänglichkeit) *gescheiterter* Versuch, das jenseits der Sprache Liegende in Sprache zu zwingen.

Im Zusammenhang mit Dantes so metaphysisch aufgeladener *terza rima*-Strophe war auch P.B. Shelleys trostloser *Triumph of Life* vorgestellt und die Frage aufgeworfen worden, wie in einem so dezidiert nicht-transzendenten Gedicht eigentlich die Sinnfrage ("Then, what is Life?") aufrecht und illusionslos beantwortet werden kann, ohne die *closure* einer verlorengegangenen Gewißheit. Nun, so:

"From every firmest limb and fairest face
The strength and freshness fell like dust, and left
The action and the shape without the grace

"Of life; the marble brow of youth was cleft
With care, and in the eyes where once hope shone
Desire like a lioness bereft

"Of its last cub, glared ere it died; each one
Of that great crowd sent forth incessantly
These shadows, numerous as the dead leaves blown

"In Autumn evening from a poplar tree—
Each, like himself and like each other were,
At first, but soon distorted, seemed to be

"Obscure clouds moulded by the casual air;
And of this stuff the car's creative ray
Wrought all the busy phantoms that were there

"As the sun shapes the clouds—thus, on the way
Mask after mask fell from the countenance
And form of all, and long before the day

"Was old, the joy which waked like Heaven's glance
The sleepers in the oblivious valley, died,
And some grew weary of the ghastly dance

"And fell, as I have fallen by the way side,
    Those soonest from whose forms most shadows past
And least of strength and beauty did abide."—

    "Then, what is Life?" I said . . . the cripple cast
His eye upon the car which now had rolled
    Onward, as if that look must be the last,

And answered. . . . "Happy those for whom the fold
    Of

Wenn die tiefste Wahrheit nicht aussagbar ist ("the deep truth is imageless", heißt es in Shelleys *Prometheus Unbound*), die aussagbare aber eine Serie von Annäherungen, Umschreibungen, Überschreitungen, Reformulierungen, kann es sich mit der Wahrheit des Lebens, seinem Sinn, nicht anders verhalten. Was bleibt, ist die Verheißung eines Glückes ("Happy those for whom the fold / Of [...]"), dessen Erfolgsbedingungen ungenannt bleiben, weil allein noch im Weiß der Seite und im Schweigen Raum für das Andere, Erhoffte, Ersehnte und Begehrte ist, das, wäre es formuliert, sogleich zur Lüge würde. Die tiefste Botschaft dieses grandiosen Textes liegt in seinem konsequenten Abbrechen. Das ließ sich nicht anders sagen, auch dies hier ist nur katachretische Paraphrase.[111] Die Leere des weißen Blattes und die Stille des Schweigens lassen den Raum, der die Offenheit menschlicher Sinnfindungsprozesse 'bedeutet' und ermöglicht. Die Textgestalt signalisiert auch, daß jede textliche Äußerung ein Brechen dieses Schweigens und dieser Stille ist.

So wie die weiße Leere nach dem Ende eines fragmentarischen Gedichtes etwas bedeuten kann, so kann auch der bloße Umstand, daß ein Text überhaupt eine bestimmte Gestalt hat, bedeutungsvoll und bedeutungsgenerierend sein. Nehmen wir dieses Gedicht von William Carlos Williams:

This Is Just to Say

I have eaten
the plums
that were in
the icebox

and which
you were probably
saving
for breakfast

---

111 Im selben Sinne lassen sich auch viele Fragmente Samuel Taylor Coleridges deuten, bei Keats vor allem die beiden Hyperion-Fragmente, *Hyperion* und *The Fall of Hyperion: A Dream*; vgl. Christoph Bode, *John Keats: Play On,* Heidelberg: Winter, 1996, 87-136.

Forgive me
they were delicious
so sweet
and so cold

Selbst wenn wir auf diesen Text nicht in einem Gedichtband von Williams, in einer Anthologie amerikanischer Lyrik oder in einer *Einführung in die Lyrik-Analyse* gestoßen wären, sondern ihn unerwartet als Notiz morgens auf dem Eßtisch oder Kühlschrank vorgefunden hätten, seine feine Einrichtung in drei Strophen à vier Zeilen hätte uns gleich vermuten lassen, daß es sich hier wohl nicht um eine der üblichen hastigen Mitteilungen des Lebens(abschnitts)partners oder Wohngemeinschaftsgenossen handelt.

Allein die Textgestalt – und damit greife ich einen Punkt konkret auf, der schon im ersten Kapitel in allgemeinerer Form gemacht wurde – signalisiert, daß hier ein Text 'with a difference' vorliegt. Und entsprechend beginnen wir, ihn zu lesen. Einem könnte dann auffallen, daß die Lakonie des Anfangs ("This Is Just To Say") in einem gewissen Spannungsverhältnis zur Genüßlichkeit des Endes ("they were delicious / so sweet / and so cold") steht, so wie auch der Verzehr in Opposition zur Aufbewahrung und die Entschuldigung zur mangelnden Reue: Hier bittet einer um Vergebung für sein Verhalten, ohne aber den Genuß zu verleugnen, den es ihm in diesem Augenblick des Nicht-Aufsparens bereitet hat. Um ein im folgenden Kapitel vorzustellendes Gedicht Tom Paulins verändert zu zitieren: "This poem about plums / is not a poem about plums." Es entwirft vielmehr auf kleinstem Raum ein Psychogramm und eine Situation. Fänden wir 'diesen' Text morgens vor und wären die Pflaumen tatsächlich verschwunden, kommentierte der Text diese Situation – er *schüfe* sie aber nicht wie dieser lyrische Text, der kein Pendant in der außersprachlichen Wirklichkeit hat. Ob seine Gestalt uns morgens hindern würde, auf seinen Verfasser ziemlich sauer zu sein, sei dahingestellt (immerhin hätte er doch wenigstens ein oder zwei übriglassen können). Denkbar wäre es. Dann hätte die Textgestalt selbst etwas bewirkt, was sie im ästhetisch-literarischen Kontext allemal tut: Sie hätte uns einen Abstand gewinnen lassen und in diesem Abstand den Blick eröffnet auf bisher Übersehenes, etwa die Liebenswürdigkeit des entwaffnend-ehrlichen Schlitzohrs, hinter dessen "probably" sich ja noch beides verbergen kann: extreme Rücksichtnahme und Einfühlung so gut wie unverfrorene Chuzpe.

Von anderer Art sind die *poempictures* von e.e. cummings. In ihnen setzt er mit Großschreibung, Zusammenschreibung, unüblicher Interpunktion, Eliminierung der Spatien nach Satzzeichen, Vergrößerung des Abstandes zwischen Wörtern bis hin zur graphischen Isolierung einzelner Wörter, Silben oder Buchstaben lauter visuelle Zeichen, zu denen sich nicht immer ein lautliches oder rhythmische Äquivalent denken läßt.

in Just-

in Just-
spring   when the world is mud-
luscious the little
lame balloonman

whistles   far   and wee

and eddieandbill come
running from marbles and
piracies and it's
spring

when the world is puddle-wonderful

the queer
old balloonman whistles
far   and   wee
and bettyandisbel come dancing

from hop-scotch and jump-rope and

it's
spring
and
      the

            goat-footed

balloonMan   whistles
far
and
wee

"eddieandbill" und "bettyandisbel" lassen sich in einem Zug lesen, sie treten ja auch als Paare auf, wie Samneric in *The Lord of the Flies*. Aber dem kapitalisierten "J" entspricht nicht ohne weiteres ein Lautwert. Man beachte aber, wie dreimal durch Streckung von "far and wee" eine offene Weite suggeriert wird, wie durch das das Zusammenziehen von "mud-luscious" (trotz Zeilensprung) und "puddle-wonderful" die kindlich-anarchische Lust am Matschen und Pfützenhüpfen heraufbeschworen wird, wie der 'es-ist-einfach-Frühling' noch aus dem lahmen Ballonverkäufer einen regelrechten Satyr macht ("goat-footed" ist das graphisch am stärksten hervorgehobene Wort), dessen Virilität nun besonders hervorsticht ("balloonMan").

cummings' Textspielereien, die zwar oft die Semantik, selten aber die Syntax strapazieren, zeigen gerne eine unverhohlene Sinnlichkeit, etwa wie in "O sweet spontaneous":

O sweet spontaneous
earth how often have
the
doting

        fingers of
prurient philosophers pinched
and
poked

thee
,has the naughty thumb
of science prodded
thy

    beauty   . how
often have religions taken
thee upon their scraggy knees
squeezing and
buffeting thee that thou mightest conceive
gods
      (but
true

to the incomparable
couch of death thy
rhythmic
lover

      thou answerest

them only with

                    spring)

Die grapschenden Finger der Philosophie sind tatsächlich eine Etage zu tief gelandet, aber auch der stoßende Daumen der Wissenschaft konnte offenbar der unversehrt und unberührt wie in einer Schutzglocke stehenden Schönheit der Erde nichts anhaben, wie auch die Belästigungen durch Religionen fruchtlos blieben: All diese menschlichen Annäherungen vergreifen sich – die passende Antwort, die die süß-spontane Erde im Verein mit ihrem "rhythmic lover", dem Tod, erteilt, ist nicht nur der von cummings so geliebte Frühling, sondern auch (per *pun*) das Quietschen der Matratzenfedern.

cummings' visuelle Durchbrechungen etablierter Codes eignen sich wunderbar, die Versatzstücke, das Phrasenhafte, die dumpfe Dummheit nationaler Sprüche, aber auch jeder Art von gedankenlosem Geschwätz, zu entlarven (siehe etwa "next to of course god america i" oder "my sweet old etcetera"). Sein programmatisches Aus-der-Reihe-Tanzen ist eine formale Entsprechung der Liebe zum Individualismus, der Abscheu vor der uniformen Masse, der Skepsis gegenüber einem Fortschritt, der das Tote auf Kosten des Lebendigen vermehrt:

pity this busy monster, manunkind

pity this busy monster, manunkind,

not. Progress is a comfortable disease:
your victim (death and life safely beyond)

plays with the bigness of his littleness
—electrons deify one razorblade
into a mountainrange;lenses extend

unwish through curving wherewhen till unwish
returns on its unself.
A world of made
is not a world of born—pity poor flesh

and trees,poor stars and stones, but never this
fine specimen of hypermagical

ultraomnipotence. We doctors know

a hopeless case if—listen:there's a hell
of a good universe next door;let's go

Kein Mitleid zu haben mit einer monströsen Spezies, die in unerhörter Selbstüberhebung diese Erde überwuchert wie ein Krebsgeschwür, mündet konsequent in den wohlmeinenden Rat des (Abstand zur Welt wahrenden, doch dem Gegenüber sehr nahestehenden ["if—listen"]) guten Arztes, auszusteigen, er kommt mit – und kein Punkt setzt dieser befreienden Flucht ein Ende.

In den 1950er Jahren entstand in Europa und Südamerika eine neue Art Dichtung, die anknüpfend an Experimente Mallarmés und Apollinaires, der Dadaisten und Futuristen,[112] vielen Menschen noch immer als Inbegriff visueller Dichtung schlechthin gilt: die konkrete Poesie (*concrete poetry*) – 'konkret' deshalb, weil in ihr das Augenmerk auf das konkrete, graphische (in Abwandlung aber auch: laut-

---

112 Vgl. Willard Bohn, *The Aesthetics of Visual Poetry 1914-1928*, Chicago / London: University of Chicago Press, 1986; Carole Anne Taylor, *A Poetics of Seeing: The Implications of Visual Form in Modern Poetry*, New York / London: Garland, 1985; Adler, Ernst, *Text*, 168-276.

liche) Material des gesetzten Textes gelenkt wird: "konkret dichten heißt [...] bewußt mit sprachlichem material dichten."[113] In der konkreten Poesie werden die Wörter ganz weitgehend, in vielen Fällen gänzlich, aus der Syntax gelöst, mitunter auch in ihre typographischen Bestandteile aufgelöst und nurmehr als frei einsetzbare, auch typographisch variable Elemente eines graphischen, bildhaften Arrangements verwendet, dessen Entschlüsselung nicht mehr notwendigerweise dem Lese-Schema 'von links nach rechts, von oben nach unten' folgt, sondern der *random*-Ordnung eines jeden visuellen Musters, das ja sehr wohl, wie man aus kognitionspsychologischen Versuchen weiß, vom Auge mit einer gewissen Vorhersagbarkeit abgetastet wird. In der visuellen Variante der konkreten Poesie wird die Form des graphischen Zeichens zur Grundeinheit der Textgestaltung, der Text selbst zur Graphik.

Während sich die konkrete Poesie auf dem europäischen Kontinent (Gomringer, Mon, Jandl, Heißenbüttel, Gappmayr u.a.) und in Brasilien (Pignatari, sowie Augusto und Haroldo de Campos) großer Beliebtheit erfreute und in den Sechzigern leicht eine Symbiose mit der *Pop art* eingehen konnte, finden sich in Großbritannien und den USA nur vereinzelt Beispiele geglückter visueller Poesie. Das mag damit zusammenhängen, daß in diesen beiden Ländern zu dieser Zeit jeweils Dichtungsformen beeindruckend hervortraten, die ganz dezidiert *performance*-Dichtung waren, also vor allem auf das Hörbare abstellten (die *beat poets* in Amerika, die *Liverpool poets* in Großbritannien). Verbindungen gibt es hier (man denke an Jandl, und gleich werden zwei britische genannt), aber es scheint, daß das Unterlaufen der traditionellen Gedichtformen in einer Kultur immer nur dominant von einer der beiden Seiten (der graphischen oder der akustischen) her, unter Vernachlässigung der anderen, geleistet werden kann (ob diese Faustregel durch die Kopräsenz von *rap* und virtuellen Netz-Texten außer Kraft gesetzt ist, bleibt abzuwarten).

Zu den wenigen Briten, die Beiträge zur *concrete poetry* geleistet haben, zählen die beiden Schotten Ian Hamilton Finlay und Edwin Morgan. Seit den frühen 60ern hat Finlay als Künstler und Dichter das Verhältnis von Wort und Bild immer neu ausgetestet und ist dabei zunehmend auch in den Bereich der Landschaftskunst vorgedrungen (was ihn hier schwer diskutierbar macht...). Morgan dagegen blieb der Sprachkunst verpflichtet, hier eines seiner konkreten Gedichte:

113 Eugen Gomringer zitiert nach Harald Weinrich, "Linguistische Bemerkungen zur modernen Lyrik", *Akzente* 15 (1968), 29-47, 42. Vgl. zur konkreten Poesie Siegfried J. Schmidt (ed.), *Konkrete Dichtung Konkrete Kunst '68*, Karlsruhe: Eigenverlag, 1968; ders. (ed)., *Konkrete Dichtung: Texte und Theorien*, München: Bayerischer Schulbuchverlag, 1972; Thomas Kopfermann (ed.), *Theoretische Positionen zur konkreten Poesie*, Tübingen: Niemeyer, 1974; Harald Hartung, *Experimentelle Literatur und Konkrete Poesie*, Göttingen: Vandenhoeck & Ruprecht, 1975.

Pomander[114]

pomander
open pomander
open poem and her
open poem and him
open poem and hymn
hymn and hymen leander
high man pen meander
o pen poem me and her
pen me poem me and him
om mane padme hum
pad me home panda hand
open up o holy panhandler
ample panda pen or bamboo pond
ponder a bonny poem pomander opener
open banned peon penman hum and banter
open hymn and pompom band and panda hamper
o i am a pen open man or happener
i am open manner happener
happy are we open
poem and a pom
poem and a panda
poem and aplomb

Einerseits bildet die Textgestalt die Form eines Riechapfels komplett mit Manschette und Griff ab – der Text 'ist' also, was die Überschrift verspricht: ein Riechapfel. Andererseits 'enthält' dieser Text alles andere, was sich lautlich aus "pomander" alles machen läßt: Der Text entfaltet also ein lautliches Duft-Aroma, an dem alles von Bedeutung ist: die Laute, der Rhythmus, die Form – alles, außer der Semantik. "Pomander" ist nur noch *Material* – lautliches, graphisches, *konkret*. Seine Bedeutung ist, daß man es sehen und hören kann, so wie die Bedeutung eines "pomander" ist, daß man ihn riecht. "A poem should not mean but be", heißt es einmal bei Archibald MacLeish, und dieses Gedicht *ist* sicher. So wie, laut Ronald Sukenick, die Bedeutung des Bossa Nova ist, daß man ihn tanzt.

Das Graphische tritt etwas zurück in einem anderen Morgan-Gedicht, einer Variation auf 14 Wörter eines Satzes des amerikanischen Komponisten und Zen-Philosophen John Cage:

114 Edward Lucie-Smith (ed.), *British Poetry Since 1945*, Harmondsworth: Penguin, 1985, 309.

Opening the Cage[115]

14 variations on 14 words

I have nothing to say and I am saying it and that is poetry.
JOHN CAGE

I have to say poetry and is that nothing and am I saying it
I am and I have poetry to say and is that nothing saying it
I am nothing and I have poetry to say and that is saying it
I that am saying poetry have nothing and it is I and to say
And I say that I am to have poetry and saying it is nothing
I am poetry and nothing and saying it is to say that I have
To have nothing is poetry and I am saying that and I say it
Poetry is saying I have nothing and I am to say that and it
Saying nothing I am poetry and I have to say that and it is
It is and I am and I have poetry saying say that to nothing
It is saying poetry to nothing and I say I have and am that
Poetry is saying I have it and I am nothing and to say that
And that nothing is poetry I am saying and I have to say it
Saying poetry is nothing and to that I say I am and have it

Der (logischerweise) kompakte Textblock, der entsteht, wenn man 14 Wörter in 14 verschiedene Abfolgen bringt (was ja nur ein kleiner Ausschnitt aus den Fakultät 14 Kombinationsmöglichkeiten ist, die der Basis-Satz erlaubt, bei Einzelzählung der doppelten "I" und "and"), enthält aber vor allem ein klangliches Ereignis: Öffnet man nämlich den Text-Käfig, der aus Cages einer Zeile permutiert wurde, durch lautes Lesen, flattert heraus, was in ihm steckte: mehr oder minder Sinnvolles, jedenfalls von Cage nicht Intendiertes (was aber so oder so nichts zur Sache tut – der Schönberg-Schüler Cage war ein enthusiastischer Befürworter des Zufallsprinzips in der musikalischen Komposition, hätte dies also sicherlich gemocht), dargeboten primär als Klang, der sich mal gut zu Sinn fügt, mal weniger.

Das Nichts-Sagen oder das Nichts sagen als höchste Form der Poesie ist selbstverständlich ein romantisches Konzept. Hier tritt das Spielerische hinzu – die Vorführung, daß sich Sinn als Abfallprodukt von Spiel ergibt, daß Sinn auf Selektion beruht, daß aber jede Menge mehrfache Strukturierung erlaubt, jede Realisation also auf einem Meer des Nicht-Realisierten schwimmt. Diese Art von Dichtung betont die virtuellen, d.h. nicht erkannten Möglichkeiten von Sprache – sie öffnet den Käfig der Sprache und tut damit eigentlich nichts anderes, als Poesie immer schon auf verschiedenste Weisen getan hat.

Es kann wohl nicht bestritten werden, daß viele auf den ersten Blick radikal anmutende konkrete Gedichte, z.B. Reinhard Döhls berühmter "Apfel" oder Ernst Jandls "niagarafelle", sich sehr bald erschöpfen und ihren Reiz verlieren,

---

115 Ebenfalls nach Lucie-Smith (ed.), *British Poetry*, 308.

sobald man ihren Witz erkannt hat (bei Döhl ist eine Apfelform aus einer Fläche geschnitten, die mit dem x-fach wiederholten Wort 'Apfel' bedeckt ist – an einer Stelle ist 'Apfel' durch 'Wurm' ersetzt; bei Jandl stürzt zweimal nach langgezogenem 'a' in 'niagaaaaaaaaaaa' der Rest als 'ra felle' ab, wobei die Fälle sozusagen davonschwimmen).

Das legt den Schluß nahe, daß es schwerfällt, mit Buchstaben als *graphischen* Zeichen einen Komplexitätsgrad aufzubauen, der eine *wiederholte* Beschäftigung mit dem Artefakt als reizvoll und lohnend erscheinen läßt. Selbst einfach strukturierte Gedichte wie die Robert Frosts oder gar William Carlos Williams' "This Is Just To Say" laden eher zur Zweitlektüre ein als Texte, die zwar originell, aber durch Erstlektüre eben auch schon erledigt sind. Ein andauernder ästhetischer Reiz kann wohl nur von Gebilden ausgehen, die mehrfache, alternative Gestaltbildungen zulassen, was bei den wenigsten konkreten Gedichten der Fall ist: Sie scheinen weder als Gedichte besonders gelungen, noch als Graphiken besonders bemerkenswert. Der Grund für das erstere könnte sein, daß auf das mehrdeutige Potential der Semantik fast gänzlich verzichtet wird, der für das zweite, daß die Orientierung am Sprachmaterial offenbar den Graphiker nicht voll zum Zuge kommen läßt.

Geistreich und witzig kann es dabei gleichwohl zugehen. Roger McGough, einer der *performance*-orientierten *Liverpool poets*, die ihre Gedichte auch häufiger mit Musik unterlegten oder sketchartig inszenierten, hat mit "40 – Love" einen Text geschrieben, der in erster Linie graphisch anspricht, aber auch den Leser zu einer bestimmten Performanz animiert:

40 -	**Love**
middle	aged
couple	playing
ten	nis
when	the
game	ends
and	they
go	home
the	net
will	still
be	be
tween	them[116]

Die Augen wandern wie beim Verfolgen eines Tennismatchs hin und her. Das Bild des unsichtbaren Netzes zwischen Mann und Frau nach Matchschluß

116 Roger McGough, *Blazing Fruit: Selected Poems 1967-1987*, Harmondsworth: Penguin, 1990, 84/85.

verweist auf die zweite, eigentliche Bedeutung von "love" in "40 – Love", eben nicht: 'Null Punkte', sondern 'Liebe mit 40', was bei diesem "middle-aged couple" in etwa auf das Gleiche hinauszulaufen scheint.

Wenn Roger McGough dieses Gedicht vorträgt, dreht er den Kopf extrem nach links und rechts und wieder zurück, ganz so, als säße er als Zuschauer am *centre court* in Wimbledon (wo allerdings kaum 40jährige spielen...). Die graphische Einrichtung gilt auch hier wieder primär als Notation für eine Realisation. Aber auch für sich als Graphik genommen ist diese Textgestalt reiz- und sinnvoll: Anders als im Abdruck hier muß der Text nämlich eigentlich auf zwei gegenüberliegende Seiten verteilt sein, so daß die Augen des Lesers nicht nur stärker wandern müssen, wie bei einem echten Match, sondern auch im Knick des Buches ein ewig trennendes Netz gespannt ist. Es ist die dümmste Dichtung nicht, die solcherart sinnfällig ihr Medium einspannt.

7 Rollen, *personae*, Haltungen, *modes*

Es hat immer wieder Versuche gegeben, drei Grundgattungen der Literatur – Lyrik, Epik, Dramatik – voneinander abzugrenzen und gegeneinander zu definieren.[117] Im deutschen Sprachraum am bekanntesten ist wohl Goethes Erläuterung in seinen "Noten und Abhandlungen zu besserem Verständnis des West-östlichen Divans":

> Es gibt nur drei echte Naturformen der Poesie: die klar erzählende, die enthusiastisch aufgeregte und die persönlich handelnde: *Epos, Lyrik* und *Drama*. Diese drei Dichtweisen können zusammen oder abgesondert wirken. In dem kleinsten Gedicht findet man sie oft beisammen, und sie bringen eben durch diese Vereinigung im engsten Raume das herrlichste Gebild hervor, wie wir an den schätzenswertesten Balladen aller Völker deutlich gewahr werden. Im älteren griechischen Trauerspiel sehen wir sie gleichfalls alle drei verbunden, und erst in einer gewissen Zeitfolge sondern sie sich.[118]

An dieser letzten Formulierung sieht man schon, daß Goethe seine Trias ganz und gar undogmatisch auffaßt – sein Interesse gilt gerade der Vielfalt der Mischungsverhältnisse, die sich konkret in der Literatur findet, nicht der Isolierung und Hypostasierung von Idealtypen:

> So wunderlich sind diese Elemente zu verschlingen, die Dichtarten bis ins Unendliche mannigfaltig; und deshalb auch so schwer eine Ordnung zu finden, wonach man sie neben- oder nacheinander aufstellen könnte. Man wird sich aber einigermaßen dadurch helfen, daß man die drei Hauptelemente in einem Kreis gegen einander über stellt und sich Musterstücke sucht, wo jedes Element einzeln obwaltet. Alsdann sammle man Beispiele, die sich nach der einen oder anderen Seite hin

---

117 Eine der geistreichsten und brillantesten Diskussionen der diversen neuzeitlichen Versuche, ein triadisches Gattungsystem zu etablieren und möglichst noch aus der Antike abzuleiten, ist sicherlich der von der Germanistik leider immer noch weitgehend ignorierte Buch-Essay von Gérard Genette, *Einführung in den Architext*, Stuttgart: Legueil, 1990. Vgl. aber auch Emil Staiger, *Grundbegriffe der Poetik* (1946), Zürich / Freiburg: Atlantis, 7. Aufl. 1966; Irene Behrens, *Die Lehre von der Einteilung der Dichtkunst vornehmlich vom 16. bis 19. Jahrhundert: Studien zur Geschichte der poetischen Gattungen*, Halle / Saale: Niemeyer, 1940; Eberhard Lämmert, Dietrich Scheunemann (eds.), *Regelkram und Grenzgänge: Von poetischen Gattungen*, München: text + kritik, 1988.
Einen neueren Versuch zur Definition des "lyrischen Gedichtes" findet man in Dieter Lamping, *Das lyrische Gedicht*, Göttingen: Vandenhoeck & Ruprecht, 2., durchgesehene Aufl. 1993; zur Kritik daran vgl. Dieter Burdorf, *Einführung in die Gedichtanalyse*, Stuttgart / Weimar: Metzler, 2., überarbeitete und aktualisierte Aufl. 1997, 11ff., 18-21.

118 Johann Wolfgang von Goethe, *Werke* (Hamburger Ausgabe), München: dtv, 1982, 2: 187/188.

> neigen, bis endlich die Vereinigung von allen dreien erscheint und somit der ganze Kreis in sich geschlossen ist.[119]

Franz K. Stanzel hat übrigens später diesen ebenso originellen wie eleganten Einfall, die Mischungsverhältnisse und Übergangsformen zwischen drei Grundtypen auf einem Kreis abzubilden, für die Konstruktion seines 'Typenkreises der Erzählsituationen' genutzt.[120] Gerade wenn man sich der Vielfalt der Erscheinungen bewußt ist, schadet es nämlich überhaupt nichts, sich rein heuristisch über bestimmte Grund-Möglichkeiten klar zu werden, und man braucht diese Grund-Möglichkeiten der Literatur auch nicht gleich als anthropologische Konstanten auszugeben – eine solche Ordnung hilft einfach, rein pragmatisch, die Fülle der Phänomene zu sortieren und erleichtert es, ihre jeweilige Eigenart zu begreifen. Daß alle möglichen triadischen Anordnungen denkbar sind,[121] zeigt nur, daß mit solchen Operationen keinerlei Anspruch verbunden sein muß, etwas über 'das Wesen' einer der so konstruierten Grundgattungen der Literatur ausgesagt zu haben.

Stephen Dedalus in Joyces *A Portrait of the Artist as a Young Man* kommt seinem Freund Lynch mit einer Variante, die etwas von Goethes Bestimmung abweicht:

> The image, it is clear, must be set between the mind or senses of the artist himself and the mind or senses of others. If you bear this in memory you will see that art necessarily divides itself into three forms progressing from one to the next. These forms are: the lyrical form, the form wherein the artist presents his image in immediate relation to himself; the epical form, the form wherein he presents his image in mediate relation to himself and to others; the dramatic form, the form wherein he presents his image in immediate relation to others.[122]

Obwohl man sich am Gebrauch des Ausdrucks 'image' stoßen könnte, gefällt mir die Einführung der Opposition 'vermittelt – unvermittelt', denn sie erlaubt es, ganz unprätentiös zu sagen: In Lyrik spricht *eine* Stimme, und in ihrer Rede drückt sich *unmittelbar* ein Weltverhältnis aus, d.h. das spezifische, versprachlichte In-der-Welt-Sein eines supponierten Ich (oder, wie man will: die Weise, wie diese Welt in diesem Subjekt ist): das *ist* diese Rede. In der Epik dagegen werden die Stimmen und Handlungen *mehrerer* dargeboten, und zwar *vermittelt* – diese Vermittlung nennt man im weitesten Sinne Erzählung. In der Dramatik schließlich werden auch die Stimmen *mehrerer* dargeboten, aber *unvermittelt.* Wenn diese drei Startfelder einmal fixiert sind, kann das muntere Mischungsspiel beginnen: Lyrisches, in dem auch erzählt oder Vielstimmiges unvermittelt darge-

---

119 Goethe, *Werke*, 2: 188.

120 Franz K. Stanzel, *Theorie des Erzählens*, Göttingen: Vandenhoeck & Ruprecht, 1979.

121 Siehe etwa die Graphiken in Genette, *Einführung*, 58, 59, 64, 66.

122 James Joyce, *A Portrait of the Artist as a Young Man*, Harmondsworth: Penguin, 1972, 213.

boten wird; Episches, das Passagen lyrischer Exposition und direkte dramatische Darstellung enthält; Dramatisches, das episch vermittelt wird oder Momente lyrischer Unmittelbarkeit umfaßt – nichts, was es nicht gäbe! Und die einzige gattungstheoretische Frage von einiger Relevanz ist dann noch, nicht ob diese herrliche Vielfalt unseren Systemen gerecht wird, sondern ob unsere Systeme dieser herrlichen Vielfalt gewachsen sind.

Warum dieser Vorlauf in einem Kapitel, das von Rollen, *personae*, Haltungen und *modes* handeln möchte? Nun, die Aufzählung verrät es schon: Es geht hier um Gedichttexte, deren gemeinsamer Nenner ist, daß wir beim Lesen einer deutlichen Differenz gewahr werden, sei es einer Differenz zwischen Rede und 'Sinn' (worauf ich am Ende komme), sei es (was ich zunächst behandeln möchte) einer Differenz oder eines Bruches in der Text-Rede-Situation: Es geht mir um Gedichte, die in dem Sinne lyrisch sind, daß nur *eine* Stimme zu vernehmen ist, die aber auch *dramatisch* genannt werden können insofern, als sie eine bestimmte, die Rede umfassende Situation entwerfen, sich also selbst *inszenieren*, und denen man schließlich sogar – was viele schockieren wird, da es durch keine Kreisdarstellungen mehr aufzufangen ist – ein gewisses *erzählerisches* Element zusprechen könnte, weil die einzelne Stimme, die da (unstreitig unmittelbar) spricht, derart demonstrativ *als Mittel benutzt* wird, ein Weltverhältnis auszudrücken, das gerade nicht das eigene ist, daß die Vermutung nicht gänzlich abwegig scheint, hier werde *über* diese Darbietung eines Anderen *dessen* In-der-Welt-Sein 'erzählt'. Der flüchtige Eindruck, hier werde in *lyrischer* Form und über *dramatische* Präsentation doch irgendwie auch etwas *erzählt*, würde also daher rühren, daß die Perspektive des allein Sprechenden sich paradoxerweise nicht mit der Perspektive dessen deckt, der diesen Diskurs präsentiert.[123] Das ist übrigens weit häufiger der Fall, als man gemeinhin annimmt, dringt aber ganz häufig nicht recht ins Bewußtsein der Leser und ist deshalb ursächlich für den bei Schülern, Studenten und anderen wohl immer noch am weitesten verbreiteten Trugschluß während der Analyse von Gedichten verantwortlich: den Schluß vom Ich des Gedichtes auf den Verfasser. Um das Grundsätzliche in unmißverständlicher, unakademischer Klarheit zu sagen: Nicht nur manchmal, gelegentlich oder selten ist das sogenannte 'lyrische Ich' nicht mit dem Autor des Gedichtes 'identisch' – sondern *nie*. Der Autor ist nämlich ein menschliches Wesen aus Fleisch und Blut, mit einem Lebenslauf und, trotz seines Todes, einem *œuvre*; das 'lyrische Ich' ist aber ein Textaspekt, dem man nicht die Hand schütteln kann.[124] Das Verhältnis der beiden Begriffe zueinander gleicht also dem von Erzähler und Autor in narrativen Texten. Auch zu sagen, das 'lyrische Ich' könne "auf den Verfasser bezogen

123 Diesem Gedankenspiel um das Erzählerische im Rollengedicht braucht man nicht zu folgen, um das Folgende mit Gewinn aufzunehmen.

124 Anders jedoch Käte Hamburger, *Die Logik der Dichtung* (1957), Stuttgart: Klett-Cotta, 3. Aufl. 1977; Staiger, *Grundbegriffe*.

sein",[125] klärt wenig, da ja jeder Textaspekt 'irgendwie' auf den Verfasser (und dazu noch auf alles mögliche andere) 'bezogen' ist.

Aber wenn sich das so verhält, wieso haben wir dann – sonst so leicht in die Falle der ontologisch unmöglichen Identifizierung tappend – bei bestimmten Gedichten doch den *unabweisbaren* Eindruck, diese Stimme gehöre einer *persona*, die eine *Rolle* verkörpere, ihr seien diese Worte in den Mund gelegt, man könne also differenzierend und emphatisch von einem *Rollengedicht* sprechen?[126] Nun, zum Beispiel, weil der menschliche Typus, der da monologisiert, ausdrücklich im Titel des Gedichtes genannt wird, wie in John Miltons "L'Allegro" und seinem 'companion piece' "Il Penseroso" (beide Rollengedichte sind zugleich auch als Oden anzusehen, denn in ihnen werden die Göttinnen 'Mirth' und 'Melancholy' angerufen; zusätzlich wird die eigene Befindlichkeit hier *allegorisch* inszeniert, doch das nur am Rande).

Hier die ersten zwei Drittel der Selbstdarstellung des Nachdenklichen:

Hence vain deluding Joys,
　　The brood of Fully without father bred,
How little you bestead,
　　Or fill the fixèd mind with all your toys;
Dwell in some idle brain,
　　And fancies fond with gaudy shapes possess,
As thick and numberless
　　As the gay motes that people the sunbeams,
Or likest hovering dreams,
　　The fickle pensioners of Morpheus' train.
But hail thou Goddess sage and holy,
Hail, divinest Melancholy,
Whose saintly visage is too bright
To hit the sense of human sight,
And therefore to our weaker view,
O'erlaid with black, staid Wisdom's hue;
Black, but such as in esteem,
Prince Memnon's sister might beseem,
Or that starred Ethiope queen that strove
To set her beauty's praise above
The sea nymphs, and their powers offended.
Yet thou art higher far descended;
Thee bright-haired Vesta long of yore
To solitary Saturn bore;
His daughter she (in Saturn's reign
Such mixture was not held a stain).
Oft in glimmering bowers and glades

---

125 Gero von Wilpert, *Sachwörterbuch der Literatur*, Stuttgart: Kröner, 7. verbesserte u. erweiterte Aufl. 1989, s.v. 'lyrisches Ich'.

126 Vgl. zum Komplex 'Rolle', 'Maske' usw. sehr fein dialektisch argumentierend Walther Killy, *Elemente der Lyrik*, München: Beck, 1972, 129-153.

He met her, and in secret shades
Of woody Ida's inmost grove,
While yet there was no fear of Jove.
Come pensive nun, devout and pure,
Sober, steadfast, and demure,
All in a robe of darkest grain,
Flowing with majestic train,
And sable stole of cypress lawn
Over thy decent shoulders drawn.
Come, but keep thy wonted state,
With even step and musing gait,
And looks commercing with the skies,
Thy rapt soul sitting in thine eyes:
There held in holy passion still,
Forget thyself to marble, till
With a sad leaden downward cast
Thou fix them on the earth as fast.
And join with thee calm Peace and Quiet,
Spare Fast, that oft with gods doth diet,
And hears the Muses in a ring
Aye round about Jove's altar sing.
And add to these retired Leisure,
That in trim gardens takes his pleasure;
But first, and chiefest, with thee bring
Him that yon soars on golden wing,
Guiding the fiery-wheelèd throne,
The cherub Contemplatiòn;
And the mute Silence hist along,
'Less Philomel will deign a song,
In her sweetest, saddest plight,
Smoothing the rugged brow of night,
While Cynthia checks her dragon yoke
Gently o'er th' accustomed oak;
Sweet bird that shunn'st the noise of folly,
Most musical, most melancholy!
Thee chantress oft the woods among
I woo to hear thy evensong;
And missing thee, I walk unseen
On the dry smooth-shaven green,
To behold the wandering moon,
Riding near her highest noon,
Like one that had been led astray
Through the heaven's wide pathless way;
And oft as if her head she bowed,
Stooping through a fleecy cloud.
Oft on a plat of rising ground,
I hear the far-off curfew sound
Over some wide-watered shore,
Swinging slow with sullen roar;

Or if the air will not permit,
Some still removèd place will fit,
Where glowing embers through the room
Teach light to counterfeit a gloom,
Far from all resort of mirth,
Save the cricket on the hearth,
Or the bellman's drowsy charm,
To bless the doors from nightly harm;
Or let my lamp at midnight hour
Be seen in some high lonely tower,
Where I may oft outwatch the Bear,
With thrice-great Hermes, or unsphere
The spirit of Plato to unfold
What words or what vast regions hold
The immortal mind that hath forsook
Her mansion in this fleshly nook;
And of those demons that are found
In fire, air, flood, or under ground,
Whose power hath a true consent
With planet, or with element.
Sometime let gorgeous Tragedy
In sceptered pall come sweeping by,
Presenting Thebes, or Pelops' line,
Or the tale of Troy divine.
Or what (though rare) of later age
Ennobled hath the buskined stage.
But, O sad virgin, that thy power
Might raise Musaeus from thy bower,
Or bid the soul of Orpheus sing
Such notes as, warbled to the string,
Drew iron tears down Pluto's cheek,
And made Hell grant what Love did seek.

Obwohl hier nicht einmal im Ansatz eine umfassende Interpretation geboten werden soll, liegt doch zweierlei auf der Hand – und ein Drittes wird hinzugegeben: Erstens sind nicht nur die beiden parallel geführten Gedichte, sondern auch die in ihnen vorgeführten Haltungen *komplementär*. Jede der beiden Darstellungen beruht jeweils auf dem Ausschluß der negativ gesehenen anderen. Dem Denker sind die oberflächlichen Freuden suspekt, weil sie vom Eigentlichen ablenken, "L'Allegro" verabschiedet spiegelbildlich das krankhafte Grübeln und In-sich-Kreisen. Damit ist auch klar, daß beide Haltungen Realisierungen von Möglichkeiten sind, die in Ausblendung oder Verzerrung des jeweils Nicht-Realisierten wurzeln. (Es ist eine Ironie solcher Entwürfe, daß das Verworfene immer *genannt* werden muß, um ausgeschlossen werden zu können, weshalb auch die Gegensatzgrenzen nicht zwischen den beiden Texten, sondern innerhalb der beiden

Texte verlaufen.)[127] Dadurch ist, zweitens, suggeriert, daß jeder Typus *sich seine eigene Welt schafft* (sehr schön ist kontrastiert, wie die unterschiedliche Lebenseinstellung einen unterschiedlichen Tagesablauf nach sich zieht), eine Welt, die die je eigene Sichtweise immer auf's Neue bestätigt (so wie auch jeder Pessimist sagt, er sei nicht pessimistisch, sondern nur realistisch).

Das Dritte nun muß einfach abgenommen werden, weil es aus Raummangel hier nicht gezeigt werden kann. Beide Gedichte 'sagen' nicht nur unterschiedliche Einstellungen und 'zeigen' sie nicht nur, indem da einer so, der andere so redet, ihre Appellstruktur ist auch so unterschiedlich, daß der Leser im einen Fall den einen Gedankenduktus, im anderen den anderen nachvollziehen muß, wie Peter Hühn fein zusammenfaßt:

> Der [...] in "Il Penseroso" beschriebene Vorgang der Kontemplation des Geistigen in der Welt des Sinnlichen vollzieht sich nun ein weiteres Mal beim Leser, im *Prozeß des Lesens*. Daß dies bewußt in der Textstruktur angelegt ist, macht ein Vergleich mit der Leseerfahrung bei dem komplementären Gedicht "L'Allegro" plausibel [...]. [Es] ermöglicht insofern eine mühelose und direkt lustbetonte Lektüre, als einzelne konkrete Sinneseindrücke einander zwanglos folgen, ohne schwierige gedankliche Verknüpfungen oder besondere Deutungsanstrengungen zu erfordern, auch ohne sich auf einen Punkt zuzuspitzen [...]. Demgegenüber ist "Il Penseroso" schon syntaktisch an vielen Stellen in der Gedankenführung sehr komplex und wechselreich konstruiert, wobei die Schwierigkeit vielfach noch durch die Notwendigkeit der Erschließung von Anspielungen erhöht wird [...]. Dem Leser wird durch diese Mittel eine besondere Anstrengung des Lesens abverlangt. Er muß sich mit deutlich größerer Aufmerksamkeit und stärkerer Konzentration als bei "L'Allegro" um die darin enthaltene, verborgene Bedeutung bemühen. Durch diese Schreibweise wird die syntaktische und semantische *Form* als solche bedeutungshaltig. Das Gedicht *tut*, was es *sagt*.[128]

Man könnte auch sagen: Diese Gedichte animieren durch ihre Form den Leser dazu, die vorgestellten Grundhaltungen als Möglichkeiten *in sich* zu begreifen. Das solcherart inszenierte Rollengedicht tendiert auf mentales Rollenspiel. Unbeschadet einer denkbaren Präferenz Miltons für die Haltung des kontemplativen Melancholikers erzählt dieses Paargedicht auch diese Geschichte: die Geschichte von der modernen Subjektivität als Möglichkeit existentieller, sprachlich vorgezeichneter Selbst-Entwürfe.

Eine andere Möglichkeit, das Rollenhafte eines lyrischen Monologs zu markieren, ist die Nennung nicht des Typus', sondern der konkreten (historischen, mythischen oder literarischen) Figur, die da spricht, wie z.B. des Odysseus in Alfred Lord Tennysons "Ulysses". Man kennt ja die Geschichte des Odysseus, der

---

127 Daß sich zudem die Extreme in Punkten erstaunlich ähneln, beweist Verena Lobsien in einer raffinierten Doppellektüre: *Skeptische Phantasie: Eine andere Geschichte der frühneuzeitlichen Literatur*, München: Fink, 1999, 166-176.

128 Peter Hühn, *Geschichte der englischen Lyrik*, 2 Bde., Tübingen / Basel: Francke, 1995, 1: 204, 205.

nach dem erfolgreichen Ende des Trojanischen Krieges vor allem vom Meeresgott Poseidon gehindert wird, direkt nach Ithaka heimzukehren (obwohl die über sieben Jahre, die Odysseus bei der attraktiven Kalypso verbrachte, einen immer schon an dieser Erklärung seiner Säumigkeit zweifeln lassen konnten), und der erst nach zwanzigjähriger Abwesenheit schließlich mit seiner Gattin Penelope und seinem mittlerweile zum jungen Mann gereiften Sohn Telemach wieder vereint wird. Tennysons Monolog setzt diese Kenntnis voraus – und erzählt über das, was Odysseus sagt, und darüber, wie er es sagt, eine etwas andere Geschichte:

> It little profits that an idle king,
> By this still hearth, among these barren crags,
> Matched with an agèd wife, I mete and dole
> Unequal laws unto a savage race,
> That hoard, and sleep, and feed, and know not me.
>
> I cannot rest from travel: I will drink
> Life to the lees: all times I have enjoyed
> Greatly, have suffered greatly, both with those
> That loved me, and alone; on shore, and when
> Through scudding drifts the rainy Hyades
> Vext the dim sea: I am become a name;
> For always roaming with a hungry heart
> Much have I seen and known; cities of men
> And manners, climates, councils, governments,
> Myself not least, but honoured of them all;
> And drunk delight of battle with my peers,
> Far on the ringing plains of windy Troy.
> I am a part of all that I have met;
> Yet all experience is an arch wherethrough
> Gleams that untravelled world, whose margin fades
> For ever and for ever when I move.
> How dull it is to pause, to make an end,
> To rust unburnished, not to shine in use!
> As though to breathe were life. Life piled on life
> Were all too little, and of one to me
> Little remains: but every hour is saved
> From that eternal silence, something more,
> A bringer of new things; and vile it were
> For some three suns to store and hoard myself,
> And this gray spirit yearning in desire
> To follow knowledge like a sinking star,
> Beyond the utmost bound of human thought.
>
> This is my son, mine own Telemachus,
> To whom I leave the sceptre and the isle -
> Well-loved of me, discerning to fulfil
> This labour, by slow prudence to make mild

A rugged people, and through soft degrees
Subdue them to the useful and the good.
Most blameless is he, centred in the sphere
Of common duties, decent not to fail
In offices of tenderness, and pay
Meet adoration to my household gods,
When I am gone. He works his work, I mine.

There lies the port; the vessel puffs her sail:
There gloom the dark broad seas. My mariners,
Souls that have toiled, and wrought, and thought with me -
That ever with a frolic welcome took
The thunder and the sunshine, and opposed
Free hearts, free foreheads - you and I are old;
Old age hath yet his honour and his toil;
Death closes all: but something ere the end,
Some work of noble note, may yet be done,
Not unbecoming men that strove with Gods.
The lights begin to twinkle from the rocks:
The long day wanes: the slow moon climbs: the deep
Moans round with many voices. Come, my friends,
'Tis not too late to seek a newer world.
Push off, and sitting well in order smite
The sounding furrows; for my purpose holds
To sail beyond the sunset, and the baths
Of all the western stars, until I die.
It may be that the gulfs will wash us down:
It may be we shall touch the Happy Isles,
And see the great Achilles, whom we knew.
Though much is taken, much abides; and though
We are not now that strength which in old days
Moved earth and heaven; that which we are, we are;
One equal temper of heroic hearts,
Made weak by time and fate, but strong in will
To strive, to seek, to find, and not to yield.

Dieser Odysseus ist nach seiner Heimkehr ein Fremder im eigenen Land, denn ihn zieht es immer noch in die Ferne. Nicht daheim zu sitzen, sondern die lockende, noch unbekannte Welt zu bereisen und zu erforschen – das ist für ihn das Leben, das er bis zur Neige auskosten möchte; jede Stunde, die Neues bringt, ist nicht vergeudet – vertan ist nur das ungelebte Leben. Ihm, den es noch im Alter und nach so langer Abwesenheit schon wieder drängt, erneut Segel zu setzen und aufzubrechen, ihm, der die Regierungsgeschäfte vertrauensvoll in die Hände des aus einem andern Holze geschnitzten Sohnes legen möchte ("He works his work, I mine."), kann man nicht abnehmen, daß er seinerzeit *gehindert* wurde heimzukehren, zu sehr sind Erforschen und Entdecken bei ihm lustvoll besetzte, aber auch zwingende Lebensform (" 'Tis not too late to seek a newer world. [...] strong in will / To strive, to seek, to find, and not to yield.").

Gerade weil Tennysons Odysseus sich von Homers unterscheidet, kommt es zu einem reizvollen intertextuellen Spiel. Odyseus ist eine Berühmtheit, hat sich einen Namen gemacht, aber sein Volk kennt ihn eigentlich nicht (Zeile 5). Was ihn wirklich antreibt und umtreibt, vertraut er uns hier an – das, wofür man ihn kennt, war nicht äußeres Verhängnis, sondern innerer Drang, Ausleben der Persönlichkeit ("that which we are, we are"). Tennysons Odysseus befreit, die *Odyssee* korrigierend, sich von einer falschen Rollenerwartung, von einem falschen *image* – in dieser Geschichte ist das Ende nicht die Heimkehr, sondern die erneute Ausfahrt: Ende offen.

Diese Umdeutung des Odysseus hat Vorläufer: Im 16. Canto von Dantes *Inferno* muß Odysseus nicht nur für seine List des Trojanischen Pferdes büßen, sondern auch für die Selbstüberhebung leiden, die darin lag, daß er gerade nicht heimkehren wollte und seine Männer antrieb, bis über die Grenzen der bekannten Welt hinauszusegeln.[129] Dieses Verhalten und diese Haltung werden aber, und das ist der markante Unterschied zwischen Dante und Tennyson, im mittelalterlichen *Inferno* als Sünde getadelt – im Zeitalter des expandierenden viktorianischen Imperialismus wird dieser hinausdrängende, rastlose Odysseus zum *culture hero*, ein *trailblazer*, der es noch einmal wissen will und andere, wie damals, mitreißt. In diesem intertextuellen Dreieck geht es also nicht allein um Umdeutung (das gab es schon bei Dante), sondern auch um Um*wertung*. Tennysons "Ulysses" erzählt eine zweifach andere Geschichte als ehedem, und es bietet den umgedeuteten und umgewerteten Helden dar als *role model*: Sich freizumachen von dem, wie 'die Leute' einen sehen, Odyseus zu sein, wie er wirklich ist, nicht wie Homer es erzählt und wie ihn alle zu kennen glauben – das ist der Schlüssel zum gelebten Leben (nicht das Leben der anderen zu leben), und dieser Text 'inszeniert' es: Er macht uns vor, daß Ulysses ein anderer war. Die Selbstfindung als offene Reise ins Unbekannte, die 'Er-fahrung' des Ich im Er-fahren der Welt beginnt mit der Zurückweisung der falschen Vorstellungen, die sich andere von einem machen – das Volk von Ithaka, aber auch wir, die Leser.

Damit ist aber paradoxerweise etwas freigelegt, was in Homers *Odyssee* durchaus auch angelegt war: Odysseus ist der, der lange fort war – *das* definiert ihn, unterscheidet ihn von anderen, nicht der Umstand, daß er schließlich heimkehrte. Dieser (wesentliche) Odysseus wird nie heimkehren, sondern immer suchen, was hinter dem Horizont, der sich ja ewig mitverschiebt, sich noch alles verbirgt, weiter und weiter – und wird sich sehnen (und sei es in der Fremde sich sehnen nach Heimat). Dieses Rollengedicht setzt sich, anders als "L'Allegro" und "Il Penseroso", von unseren Vorstellungen und Erwartungen ab, läßt uns zurück und führt gerade dadurch vor, was es proklamiert: fertigmachen zum Ablegen.

---

129 Vgl. Ernst Th. Sehrt, "Alfred Tennyson, 'Ulysses' ", *Die englische Lyrik von der Renaissance bis zur Gegenwart*, ed. Karl-Heinz Göller, Düsseldorf: Bagel, 1968, 2: 118-134; Georg Roppen, "Alfred Lord Tennyson, 'Ulysses' ", *Englische Lyrik von Shakespeare bis Dylan Thomas*, ed. Willi Erzgräber, Darmstadt: WBG, 1969, 296-312.

Der Meister des *dramatic monologue* in der englischen Dichtung des 19. Jahrhunderts ist Robert Browning. Bei ihm ist nun voll gestaltet, was in Tennysons "Ulysses" lediglich im letzten Teil versucht wurde: die Evokation einer bestimmten dramatischen Situation, in der das Ich zu anderen in seiner Welt befindlichen Figuren (hier: zu den Gefährten) spricht (und nicht meditierend zu sich, zu uns). Das zu Recht bekannteste Beispiel ist "My Last Duchess", der dramatische Monolog des Herzogs von Este, der am Rande von Verhandlungen über eine erneute Heirat dem Unterhändler ein Bildnis seiner verstorbenen ersten Gattin zeigt und sich dabei – unwissentlich? kalkulierend? – als kalter, skrupelloser, keine Insubordination duldender Haben-Typus zu erkennen gibt, den vor allem die unbekümmert leutselige, unterschiedslos verteilte Freundlichkeit seiner Frau als nicht standesgemäß und ihn persönlich kompromittierend störte – so sehr, daß sich hinter seinem Monolog eine kleine Kriminalgeschichte wittern läßt:

My Last Duchess

Ferrara

That's my last Duchess painted on the wall,
Looking as if she were alive. I call
That piece a wonder, now: Frà Pandolf's hands
Worked busily a day, and there she stands.
Will't please you sit and look at her? I said
"Frà Pandolf " by design, for never read
Strangers like you that pictured countenance,
The depth and passion of its earnest glance,
But to myself they turned (since none puts by
The curtain I have drawn for you, but I)
And seemed as they would ask me, if they durst,
How such a glance came there; so, not the first
Are you to turn and ask thus. Sir, 'twas not
Her husband's presence only, called that spot
Of joy into the Duchess' cheek: perhaps
Frà Pandolf chanced to say "Her mantle laps
Over my lady's wrist too much," or "Paint
Must never hope to reproduce the faint
Half-flush that dies along her throat:" such stuff
Was courtesy, she thought, and cause enough
For calling up that spot of joy. She had
A heart - how shall I say? - too soon made glad,
Too easily impressed; she liked whate'er
She looked on, and her looks went everywhere.
Sir, 'twas all one! My favour at her breast,
The dropping of the daylight in the West,
The bough of cherries some officious fool
Broke in the orchard for her, the white mule
She rode with round the terrace - all and each
Would draw from her alike the approving speech,

Or blush, at least. She thanked men, - good! but thanked
Somehow - I know not how - as if she ranked
My gift of a nine-hundred-year-old name
With anybody's gift. Who'd stoop to blame
This sort of trifling? Even had you skill
In speech - (which I have not) - to make your will
Quite clear to such an one, and say, "Just this
Or that in you disgusts me; here you miss,
Or there exceed the mark" - and if she let
Herself be lessoned so, nor plainly set
Her wits to yours, forsooth, and made excuse
- E'en then would be some stooping; and I choose
Never to stoop. Oh sir, she smiled, no doubt,
Whene'er I passed her; but who passed without
Much the same smile? This grew; I gave commands;
Then all smiles stopped together. There she stands
As if alive. Will't please you rise? We'll meet
The company below, then. I repeat,
The Count your master's known munificence
Is ample warrant that no just pretence
Of mine for dowry will be disallowed;
Though his fair daughter's self, as I avowed
At starting, is my object. Nay, we'll go
Together down, sir. Notice Neptune, though,
Taming a sea-horse, thought a rarity,
Which Claus of Innsbruck cast in bronze for me!

Der springende Punkt ist gar nicht so sehr, ob der Herzog nun seine junge Frau tatsächlich hat umbringen lassen, und er dies als kaum verhüllte Drohung gegenüber seiner Zukünftigen im Raume stehen läßt (auch der Hinweis, die historische Gemahlin des Herzogs im 16. Jahrhundert sei früh unter ungeklärten Umständen gestorben, sagt wenig über dieses *Gedicht*). Das Entscheidende scheint mir, daß dieser dramatische Monolog überhaupt diese spekulative Möglichkeit eröffnet, daß *hinter der Rede* eine andere Geschichte verborgen ist oder sein könnte, daß selbst die Frage, ob der Herzog sich verraten hat oder, im Gegenteil, im sicheren Gefühl des juristisch nicht belangbaren Autokraten unverhohlen droht, auf immer unentscheidbar bleiben wird. Was für ein vergleichsweise schlechtes Gedicht es wäre, wenn es zentral um diesen borgiahaften Mord ginge! Es geht, sehr viel nuancierter, wohl eher um die *Denkbarkeit* des Mordes als letzte Konsequenz einer solchen Haltung, wie sie in der Rede des Herzogs zum Ausdruck kommt: Das tote Bild der Frau zeigt sie nun endlich, wie er sie haben wollte. Das Thema des Gedichtes "My Last Duchess" scheint mir weniger der Tod der Herzogin als der Charakter ihres Gatten zu sein: Im dramatischen Monolog wird über das Reden über etwas derjenige enthüllt, der da redet. Diese Charakterstudie suggeriert: Wer so redet, dem ist auch Mord zuzutrauen.

Die Selbstoffenbarung und Selbstentlarvung einer *persona* in und durch ihre Sprache im dramatischen Monolog ist ein beliebtes Motiv des literarischen Modernismus gewesen – außer Pound (*Personae* und "Hugh Selwyn Mauberley") und T.S. Eliot ("The Love Song of J. Alfred Prufrock", "Gerontion", "Journey of the Magi") wäre auch Edgar Lee Masters' *Spoon River Anthology* zu erwähnen. Das mag zum einen damit zusammenhängen, daß nach modernistischer Auffassung eine Weltsicht sich nicht anders als in Sprache ausdrücken kann, und meine Sprache die Grenzen meiner Welt umreißt (Wittgenstein: "*Die Grenzen meiner Sprache* bedeuten die Grenzen meiner Welt."), weil diese selbst Sprache, Text ist (Derrida: "Il n'y a pas d'hors-texte."), zum anderen damit, daß generell im Modernismus auktoriale Standpunkte geräumt werden, schließlich aber auch damit, daß die Dispersion des Subjektes sich selbstverständlich viel sinnfälliger, eindrucksvoller (und eben auch widerspruchsfrei) *zeigen* als *sagen* läßt (indem man sie zeigt, erzählt man sehr wohl wieder eine Geschichte). Hier auszugsweise Eliots "Prufrock":

Let us go, through certain half-deserted streets,
The muttering retreats
Of restless nights in one-night cheap hotels
And sawdust restaurants with oyster shells:
Streets that follow like a tedious argument
Of insidious intent
To lead you to an overwhelming question . . .
Oh, do not ask, "What is it?"
Let us go and make our visit.

[...]

For I have known them all already, known them all—
Have known the evenings, mornings, afternoons,
I have measured out my life with coffee spoons;
I know the voices dying with a dying fall
Beneath the music from a farther room.
So how should I presume?

And I have known the eyes already, known them all—
The eyes that fix you in a formulated phrase,
And when I am formulated, sprawling on a pin,
When I am pinned and wriggling on the wall,
Then how should I begin
To spit out all the butt-ends of my days and ways?
And how should I presume?

And I have known the arms already, known them all—
Arms that are braceleted and white and bare
(But in the lamplight, downed with light brown hair!)
Is it perfume from a dress
That makes me so digress?
Arms that lie along a table, or wrap about a shawl.
And should I then presume?
And how should I begin?

[...]

And would it have been worth it, after all,
After the cups, the marmalade, the tea,
Among the porcelain, among some talk of you and me,
Would it have been worth while,
To have bitten off the matter with a smile,
To have squeezed the universe into a ball
To roll it toward some overwhelming question,
To say: "I am Lazarus, come from the dead,
Come back to tell you all, I shall tell you all"—
If one, settling a pillow by her head,
Should say: "That is not what I meant at all.
That is not it, at all."

And would it have been worth it, after all,
Would it have been worth while,
After sunsets and dooryards and sprinkled streets,
After the novels, after the teacups, after the skirts that trail along the floor—
And this, and so much more?—
It is impossible to say just what I mean!
But as if a magic lantern threw the nerves in patterns on a screen:
Would it have been worth while
If one, settling a pillow or throwing off a shawl,
And turning toward the window, should say:
"That is not it at all,
That is not what I meant, at all."

Ein Mißverstehen von Rollengedichten liegt vor allem dort nahe, wo durch das Etikett *confessional poetry* und selektive Informationen aus dem Leben des Verfassers oder der Verfasserin ein autobiographischer Kurzschluß nahegelegt wird. Beim Lesen von Sylvia Plaths "Daddy" wird man sich beispielsweise nicht ganz frei davon machen können, daß der Vater der Autorin ein in die USA eingewanderter Deutscher war, der verstarb, als Sylvia ein Kind war; daß sie diesen Tod des geliebten wie gehaßten Vaters als eine Art Verrat an sich verstanden hat; daß sie mit 20 einen Selbstmordversuch unternahm:

You do not do, you do not do
Any more, black shoe
In which I have lived like a foot
For thirty years, poor and white,
Barely daring to breathe or Achoo.

Daddy, I have had to kill you.
You died before I had time——
Marble-heavy, a bag full of God,
Ghastly statue with one grey toe
Big as a Frisco seal

And a head in the freakish Atlantic
Where it pours bean green over blue
In the waters of beautiful Nauset.
I used to pray to recover you.
Ach, du.

In the German tongue, in the Polish town
Scraped flat by the roller
Of wars, war, wars.
But the name of the town is common.
My Polack friend

Says there are a dozen or two.
So I never would tell where you
Put your foot, your root,
I never could talk to you.
The tongue stuck in my jaw.

It stuck in a barb wire snare.
Ich, ich, ich, ich,
I could hardly speak.
I thought every German was you.
And the language obscene

An engine, an engine
Chuffing me off like a Jew.
A Jew to Dachau, Auschwitz, Belsen.
I began to talk like a Jew.
I think I may well be a Jew.

The snows of the Tyrol, the clear beer of Vienna
Are not very pure or true.
With my gypsy ancestress and my weird luck
And my Taroc pack and my Taroc pack
I may be a bit of a Jew.

I have always been scared of *you*,
With your Luftwaffe, your gobbledygoo.
And your neat moustache
And your Aryan eye, bright blue.
Panzer-man, panzer-man, O You——

Not God but a swastika
So black no sky could squeak through.
Every woman adores a Fascist,
The boot in the face, the brute
Brute heart of a brute like you.

You stand at the blackboard, daddy,
In the picture I have of you,
A cleft in your chin instead of your foot
But no less a devil for that, no not
And less the black man who

Bit my pretty red heart in two.
I was ten when they buried you.
At twenty I tried to die
And get back, back, back to you.
I thought even the bones would do.

But they pulled me out of the sack,
And they stuck me together with glue.
And then I knew what to do.
I made a model of you,
A man in black with a Meinkampf look.

And a love of the rack and the screw.
And I said I do, I do.
So daddy, I'm finally through.
The black telephone's off at the root,
The voices just can't worm through.

If I've killed one man, I've killed two——
The vampire who said he was you
And drank my blood for a year,
Seven years, if you want to know.
Daddy, you can lie back now.

There's a stake in your fat black heart
And the villagers never liked you.
They are dancing and stamping on you.
They always *knew* it was you.
Daddy, daddy, you bastard, I'm through.

Aber andere Zusatzinformationen, wie die, daß Otto Plath vor dem Ersten Weltkrieg in die USA immigrierte und dort, nach allem was wir wissen, als harmloser Insektenforscher wirkte und mit einer Dissertation über Hummeln hervortrat, sollte uns davor warnen, die Nazi-Juden-Metaphorik des Gedichtes wörtlich zu nehmen. Hier entwirft ein Text eine extrem ambivalente Tochter-Vater-Beziehung ("Every woman adores a Fascist") nach dem Täter-Opfer-Modell des 20. Jahrhunderts schlechthin. Wie bei "Lady Lazarus" geht es auch bei diesem Gedicht um ein Lesen (und eine Bewertung) der Metaphorik. Wenn in der letzten Strophe "Daddy" als Graf Dracula gesehen wird, über dessen Tod und Pfählen die Dorfbewohner jubilieren, so hat noch niemand Otto Plath des Vampirismus verdächtigt – die anderen Insinuierungen sind zwar langlebiger, aber auch nicht vernünftiger, will sagen: Im Monolog ist nicht nur das sprechende Ich fiktiv, auch das adressierte Gegenüber ist eine fiktionale Gestalt. Das Thema von "Daddy", geschrieben nach dem Sommer, in dem Plaths Ehe mit Ted Hughes zerbrach, ist eine Frau, die *so* empfindet.

Mißverständnisse von Rollengedichten liegen aber auch dann nahe, wenn dem Verfasser zu Unrecht unterstellt wird, er sympathisiere mit der vom Sprechenden verkörperten Weltsicht, was ja durchaus der Fall sein kann (man denke an das eben vorgestellte "Ulysses"-Gedicht Tennysons), aber eben nicht der Fall sein *muß*. Geht man mißtrauisch heran, hilft es dem Dichter noch nicht einmal, wenn er einen Vogel reden läßt:

Hawk Roosting

I sit in the top of the wood, my eyes closed.
Inaction, no falsifying dream
Between my hooked head and hooked feet:
Or in sleep rehearse perfect kills and eat.

The convenience of the high trees!
The air's buoyancy and the sun's ray
Are of advantage to me;
And the earth's face upward for my inspection.

My feet locked upon the rough bark.
It took the whole of Creation
To produce my foot, my each feather:
Now I hold Creation in my foot

Or fly up, and revolve it all slowly -
I kill where I please because it is all mine.
There is no sophistry in my body:
My manners are tearing off heads -

The allotment of death.
For the one path of my flight is direct
Through the bones of the living.
No arguments assert my right:

The sun is behind me.
Nothing has changed since I began.
My eye has permitted no change.
I am going to keep things like this.

Man hat Ted Hughes (auch aufgrund dieses Gedichtes) faschistoide Tendenzen vorgeworfen. Das Wesen, das sich für die Erfüllung der Schöpfung und Zentrum einer Welt hält, in der alles ihm zupaß kommt und auf es hin ausgelegt ist, leitet aus seiner natürlichen Überlegenheit nicht argumentativ, sondern faktisch das Recht zu töten ab, nicht wahr? Aber diese Lesart übersieht einiges, zum Beispiel daß dieses Tier, im Unterschied zum Menschen, keine sein Verhalten rechtfertigende Ideologie ("no falsifying dream") nötig hat; daß der Anspruch eines Tieres, Krone der Schöpfung zu sein, die Relativität und Fragwürdigkeit solcher ich-, gattungs- oder volkszentrierten Konstruktionen entlarvt; daß die mangelnde "sophistry", der Verzicht auf jede Begründung, das Tier charakterisiert, nicht den Menschen; daß schließlich nicht nur das Fehlen jeder Ethik, sondern auch das jeder Entwicklung ("Nothing has changed since I began. / My eye has permitted no change. / I am going to keep things like this.") die poetische Darstellung dieser un-menschlichen *persona* als fundamentale *Kritik* der verlogenen und verbogenen Menschheit, als Kritik der Verleugnung des eigentlichen Humanum erscheinen läßt – also als Gegenteil dessen, was man ihm unterstellt.

Grotesk war auch der Fall von Roger McGoughs "The Jogger's Song", ein Rollengedicht, das seinen Anlaß explizit nennt:[130]

> *After leaving the Harp nightclub in Deptford, a 35-year-old woman was raped and assaulted by two men in Fordham Park. Left in a shocked and dishevelled state she appealed for help to a man in a light-coloured track-suit who was out jogging. Instead of rescuing her, he also raped her.*
>
> Evening Standard

Well, she was asking for it.
Lyin there, cryin out,
dyin for it. Pissed of course.
Of course, nice girls don't.
Don't know who she was,
where from, didn't care.
Nor did she. Slut. Slut.

Now I look after myself. Fit.
Keep myself fit. Got
a good body. Good body. Slim.
Go to the gym. Keep in trim.
Girls like a man wiv a good body.
Strong arms, tight arse. Right
tart she was. Slut. Pissed.

Now I don't drink. No fear.
Like to keep a clear
head. Keep ahead. Like
I said, like to know what I'm doin
who I'm screwin (excuse language).
Not like her. Baggage. Half-
dressed, couldn't-care-less. Pissed.

---

130 Roger McGough, *Blazing Fruit: Selected Poems 1967-1987*, Harmondsworth: Penguin, 1990, 200/201.

Crawlin round beggin for it.
Lyin there, dyin for it.
Cryin. Cryin. Nice girls don't.
Right one she was. A raver.
At night, after dark,
on her own, in the park?
Well, do me a favour.

And tell me this:
If she didn't enjoy it,
why didn't she scream?

In Großbritannien gab es Proteste, weil einige ernsthaft meinten, Roger McGough wollte mit diesem erschütternden und ekelerregenden Text Vergewaltigungen rechtfertigen. Leider handelt es sich bei solchen Mißverständnissen um etwas weitaus Schlimmeres als die bloße Unfähigkeit, Gedichte zu verstehen, womit man notfalls leben könnte. Es ist eine generelle Unfähigkeit, es für möglich zu halten, daß etwas auch etwas anderes bedeuten kann, als es zu bedeuten scheint – vielleicht sogar sein Gegenteil?

Ironie und Sarkasmus haben mit anderen Formen der uneigentlichen Rede gemein, daß man sie überhaupt erst einmal wahrnehmen muß, um sie zu verstehen. Es gibt keine *grammatischen markers* für Ironie, trotz aller Rede von Ironiesignalen keine Möglichkeit zu *beweisen*, daß ein Satz das genaue Gegenteil dessen meint, was er aussagt. Aber wenn sich diese Art der Kodierung auch nicht beweisen läßt, so kann man sie doch lernen und lehren – letzteres, indem man anderen vorschlägt, sie möchten einen Text doch einmal so betrachten 'als ob' – und dann schauen, was passiert, ob es auch 'Sinn macht'. Ironie teilt das mit dem Mehrbedeuten eines literarischen, speziell poetischen Textes, aber auch generell mit der literarisch-symbolischen Dimension von Texten: All diese Phänomene können, wenn auch nicht bewiesen, so doch *gezeigt* werden, vorgeführt – vorausgesetzt ist freilich immer die Kooperation, der gute Wille der Adressaten.

Tom Paulin hat ein köstliches Gedicht über die Ironien geschrieben, die entstehen, wenn Feinde der Freiheit und Literatur die prinzipielle Doppelbödigkeit literarischer Rede lernen müssen, eben um sie überhaupt bekämpfen zu können. Das folgende Gedicht bezieht sich auf eine (imaginäre) Situation in Polen Anfang der 1980er Jahre, als das Militär (gar nicht imaginär) den Ausnahmezustand ausgerufen hatte, um die Dynamik der Solidarnosz-Bewegung zu brechen: In einer Fortbildung sollen die staatlichen Zensoren alles Nötige über Literatur lernen (sitzen sie da wie die Kadetten, die *Howl* lesen müssen?) – vor allem natürlich über Ambiguität, Ironie, Symbole und die Bedeutung der Form:

Where Art is a Midwife

In the third decade of March
A Tuesday in the town of Z-

The censors are on day-release.
They must learn about literature.

There are things called ironies,
Also symbols, which carry meaning.

The types of ambiguity
Are as numerous as the enemies

Of the state. Formal and bourgeois,
Sonnets sing of the old order,

Its lost gardens where white ladies
Are served wine in the subtle shade.

This poem about a bear
Is not a poem about a bear.

It might be termed a satire
On a loyal friend. Do I need

To spell it out? Is it possible
That none of you can understand?[131]

Der Titel bezieht sich auf zwei Zeilen W.H. Audens, mit denen dieser den Anspruch zurückgewiesen hatte, Kunst solle als Hebamme einer neuen, sozialistischen Gesellschaft dienen: "Art is not life and cannot be / A midwife to society." In einem totalitären System aber können Kunst und Literatur sehr wohl diese Funktion übernehmen. Denn um die Subversion der Literatur wirkungsvoll bekämpfen zu können, muß man erst die Verteidiger der bestehenden Ordnung lehren, wie die Oppositionellen zu denken, und das heißt: Man muß sie lehren, daß dies nicht nur das, sondern auch jenes bedeutet. Daß das Gedicht über einen Bären kein Gedicht über einen Bären ist, sondern eine Satire auf eine befreundete Macht, kann der Ausbilder gerade noch sagen – den entscheidenden Schritt, ausdrücklich zu sagen, daß dies ein Gedicht gegen die Sowjetunion sei, kann er nicht tun, braucht er auch nicht zu tun: Er muß es suggerieren, er kann es lediglich suggerieren. Denn gerade, daß die Suggestion reicht, diesen Gedanken in den Hirnen der Zensoren einzupflanzen, zeigt schon, daß das oppositionelle, subversive Denken so weithergeholt dann auch wieder nicht war: Man versteht

131 Tom Paulin, *Selected Poems 1972-1990*, London / Boston: Faber & Faber, 1993, 35.

schon – und sobald man verstanden hat, ist eine neue Art von klammheimlichem Einverständnis aller Wissenden da: Man ist ja fast von allein darauf gekommen. Kunst *hat* hier einen Bewußtseinssprung ermöglicht. Der sich aufbauende Frust des Ausbilders über die Begriffsstutzigkeit seiner Anbefohlenen ist übrigens unnötig: In all solchen Gesellschaften gehören die Zensoren schließlich zu den aufmerksamsten, treuesten Lesern, sind sie doch darauf getrimmt, daß ihnen nicht die kleinste Schattierung, die feinste Nuancierung literarischen Ausdrucks entgeht. Wie ein nach Sibirien verbannter Dichter einst bemerkte: Was will man mehr als solche Leser?

So betrachtet, ist jede Form der Literatur, nicht allein die ironisch gestimmte, eine Art Gegengesang, weil sie gegen den monolithischen Block vermeintlich einsinniger Diskurse das Modell vielstimmiger Bedeutungsdispersion setzt, der nicht einholbaren, nicht fixierbaren, auch nicht abstellbaren Mehrbedeutung. Gegen das Wuchern des Doppel- und Mehrfachsinns ist letztlich noch kein Repressionsapparat angekommen – das Ersäufen des Sinns in einer Flut von Belanglosigkeiten und Banalitäten ist da wohl die ungleich effektivere Methode.

Drastischere Formen des Gegengesangs (griechisch: *parodia*) setzen die Kenntnis des durch Überzeichnung Verspotteten voraus. Man muß den Abstand zwischen Vorlage und Nachahmung kennen, sonst läßt sich nicht recht ermessen, wie treffend die Bloßstellung gelungen ist. Folgende Parodie Lewis Carrolls auf William Wordsworths "Resolution and Independence" läßt sich also nur dann voll goutieren, wenn man nicht nur weiß, daß in dem Gedicht des Romantikers die Begegnung des Ich mit einem Blutegelsammler beschrieben wird, der einsam und ungebrochen im Lake District von *tarn* zu *tarn* streift und durch seine unbeugsame Haltung in harter Zeit dem Dichter zum Vorbild wird, sondern auch, daß das persistierende Fragen bei Wordsworth ("How is it that you live, and what is it you do?") gerade nicht auf seine Art des Broterwerbs abzielt, sondern ein existentielles Problem ("*Wie* kannst Du leben?") anschneidet, dazu: daß Wordsworths bewußt simple männliche Reime geradezu sein Markenzeichen waren. Hier also Lewis Carrolls abgedrehte Version einer unheimlichen Begegnung der x-ten Art:

The Aged Aged Man

I'll tell thee everything I can:
    There's little to relate.
I saw an aged aged man,
    A-sitting on a gate.
"Who are you, aged man?" I said.
    "And how is it you live?"
And his answer trickled through my head
    Like water through a sieve.

He said "I look for butterflies
    That sleep among the wheat:
I make them into mutton-pies,
    And sell them in the street.
I sell them unto men," he said,
    "Who sail on stormy seas;
And that's the way I get my bread—
    A trifle, if you please."

But I was thinking of a plan
    To dye one's whiskers green,
And always use so large a fan
    That they could not be seen.
So, having no reply to give
    To what the old man said,
I cried "Come, tell me how you live!"
    And thumped him on the head.

His accents mild took up the tale:
    He said "I go my ways,
And when I find a mountain-rill,
    I set it in a blaze;
And thence they make a stuff they call
    Rowland's Macassar Oil—
Yet twopence-halfpenny is all
    They give me for my toil."

But I was thinking of a way
    To feed oneself on batter,
And so go on from day to day
    Getting a little fatter.
I shook him well from side to side,
    Until his face was blue:
"Come, tell me how you live," I cried,
    "And what it is you do!"

He said "I hunt for haddocks' eyes
    Among the heather bright,
And work them into waistcoat-buttons
    In the silent night.
And these I do not sell for gold
    Or coin of silvery shine,
But for a copper halfpenny,
    And that will purchase nine."

"I sometimes dig for buttered rolls,
    Or set limed twigs for crabs;
I sometimes search the grassy knolls
    For wheels of hansom-cabs.

And that's the way" (he gave a wink)
"By which I get my wealth—
And very gladly will I drink
Your Honour's noble health."

I heard him then, for I had just
Completed my design
To keep the Menai bridge form rust
By boiling it in wine.
I thanked him much for telling me
The way he got his wealth,
But chiefly for his wish that he
Might drink my noble health.

And now, if e'er by chance I put
My fingers into glue,
Or madly squeeze a right-hand foot
Into a left-hand shoe,
Or if I drop upon my toe
A very heavy weight,
I weep, for it reminds me so
Of that old man I used to know—
Whose look was mild, whose speech was slow,
Whose hair was whiter than the snow,
Whose face was very like a crow,
With eyes, like cinders, all aglow,
Who seemed distracted with his woe,
Who rocked his body to and fro,
And muttered mumblingly and low,
As if his mouth were full of dough,
Who snorted like a buffalo—
That summer evening long ago,
A-sitting on a gate.[132]

Wem diese Parodie auch ohne Kenntnis der Vorlage schon amüsant scheint, möge sich das Original einmal zur Hand nehmen – die andern erst recht. Nächst dem Zensor ist vielleicht der literarische Parodist der beste Leser – und die Konsequenzen seiner Lektüre sind so viel leichter zu ertragen, jedenfalls für andere Leser.

Zum Abschluß dieses Kapitels möchte ich auf ein Phänomen zu sprechen kommen, das in gewisser Hinsicht die Kulmination des poetischen 'Anders-Sprechens' ist und doch zugleich auf den Ausgangspunkt des Kapitels 1 zurückkommt: Ich meine den Umstand, daß man in Gedichten Sachen sagen kann, die

---

132 William Zaranka (ed.), *The Brand-X Anthology of Poetry: Burnt Norton Edition*, Cambridge / Watertown: Apple-Wood, 1981, 133-135.

völlig unmöglich sind, die sonst nach keiner Regel unserer Sprache zulässig wären. Nehmen wir etwa Emily Dickinsons "I heard a fly buzz—when I died—":

I heard a Fly buzz—when I died—
The stillness in the Room
Was like the Stillness in the Air—
Between the Heaves of Storm—

The Eyes around—had wrung them dry—
And Breaths were gathering firm
For that last Onset—when the King
Be witnessed—in the Room—

I willed my Keepsakes—Signed away
What portion of me be
Assignable—and then it was
There interposed a Fly—

With Blue—uncertain stumbling Buzz—
Between the light—and me—
And then the Windows failed—and then
I could not see to see—

Oder Randall Jarrells "The Death of the Ball Turret Gunner":

From my mother's sleep I fell into the State
and I hunched in its belly till my wet fur froze.
Six miles from earth, loosed from its dream of life,
I woke to black flak and the nightmare fighters.
When I died they washed me out of the turret with a hose.

Ich habe im Laufe von über 20 Jahren mit unzähligen Studenten Stunden und Stunden diese und andere Gedichte diskutiert, aber noch nie einen getroffen, der sich irgendwie an der Unmöglichkeit des Satzes "I heard a fly buzz when I died" oder an "When I died they washed me out of the turret with a hose" gestoßen hätte. Es schien ihnen völlig normal, selbstverständlich, nicht weiter bemerkenswert. Wenn das Unmögliche solcherart zum Selbstverständlichen geworden ist – wer kann da noch an der transformierenden Macht der Poesie zweifeln? Und *for once*, doch jedes Mal wieder, war ich nicht ungehalten, daß niemandem etwas aufgefallen war.

8 Zum guten Schluß

Solange wir an einem Text seine besondere Form bemerken und ihn unter diesem Aspekt lesen und studieren, nehmen wir ihn als literarischen wahr. Dabei ist es unerheblich, ob wir zuerst durch innertextliche Signale (die 'unausgefüllten' Verszeilen, die rhythmischen Muster, die ungewöhnlichen Bilder, den Klang usw.) darauf gekommen sind oder durch die institutionelle oder textliche Rahmung des Textes, seinen Zusammenhang, den Ort der Präsentation und Begegnung – oder was auch immer. Entscheidend ist, daß wir den *Fokus* viel stärker als sonst üblich auf den Text selbst, den Text als Text, richten und ihn nicht als durchsichtiges, neutrales Medium verstehen, dessen Funktion darin besteht, *self-effacingly* auf etwas zu verweisen, was außerhalb seiner selbst liegt, sondern ihn selbst als Objekt des Interesses betrachten. Das ist eine Frage der *Einstellung* – und zwar sowohl der Einstellung des Lesenden wie der Einstellung desjenigen, der (als Kreuzpunkt wie vieler Diskurse auch immer) diesen Text in die Welt gesetzt hat.

Literarische Texte, in gesteigertem Maße aber poetische Texte, sind autoreferentiell gehandelte Texte, deren besondere Bedeutung sich daraus ergibt, daß in ihnen die Elemente der Sprache in besonderer Weise arrangiert scheinen, nämlich so, daß über oder hinter ihrer 'normalen' Bedeutung (*whatever that may be*) weitere Bedeutungen aufscheinen. *Jeder* literarische Text ist mehrdeutig, weil er aus den Töpfen, Karotten und Kohlestückchen der Sprache etwas anderes baut, wobei es, anders als beim Schneemann, häufig nicht bei *einer* zweiten Bedeutung bleibt, sondern, je stärker die Elemente gegeneinander ver-rückt werden, desto eher, zu einer Kettenreaktion von Bedeutungen, von möglichen, denkbaren Sinn-Konfigurationen kommt. Komplexe Anordnungen jeder Art erlauben meistens mehr als bloß *eine* Gestaltbildung.

Einen literarischen Text, besonders aber einen poetischen, auf seine *Machart* hin zu befragen, ist also nicht nur eine mögliche Herangehensweise, sondern auch eine naheliegende, weil *angemessene*. Sind die Eierkohlen in die obere oder in die mittlere Schneekugel eingedrückt? Sind es zwei oder drei? Waagerecht oder senkrecht? So findet man heraus, ob es sich 'hier' um Augen oder Knöpfe handelt. Manche ziehen es zwar vor, die Kinder selbst zu befragen, was sie uns damit sagen wollten – man hätte es aber auch durchaus selbst herausbekommen können, ganz alleine.

Im Ernst: Bei der Interpretation und Analyse von Lyrik sind *intrinsic approaches* angeraten, weil sie zur Sache kommen, statt um sie herumzureden. Daß "die Erörterung der Bedingungen, unter denen Gebilde entstanden, und die ihrer Wirkung, sich vorwitzig an Stelle der Erfahrung von den Gebilden wie sie sind setzen will"[133] – dieser fatale Eindruck, daß extrinsisches Reden über Lyrik Ausdruck einer kuriosen Vermeidungsangst ist, muß immer dann entstehen, "wenn

---

133 Theodor W. Adorno, "Rede über Lyrik und Gesellschaft", *Akzente* 4 (1957), 8-26, 8.

lyrische Gebilde [...] als Demonstrationsobjekte soziologischer Thesen mißbraucht werden",[134] statt daß das, was an ihnen gesellschaftlich ist, *aus ihnen selbst* entwickelt wird. Denn gesellschaftlich durch und durch sind Gedichte selbstverständlich: Sie sind es in dem Sinne, daß es sich um *sprachliche* "Gebilde" handelt. Sie sind es auch in dem Sinne, daß vermöge "ihres ästhetischen Geformtseins" "Unentstelltes, Unerfaßtes, noch nicht Subsumiertes in die Erscheinung [gesetzt wird] und so geistig etwas vorweg[genommen wird] von einem Zustand, in dem kein schlecht Allgemeines, nämlich zutiefst Partikulares mehr das andere, Menschliche fesselte."[135] Und sie sind es schließlich, denke ich, in dem Sinne, daß ihre einzige Art zu wirken, wirklich zu sein, in ihrem Rezipiertwerden liegt. Der Gesellschafts- und Realitätsbezug von Lyrik liegt in unseren Köpfen – oder nirgends.

Dieser Zusammenhang von Sprache, Form, Nicht-Subsumiertem und offener Subjektivität verdient es, noch einmal entfaltet zu werden. Das Erste, was an Lyrik auffällt, ist ihr Anderssein – der Erscheinung nach, aber auch nach dem, was sie auszusagen scheint. Der Punkt wird in Wallace Stevens' "The Man with the Blue Guitar" gemacht – einer längeren Gedichtfolge, deren Anfang ich hier aufgreife:

The man bent over his guitar,
A shearsman of sorts. The day was green.

They said, 'You have a blue guitar,
You do not play things as they are.'

The man replied, 'Things as they are
Are changed upon the blue guitar.'

And they said then, 'But play, you must,
A tune beyond us, yet ourselves,

A tune upon the blue guitar
Of things exactly as they are.'[136]

Schon die fehlenden oder vorhandenen Reime signalisieren es: Diese Kunst beharrt auf ihrer Differenzqualität ("guitar : green"), es ist das Publikum, das Stimmigkeit einfordert, die *exakte* Nachahmung der Wirklichkeit, die Verdoppelung der Dinge, wie sie sind ("guitar : are"). Die Antwort des Gitarristen – der sich über sein Instrument beugt wie ein Hirte, der seinem Schaf die Wolle abschert – ist nicht nur eine reimliche Umkehrung ("are : guitar"): Die Dinge selbst erfahren, wie er sagt, eine Veränderung auf diesem Instrument – nicht die Kunst hat

---

134 Adorno, "Lyrik", 8.

135 Adorno, "Lyrik", 9.

136 Wallace Stevens, "The Man with the Blue Guitar", *The Collected Poems*, New York: Knopf, 1981, 165-184, 165.

sich nach der Realität zu richten, die Realität richtet sich in der Kunst nach der Kunst. In Kunst wird Stimmigkeit zu *ihren* Bedingungen hergestellt. Diese Art von Stimmigkeit ist (natürlich) eine künstliche, die das Gleiche im Nicht-Identischen aufklingen läßt, wie es ja in jedem Reim geschieht ("are – guitar"). Kunst weiß, daß sie diesen Eindruck bloß *macht*, daß es nicht so 'ist'.

Nun ist es am Publikum, auf einer Differenz zu beharren ("must – ourselves") und ihre Beachtung einzufordern, was nicht einfach ist, da die Differenz doppelt *paradox* ist:

'But play, you must,
A tune beyond us, yet ourselves,

A tune upon the blue guitar
Of things exactly as they are.'

Etwas zu fordern, was (noch) "beyond us" ist, doch es schon als Eigenes zu reklamieren ("yet ourselves"), bedeutet die Anerkenntnis, daß wir noch nicht fertig, noch nicht ganz bei uns sind,[137] daß es zwischen dem, wie es ist, und dem, wie es sein sollte, noch einen Unterschied gibt – einen Unterschied, der paradoxer-, aber auch sinnfälligerweise nur von diesem Instrument und nur utopisch-vorgreifend aufgehoben werden kann –

A tune beyond us, yet ourselves,

dem Instrument, auf dem nichts so bleibt, wie es ist, weil es die Dinge *verwandelt*.[138] Daß die Wirklichkeit sei, wie sie sei, ist ja auch nur so eine Phrase, die gerade das Aufregendste an der Wirklichkeit völlig außer acht läßt: daß sie sich nämlich dauernd verändert. Was gerade ist, ist nur ein kleiner Teil der Wirklichkeit – was in ihr steckt, was *wird*, ist, nach allem, was wir wissen, der größere.

Doch der paradoxe Auftrag, die Dinge so zu singen, wie sie sind, doch auch so, daß sie über sich hinausweisen, ist nur zu erfüllen, wenn Kunst sich gerade weigert, das Noch-Nicht, das Utopische konkret auszupinseln. Gerade wenn sie auf diese Art von Totalität zielt, kippt sie ins Ideologische – das man inhaltlich gut oder schlecht finden mag, je nach Parteigängertum, das aber so oder so nicht *anzusprechen* vermag. Dem Anspruch des Publikums genügt gerade der, in dessen Kunst die Differenz aufrechterhalten wird zwischen dem, 'was ist' und dem, was nicht:

I cannot bring a world quite round,
Although I patch it as I can.

---

137 Vgl. Ernst Bloch, *Das Prinzip Hoffnung*, 3 Bde., Frankfurt / M.: Suhrkamp, 1959, 1974.

138 Vgl. André Malraux: "Pour que l'art naisse, il faut que la relation entre les objets représentés et l'homme soit d'une autre nature que celle imposée par le monde." Zitiert nach Reinhold Grimm (ed.), *Zur Lyrik-Diskussion*, Darmstadt: WBG, 1966, 314.

I sing a hero's head, large eye
And bearded bronze, but not a man,

Although I patch him as I can
And reach through him almost to man,

If to serenade almost to man
Is to miss, by that, things as they are,

Say that it is the serenade
Of a man that plays a blue guitar.[139]

Der Dichter, der keine komplette Welt zustande bringt und natürlich auch keinen Menschen (wie auch?), eröffnet gerade durch diese *Nicht*-Duplikation des Bestehenden dem Menschen den Spalt der Möglichkeit, das Andere zu denken. Wie beim Gitarristen ist das *Verfehlen* der Wirklichkeit Voraussetzung dafür, daß die Kunst sich "fast" an den Menschen wendet, ihm "fast" ein Ständchen gibt. Natürlich nur "fast", denn wie jede originelle Kunst 'hat' das, was da gesungen wird, noch nicht sein Publikum (vielleicht das einzige verläßliche Kriterium zur Unterscheidung zwischen großer und nicht so großer Kunst: Erstere hat, im Zeitpunkt ihres Erscheinens, ihr Publikum noch nicht, es wächst erst *an ihr*; die andere Kunst spekuliert dagegen auf das Publikum, *so wie es jetzt schon da ist*, und wundert sich dann, warum ihr keiner ohne Not bescheinigen möchte, bahnbrechend zu sein).[140]

In diesem Sinne wendet sich auch bemerkenswerte Lyrik immer individuell an einen, der gewissermaßen noch nicht ist, sondern erst wird: Aus Rezipient A soll A' werden. Und diese Veränderung vollzieht sich, wenn sie sich vollzieht, über nachvollziehende *Lektüre*.

Erstaunte euch nicht auf attischen Stelen die Vorsicht
menschlicher Geste? war nicht Liebe und Abschied
so leicht auf die Schultern gelegt, als wär es aus anderm
Stoffe gemacht als bei uns?[141]

Oder:

---

139 Stevens, *Collected Poems*, 165/166.

140 Vgl. dazu allgemein folgendes Fundstück: "Die Produktion liefert dem Bedürfnis nicht nur ein Material, sondern sie liefert dem Material auch ein Bedürfnis. [...] Der Kunstgegenstand – ebenso jedes andre Produkt – schafft ein kunstsinniges und schönheitsgenußfähiges Publikum. Die Produktion produziert daher nicht nur einen Gegenstand für das Subjekt, sondern auch ein Subjekt für den Gegenstand." Karl Marx, Friedrich Engels, *Über Kunst und Literatur*, 2 Bde., Berlin: Dietz, 1967, 1: 116/117.

141 Rainer Maria Rilke, "Zweite Duineser Elegie", *Die Gedichte*, Frankfurt / M.: Insel, 1986, 635/636.

In Xanadu did Kubla Khan
A stately pleasure dome decree
Where Alph, the sacred river, ran
Through caverns measureless to man
  Down to a sunless sea.

Oder:

Now as I was young and easy under the apple boughs
About the lilting house and happy as the grass was green,
  The night above the dingle starry,
          Time let me hail and climb
  Golden in the heydays of his eyes,
And honoured among wagons I was prince of the apple towns
And once below a time I lordly had the trees and leaves
          Trail with daisies and barley
  Down the rivers of the windfall light.

– die Magie solcher Zeilen ist erklärbar, erklärbar als Wirkung eines Ensembles von klanglichen, rhythmischen, bildlichen Faktoren, denen von ihrer Wirkung nichts genommen wird, wenn man verstanden hat, wie sie zustande kommt. Die Verknüpfung von wacher Sensibilität und klarem Verstand, die jeder gelungenen, den Text aufschließenden Interpretation zugrundeliegt, findet ihre Entsprechung in der glücklichen Verschränkung von Textbeobachtung und Selbstbeobachtung: Nur wenn ich im Durchfahren eines Gedichtes mich selbst zum sensiblen Instrument mache (und das bedeutet: der Leser muß das bewegliche Teil in dieser Relation sein!), kann ich es in seiner Feinstruktur ausmessen und aufnehmen – nur über solche Fremderfahrung ist auch Selbsterfahrung möglich (und umgekehrt).

Es ist ein Gemeinplatz, daß arme Lektüren den Text unterwerfen, ihn lediglich zur Projektionsfläche eigener Befindlichkeiten und Obsessionen machen. Reicher werden Lektüren in dem Maße, in dem man die Texte nicht zu einem vorgestellten Zweck gebraucht, sondern sich einen Sinn für ihre Alterität, ihre Andersheit bewahrt: 'Ich dachte dies, doch siehe an: Es verhält sich eher so.' Es spielt dabei keine Rolle, ob ich die Phänomene des Textes systematisch inventarisiere oder sie bloß dort vermerke, wo sie mir besonders auffielen. Entscheidend ist, daß in der Synthese die Eigenart des Textes bewahrt ist, daß die Zusammenschau der diversen Partien eine Partitur ergibt und daß mein analytisches oder interpretatorisches Protokoll dieser Partitur eine Ahnung seines funktionellen Ineinandergreifens gibt.

Das wirft mindestens zwei fundamentale Fragen auf: 1. Wenn das Unerwartete, die Überraschung, die Abweichung, die Durchbrechung des Musters eine so große Rolle bei der Wirkung von Lyrik spielt, wie erklärt sich dann die *andauernde* Wirkung mancher Gedichte und zwar nicht nur individuell, also daß man auf ein und denselben Gedichttext zurückkommen und ihn noch als reizvoll empfinden kann, sondern auch historisch, gesellschaftlich: Warum erschöpfen sich manche Texte nicht? 2. Wenn die Bedeutung eines Gedichtes im wesentlichen in seiner Erfahrung liegt, wie läßt sich das Sprechen über Gedichte jemals hinreichend objektivieren?

Die Antwort auf die erste Frage könnte folgendermaßen aussehen: Gerade weil die Bedeutung eines Gedichtes etwas ist, das entsteht, wenn ein Bewußtsein sich mit einer konstanten materiellen Vorgabe (dem Artefakt) beschäftigt und auseinandersetzt, ist die Generation von Bedeutungen prinzipiell unabschließbar. Verstehen und Interpretation sind immer unabgeschlossen. Es ist schwer vorstellbar, daß uns ein Gedicht auch bei x-ter Lektüre auf die gleiche Weise überrascht wie beim ersten Male, aber durchaus denkbar, daß uns ein Gedicht zu verschiedenen Zeiten Verschiedenes bedeutet – weil *wir* uns verändert haben. In dieser Rezeptionsbeziehung ist der Mensch die Variable – wer oder was sonst?

Und dasselbe gilt natürlich auch im größeren Maßstab: Die andauernde Wirkung bestimmter Texte beruht zum Teil darauf, daß verschiedene Gruppen, Schichten, Klassen, Kulturen und Gesellschaften zu verschiedenen Zeiten Verschiedenes in ihnen gesehen haben.[142] Und das setzt auf der Objektseite, wenn man denn daran festhalten möchte, notwendig voraus: eine hinreichende Komplexität, dazu eine gewisse Mischung von Konkretion und Allgemeinheit, die den Text multipel anschließbar machen, primär aber eines: Der Text muß prinzipiell *dekontextualisiert* sein, denn erst dadurch werden seine Elemente freier konfigurierbar, frei für neue Ausdeutungen. Man sieht hier, daß die Wirkungsbedingung (und damit auch die Bedingung für die *andauernde* Wirkung) von Literatur immer gleich im Lieferumfang mitenthalten ist: Als Literatur sehen wir Texte an, die nicht-referentiell zu lesen sind, und gerade dieser Umgang ermöglicht es (nicht daß er es garantierte!), daß bestimmte Texte über erstaunlich lange Zeiträume Anlaß für immer neue Konkretionen geben. Das eine geht mit dem anderen so sehr Hand in Hand, daß man von zwei Seiten einer Münze reden könnte.

Damit ist die Beantwortung der zweiten Frage aber schon vorbereitet. Mitte des 19. Jahrhunderts definierte der deutsche Ästhetiker Friedrich Theodor Vischer Lyrik folgendermaßen, nämlich als "ein punktuelles Zünden der Welt im Subjekte: in *diesem* Moment erfaßt die Erfahrung *dieses* Subjekt auf *diese* Weise. [...] Die Situation ist der Moment, wo Subjekt und Objekt sich erfassen, dies in jenem zündet, jenes dies ergreift und sein Weltgefühl in einem Einzelgefühl ausspricht."[143] Das "punktuelle Zünden der Welt im Subjekte", dieser sprachlich gefaßte Ausdruck eines In-der-Welt-Seins, wiederholt sich aber in der Rezeption des lyrischen Gedichtes als dem Niederschlag des "geschichtliche[n] Verhält-

---

142 Vgl. Christoph Bode, "Azores High, Iceland Low: The Location and Dynamics of Shakespeare's Meaning and Value (My Dinner with Christoph)", *Historicizing / Contemporizing Shakespeare: Essays in Honour of Rudolf Böhm*, eds. Christoph Bode, Wolfgang Klooss, Trier: WVT, 2000, 25-52.

143 Friedrich Theodor Vischer, *Ästhetik oder Wissenschaft des Schönen* (1846-57), 6 Bde. in 3, Hildesheim / Zürich / New York: Olms, 2. Nachdruck der 2. Aufl., 1996, 6: 208, 209.

nis[ses] des Subjekts zur Objektivität, des Einzelnen zur Gesellschaft im Medium des subjektiven, auf sich zurückgeworfenen Geistes":[144]

> Das Medium dafür aber ist die Sprache. Die spezifische Paradoxie des lyrischen Gebildes, die in Objektivität umschlagende Subjektivität, ist gebunden an jenen Vorrang der Sprachgestalt in der Lyrik, von dem der Primat der Sprache in der Dichtung überhaupt, bis zur Form von Prosa, herstammt. [...] Darum zeigt Lyrik dort sich am tiefsten gesellschaftlich verbürgt, wo sie nicht der Gesellschaft nach dem Munde redet, wo sie nichts mitteilt, sondern wo das Subjekt, dem der Ausdruck glückt, zum Einstand mit der Sprache selber kommt, dem, wohin diese von sich aus möchte. [...] Wenn einmal die große Philosophie die freilich heute von der Wissenschaftslogik verschmähte Wahrheit konstruierte, Subjekt und Objekt seien überhaupt keine starren und isolierten Pole, sondern könnten nur aus dem Prozeß bestimmt werden, in dem sie sich aneinander abarbeiten und verändern, dann ist die Lyrik die ästhetische Probe auf jenes dialektische Philosophem.[145]

In der Begegnung mit einem Text, in welch geringem Maße auch immer, ein anderer zu werden, sich an ihm zu verändern, statt sich den Text unterwerfend anzuverwandeln, das ist der rechte Umgang, der von der Sprachverwendung der Lyrik ja selbst vorgezeichnet scheint: In Lyrik tritt uns das bis zur Achtlosigkeit Vertrauteste, die Sprache nämlich, als Fremdes, Anderes, das doch verstehbar ist, gegenüber, als abgetrenntes Eigenes, das doch nichts notwendig Unheimliches hat und auch nichts uns Unterjochendes, wie das Produkt noch jeder Entfremdung – sondern im Gegenteil so, daß wir wie zum ersten Male zweckfrei anschauen, was wir täglich mehr oder minder achtlos, da als bloßes Vehikel oder Medium, benutzen: In der Differenz dieser Verwendung leuchtet eine Möglichkeit auf, die *en miniature* in jeder Lektüre versteckt ist und emblematisch auf eine größere verweist: *sich selbst und die Dinge anders anzusehen*, als anders-als-gedacht.

Auf dieses Phänomen mag der Ausdruck 'Erfahrung' besser zutreffen als technisches Vokabular. Es teilt mit Lyrik den Aspekt, daß es wohl analysierbar, interpretierbar, auch durch Umschreibung mitteilbar, aber jedenfalls nicht ersetzbar ist. In diesem, von Sartre vielleicht nicht einmal mitgemeinten Sinne ist auch Lyrik ein Appell "an die Freiheit des Lesers", nicht nur "an der Produktion [des Werks des Schriftstellers] mit[zu]arbeiten",[146] sondern anläßlich von Literatur sich der eigenen Potentialität, der eigenen Möglichkeiten bewußt zu werden ("A tune beyond us, yet ourselves"), nicht in *vorgestellter* Möglichkeit, sondern in *praktischem Vollzug*.

Das Problem der Objektivierbarkeit der *Bedingungen* dieser Erfahrung stellt sich nicht – über sie läßt sich reden wie über jeden anderen Gegenstand menschlicher Erfahrung auch. Die Erfahrung selbst aber muß, wie bei einem Musikstück, einem Gemälde, ach, jedweder Erfahrung, *umschrieben* werden. Wie so

---

144 Adorno, "Lyrik", 13.

145 Adorno, "Lyrik", 14-16.

146 Jean-Paul Sartre, *Was ist Literatur?*, Reinbek: Rowohlt, 1981, 41.

etwas geht, macht manches Gedicht vor: *Nicht* etwa, weil es kostbare Augenblicke wie in Bernstein gefroren transportierte, zu unserem Genuß und unserer Erbauung, als Flaschenpost quasi. Sondern weil es etwas enthält, womit wir *so* nicht gerechnet hatten: die Entfaltung eines Potentials im Vertrautesten, Gewöhnlichsten, durch Einführen einer Differenz, die einen Unterschied macht: in Sprache, im Text, in uns. Literatur, besonders aber die Lyrik, macht ein Erfahrungsangebot. Man ist potentiell anders. Man (er)kennt sich in Relation zu dem, was man nicht ist und doch sein könnte (aber nicht sein muß). Das Bewußtsein dieser Differenz heißt wahlweise Möglichkeitssinn, Sehnen, Begehren oder Träumen – ihre Überbrückung Erfahrung, notfalls Lektüre-Erfahrung.

Man ist noch lange nicht fertig.

Literaturverzeichnis

Adler, Jeremy, Ulrich Ernst. *Text als Figur: Visuelle Poesie von der Antike bis zur Moderne*. Weinheim: VCH, 1987.

Adorno, Theodor W.. "Rede über Lyrik und Gesellschaft". *Akzente* 4 (1957), 8-26.

Aristoteles. *Poetik*. Übers. Olof Gigon. Stuttgart: Reclam, 1961, 1978.

Attridge, Derek. *The Rhythms of English Poetry*. London / New York: Longman, 1982.

——. *Poetic Rhythm: An Introduction*. Cambridge: Cambridge UP, 1995.

Beach, Christopher (ed.). *Artifice and Indeterminacy: An Anthology of New Poetics*. Tuscaloosa: University of Alabama Press, 1999.

Behrens, Irene. *Die Lehre von der Einteilung der Dichtkunst vornehmlich vom 16. bis 19. Jahrhundert: Studien zur Geschichte der poetischen Gattungen*. Halle / Saale: Niemeyer, 1940.

Biebuyck, Benjamin. *Die poietische Metapher: Ein Beitrag zur Theorie der Figürlichkeit*. Würzburg: Königshausen & Neumann, 1998.

Black, Max. *Models and Metaphors: Studies in Language and Philosophy*. Ithaca, NY: Cornell UP, 1962.

Bloch, Ernst. *Das Prinzip Hoffnung*. 3 Bde.. Frankfurt / M.: Suhrkamp, 1959, 1974.

Bode, Christoph. *Lyrik und Methode: Propädeutische Arbeit mit Gedichten*. Berlin: Cornelsen-Velhagen & Klasing, 1983.

——. *Ästhetik der Ambiguität: Zu Funktion und Bedeutung von Mehrdeutigkeit in der Literatur der Moderne*. Tübingen: Niemeyer, 1988.

——. "Das Paradox in post-mimetischer Literatur und post-strukturalistischer Literaturtheorie". *Das Paradox: Eine Herausforderung des abendländischen Denkens*, eds. Paul Geyer, Roland Hagenbüchle. Tübingen: Stauffenburg, 1992, 619-657.

——. " 'Look on my Works, ye Mighty, and despair!' Notes on the Non-teachability of Poetry". *Teachable Poems from Sting to Shelley* (*anglistik & englischunterricht* 53), ed. Manfred Pfister. Heidelberg: Winter, 1994, 139-153.

——. *John Keats: Play On*. Heidelberg: Winter, 1996.

——. "Azores High, Iceland Low: The Location and Dynamics of Shakespeare's Meaning and Value (My Dinner with Christoph)". *Historicizing / Contemporizing Shakespeare: Essays in Honour of Rudolf Böhm*, eds. Christoph Bode, Wolfgang Klooss. Trier: WVT, 2000, 25-52.

Bohn, Willard. *The Aesthetics of Visual Poetry 1914-1928*. Chicago / London: University of Chicago Press, 1986.

Bosse, Heinrich, Ursula Renner (eds.). *Literaturwissenschaft: Einführung in ein Sprachspiel*. Freiburg: Rombach, 1999.

Braak, Ivo. *Poetik in Stichworten: Literaturwissenschaftliche Grundbegriffe – Eine Einführung*. Kiel: Hirt, 5. Aufl. 1974.

Brogan, T.V.F.. *English Versification, 1570-1980: A Reference Guide with a Global Appendix*. Baltimore / London: Johns Hopkins UP, 1981.

Brooks, Cleanth. *The Well Wrought Urn: Studies in the Structure of Poetry*. New York: Harcourt, 1947.

Brooks, Cleanth, Robert Penn Warren. *Understanding Poetry*. Forth Worth / Philadelphia usw.: Harcourt Brace, 4. Aufl. 1976.

Brooks, Peter. "Aesthetics and Ideology: What Happened to Poetics?" *Critical Inquiry* 20 (1994), 509-523.

Brooke-Rose, Christine. *A Grammar of Metaphor*. London: Secker & Warburg, 1958.

Burdorf, Dieter. *Einführung in die Gedichtanalyse*. Stuttgart / Weimar: Metzler, 2., überarbeitete und aktualisierte Aufl. 1997.

Coleridge, Samuel Taylor. *Biographia Literaria* [*Collected Works* 7]. 2 Bde. in 1, eds. James Engell, Walter Jackson Bate. Princeton, NJ: Princeton UP, 1984.

Corn, Alfred. *The Poem's Heartbeat: A Manual of Prosody*. Brownsville, OR: Story Line, 1997.

Cruttwell, Patrick. *The English Sonnet*. Harlow: Longman, 1966, 1969.

Culler, Jonathan. *Structuralist Poetics: Structuralism, Linguistics and the Study of Literature*. London: Routledge, 1975.

Dencker, Klaus Peter. *Text-Bilder: Visuelle Poesie International – Von der Antike bis zur Gegenwart*. Köln: Dumont, 1972.

Derrida, Jacques. "White Mythology: Metaphor in the Text of Philosophy". *New Literary History* 6 (1974/75), 5-74.

Diller, Hans-Jürgen. *Metrik und Verslehre*. Düsseldorf: Bagel, Bern / München: Francke, 1978.

Easthope, Anthony. *Poetry as Discourse*. London / New York: Routledge, 1983.

Eco, Umberto. "Vom offenen Kunstwerk zum Pendel Foucaults". *Lettre International* Nr. 5 (1989), 38-42.

Eliot, Thomas Stearns. *Selected Prose*, ed. Frank Kermode. London: Faber & Faber, 1975, 1984.

Empson, William. *Seven Types of Ambiguity* (1930). Harmondsworth: Penguin, 1972, 1977.

Enzensberger, Hans-Magnus. "Ein bescheidener Vorschlag zum Schutze der Jugend vor den Erzeugnissen der Poesie". *päd.extra* Nr. 18/19 (1976), 34-36.

Fish, Stanley. *Is There a Text in This Class? The Authority of Interpretive Communities*. Cambridge, MA / London: Harward UP, 1980.

Frank, Horst J.. *Wie interpretiere ich ein Gedicht? Eine methodische Anleitung*. Tübingen / Basel: Francke, 4. Aufl. 1998.

Frank, Manfred. *Einführung in die frühromantische Ästhetik: Vorlesungen*. Frankfurt / M.: Suhrkamp, 1989.

Friedrich, Hugo. *Die Struktur der modernen Lyrik*. Reinbek: Rowohlt, erw. Neuausgabe 1979.

Fuller, John. *The Sonnet*. London: Methuen, 1972, 1978.

Fussell, Paul. *Poetic Meter and Poetic Form*. New York: Random House, 1965, revised edition 1979.

Gelfert, Hans-Dieter. *Wie interpretiert man ein Gedicht?* Stuttgart: Reclam, 1990.

——. *Einführung in die Verslehre*. Stuttgart: Reclam, 1998.

Genette, Gérard. *Einführung in den Architext*. Stuttgart: Legueil, 1990.

Gioia, Dana. *Can Poetry Matter? Essays on Poetry and American Culture*. Saint Paul, MN: Graywolf, 1992.

Goethe, Johann Wolfgang von. *Werke* (Hamburger Ausgabe). 14 Bde.. München: dtv, 1982.

Grimm, Reinhold (ed.). *Zur Lyrik-Diskussion*. Darmstadt: WBG, 1966.

Grümmer, Gerhard. *Spielformen der Poesie*. Leipzig: VEB Bibliographisches Institut, 2. Aufl. 1988.

Haefner, Gerhard. *Englische Lyrik vom Zweiten Weltkrieg bis zur Gegenwart: Konzepte, Themen, Strukturen*. Heidelberg: Winter, 1997.

Hamburger, Käte. *Die Logik der Dichtung* (1957). Stuttgart: Klett-Cotta, 3. Aufl. 1977.

Hamer, Enid. *The Metres of English Poetry*. London: Methuen, 1930.

Hartung, Harald. *Experimentelle Literatur und Konkrete Poesie*. Göttingen: Vandenhoeck & Ruprecht, 1975.

Haverkamp, Anselm (ed.). *Theorie der Metapher*. Darmstadt: WBG, 1983.

Hawkes, Terence. *Metaphor*. London: Methuen, 1972, 1977.

Hempfer, Klaus W.. *Gattungstheorie: Information und Synthese*. München: Fink, 1973.

Herrig, Ludwig, Horst Meller, Rudolf Sühnel (eds.). *British and American Classical Poems*. Heidelberg: Winter, korrigierter Nachdruck 1998.

Hollander, John. *Rhyme's Reason: A Guide to English Verse*. New Haven / London: Yale UP, new enlarged edition 1989.

Homann, Renate. *Theorie der Lyrik: Heautonome Autopoiesis als Paradigma der Moderne*. Frankfurt / M.: Suhrkamp, 1999.

Hühn, Peter. *Geschichte der englischen Lyrik*. 2 Bde.. Tübingen / Basel: Francke, 1995.

Hughes, Ted. *Selected Poems 1957-1981*. London / Boston: Faber & Faber, 1982, 1985.

Ingendahl, Werner. *Der metaphorische Prozeß: Methodologie zur Erforschung der Metaphorik*. Düsseldorf: Schwann, 2., überarbeitete Aufl. 1973.

Iser, Wolfgang (ed.). *Immanente Ästhetik – Ästhetische Reflexion: Lyrik als Paradigma der Moderne* (= *Poetik und Hermeneutik II*). München: Fink, 1966.

Jakobson, Roman. *Poetik: Ausgewählte Aufsätze 1921-1971*. Frankfurt / M.: Suhrkamp, 1979.

Jost, Walter. *Probleme und Theorien der deutschen und englischen Verslehre mit einem Sonderteil über Die Form des alemannischen Mundarthexameters bei Johann Peter Hebel und den Schweizern*. Bern / Frankfurt: Lang, 1976.

Joyce, James. *A Portrait of the Artist as a Young Man*. Harmondsworth: Penguin, 1972.

Kant, Immanuel. *Kritik der Urteilskraft*, ed. Gerhard Lehmann. Stuttgart: Reclam, 1963, 1981.

Kayser, Wolfgang. *Kleine Deutsche Versschule*. Bern: Francke, 1946.

——. *Das sprachliche Kunstwerk: Eine Einführung in die Literaturwissenschaft* (1948). Bern / München: Francke, 19. Aufl. 1983.

Keats, John. *Complete Poems*, ed. Jack Stillinger. Cambridge, MA / London: Harvard UP, 1978, 1982.

——. *The Letters of John Keats, 1814-1821*, ed. Hyder Edward Rollins. 2 Bde.. Cambridge, MA: Harvard UP, 1958.

Killy, Walther. *Elemente der Lyrik*. München: Beck, 1972.

Kinzie, Mary. *A Poet's Guide to Poetry*. Chicago: University of Chicago Press, 1999.

Kirby, John T.. "Aristotle on Metaphor". *American Journal of Philology* 118 (1997), 517-554.

Koch, Kenneth. "Die Sprache der Poesie". *Lyrik: Über Lyrik* (Sonderheft *Merkur* Nr. 600, 53: 3/4 [März / April 1999]), 277-291.

Kopfermann, Thomas (ed.). *Theoretische Positionen zur konkreten Poesie*. Tübingen: Niemeyer, 1974.

Küper, Christoph. *Sprache und Metrum: Semiotik und Linguistik des Verses*. Tübingen: Niemeyer, 1988.

Kurz, Gerhard. *Metapher, Allegorie, Symbol*. Göttingen: Vandenhoeck & Ruprecht, 2., verbesserte Aufl. 1988.

——. *Macharten: Über Rhythmus, Reim, Stil und Vieldeutigkeit*. Göttingen: Vandenhoeck & Ruprecht, 1999.

——, Theodor Pelster. *Metapher: Theorie und Unterricht*. Düsseldorf: Schwann, 1976.

Lämmert, Eberhard, Dietrich Scheunemann (eds.). *Regelkram und Grenzgänge: Von poetischen Gattungen*. München: text + kritik, 1988.

Lakoff, George, Mark Johnson. *Metaphors We Live By*. Chicago / London: University of Chicago Press, 1980.

Lakoff, George, Mark Turner. *More Than Cool Reason. A Field Guide to Poetic Metaphor*. Chicago / London: University of Chicago Press, 1989.

Lamping, Dieter. *Das lyrische Gedicht*. Göttingen: Vandenhoeck & Ruprecht, 2., durchgesehene Aufl. 1993.

Lausberg, Heinrich. *Handbuch der literarischen Rhetorik*. 2 Bde.. Stuttgart: Steiner, 1990.

Lobsien, Verena. *Skeptische Phantasie: Eine andere Geschichte der frühneuzeitlichen Literatur*. München: Fink, 1999.

Löffler, Arno, Eberhard Späth (eds.). *English Poetry: Eine Anthologie für das Studium*. Wiesbaden: Quelle & Meyer, 3. überarb. Aufl. 1998.

Lucie-Smith, Edward (ed.). *British Poetry Since 1945*. Harmondsworth: Penguin, 1985.

Ludwig, Hans-Werner. *Arbeitsbuch Lyrikanalyse*. Tübingen: Narr, 2. Aufl. 1981.

Lyrik. Über Lyrik. Sonderheft *Merkur* 53: 3/4 (1999).

Marx, Karl, Friedrich Engels. *Über Kunst und Literatur*. 2 Bde.. Berlin: Dietz, 1967.

Matterson, Stephen, Darryl Jones. *Studying Poetry*. London: Arnold, 2000.

McGough, Roger. *Blazing Fruit: Selected Poems 1967-1987*. Harmondsworth: Penguin, 1990.

Meller, Horst. *Zum Verstehen englischer Gedichte*. München: Fink, 1985.

Meller, Horst, Rudolf Sühnel (eds.). *British and American Classical Poems*. Heidelberg: Winter, 1999.

Metzler Literaturlexikon: Begriffe und Definitionen, eds. Günther und Irmgard Schweikle. Stuttgart: Metzler, 2., überarbeitete Aufl., 1990.

Mönch, Walter. *Das Sonett: Gestalt und Geschichte*. Heidelberg: Kerle, 1955.

Monroe, Jonathan, "Poetry, the University, and the Culture of Distraction". *Diacritics* 26:3/4 (Fall / Winter 1996), 3-30.

Morson, Gary Saul. "Contingency and Poetics". *Philosophy and Literature* 22 (1998), 286-308.

Müller-Zettelmann, Eva. *Lyrik und Metalyrik. Theorie einer Gattung und ihrer Selbstbespiegelung anhand von Beispielen aus der englisch- und deutschsprachigen Dichtkunst*. Heidelberg: Winter, 2000.

Nagel, Bert. *Der freie Vers in der modernen Dichtung*. Göppingen: Kümmerle, 1989.

Neumann, Gerhard. "Die 'absolute' Metapher: Ein Abgrenzungsversuch am Beispiel Stéphane Mallarmés und Paul Celans". *Poetica* 3 (1970), 188-225.

The New Oxford Book of English Verse 1250-1950, ed. Helen Gardner. Oxford: Clarendon, 1972.

The New Princeton Encyclopedia of Poetry and Poetics, eds. Alex Preminger, T.V.F. Brogan. Princeton, NJ: Princeton UP, 1993.

The Norton Anthology of American Literature: Fourth Edition. 2 Bde., eds. Nina Baym et al.. New York / London: Norton, 1994.

The Norton Anthology of English Literature: Fifth Edition. 2 Bde., ed. M.H. Abrams. New York / London: Norton, 1986.

The Norton Shakespeare, ed. Stephen Greenblatt. New York / London: Norton, 1997.

Nietzsche, Friedrich. *Werke in vier Bänden*, ed. Gerhard Stanzel. Erlangen: Karl Müller. o.J..

Ohly, Friedrich. *Schriften zur mittelalterlichen Bedeutungsforschung*. Darmstadt: WBG, 2. Aufl. 1983.

Paulin, Tom. *Selected Poems 1972-1990*. London / Boston: Faber & Faber, 1993.

Perloff, Marjorie. "Poetry Doesn't Matter". *American Book Review* 15 (1994), 3, 5, 7, 9.

Pilkington, Adrian. *Poetic Effects: A Relevance Theory Perspective*. Amsterdam: J. Benjamins, 2000.

Pinsky, Robert. *The Sounds of Poetry: A Brief Guide*. New York: Farrar, Straus and Giroux, 1998.

Poe, Edgar Allan. *Tales, Poems, Essays*. London / Glasgow: Collins, 1970.

Pound, Ezra. *Literary Essays*, ed. T.S. Eliot. London / Boston: Faber & Faber, 1954, 1985.

Räkel, Hans-Herbert. Rez. Gerhard Kurz. *Macharten: Über Rhythmus, Reim, Stil und Vieldeutigkeit*. Göttingen: Vandenhoeck & Ruprecht, 1999. *Frankfurter Allgemeine Zeitung* 7.2.2000.

Raith, Joseph. *Englische Metrik*. München: Hueber, 2. Aufl. 1980.

Reeves, James. *Understanding Poetry*. London: Pan, 1967.

Richards, I.A.. *The Philosophy of Rhetoric* (1936). Oxford / New York: Oxford UP, 1965, 1971.

Ricœur, Paul. *Die lebendige Metapher*. München: Fink, 1986.

Rilke, Rainer Maria. *Die Gedichte*. Frankfurt / M.: Insel, 1986.

Roppen, Georg. "Alfred Lord Tennyson, 'Ulysses' ". *Englische Lyrik von Shakespeare bis Dylan Thomas*, ed. Willi Erzgräber. Darmstadt: WBG, 1969, 296-312.

Sacks, Sheldon (ed.). *On Metaphor*. Chicago / London: University of Chicago Press, 1979.

Sartre, Jean-Paul. *Was ist Literatur?* Reinbek: Rowohlt, 1981.

Schipper, Jakob. *Grundriß der englischen Metrik*. Wien / Leipzig: Braumüller, 1895.

Schmidt, Siegfried J. (ed.). *Konkrete Dichtung Konkrete Kunst '68*. Karlsruhe: Eigenverlag, 1968.

—— (ed.). *Konkrete Dichtung: Texte und Theorien*. München: Bayerischer Schulbuchverlag, 1972.

Schmoll, Heike. "Quergelesen: Eine Studie über das Leseverhalten der Deutschen und ihre Lektüre". *Frankfurter Allgemeine Zeitung* 30.11.2000.

Schwindt, J.P. (ed.). *Zwischen Tradition und Innovation: Poetische Verfahren im Spannungsfeld klassischer und neuerer Literatur und Literaturwissenschaft*. München: Saur, 2000.

Sehrt, Ernst Th.. "Alfred Tennyson, 'Ulysses' ". *Die englische Lyrik von der Renaissance bis zur Gegenwart*, ed. Karl-Heinz Göller. 2 Bde.. Düsseldorf: Bagel, 1968, 2: 118-134.

Selections from The Tatler *and* The Spectator *of Steele and Addison*, ed. Angus Ross. Harmondsworth: Penguin, 1982.

Shelley, Percy Bysshe. *Shelley's Poetry and Prose: Authoritative Texts, Criticism*, eds. Donald H. Reiman, Sharon B. Powers. New York / London: Norton, 1977.

Šklovskij, Viktor. "Die Kunst als Verfahren". *Russischer Formalismus: Texte zur allgemeinen Literaturtheorie und zur Theorie der Prosa*, ed. Jurij Striedter. München: Fink, 3. Aufl. 1981, 3-35.

Sorg, Bernhard. *Lyrik interpretieren: Eine Einführung*. Berlin: E. Schmidt, 1999.

Spiller, Michael R.. *The Development of the Sonnet: An Introduction*. London / New York: Routledge, 1992.

Staiger, Emil. *Grundbegriffe der Poetik* (1946). Zürich / Freiburg: Atlantis, 7. Aufl. 1966.

Stanzel, Franz K.. *Theorie des Erzählens*. Göttingen: Vandenhoeck & Ruprecht, 1979.

Steele, Timothy. *All the Fun's in How You Say a Thing: An Explanation of Meter and Versification*. Athens, OH: Ohio UP, 1999.

Stevens, Wallace. *The Collected Poems*. New York: Knopf, 1981.

Strand, Mark, Eavan Boland (eds.). *The Making of a Poem: A Norton Anthology of Poetic Forms*. New York / London: Norton, 2000.

Tarlinskaja, Marina. *English Verse: Theory and History*. The Hague / Paris: Mouton, 1976.

Taylor, Carole Anne. *A Poetics of Seeing: The Implications of Visual Form in Modern Poetry*. New York / London: Garland, 1985.

Thalmayr, Andreas. *Das Wasserzeichen der Poesie oder Die Kunst und das Vergnügen, Gedichte zu lesen*. Nördlingen: Greno, 1985.

Turco, Lewis. *The New Book of Forms: A Handbook of Poetics*. Hanover / London: UP of New England, 1986.

Tuve, Rosemond. *Elizabethan and Metaphysical Imagery*. Chicago: University of Chicago Press, 1947.

Tynjanov, Jurij N.. *Das Problem der Verssprache: Zur Semantik des poetischen Textes*, München: Fink, 1977.

Vischer, Friedrich Theodor. *Ästhetik oder Wissenschaft des Schönen* (1846-57). 6 Bde. in 3. Hildesheim / Zürich / New York: Olms, 2. Nachdruck der 2. Aufl., 1996.

Völker, Ludwig. "Lyrik als 'Paradigma der Moderne'?" *Zeitschrift für Germanistik* 3 (1993), 487-500.

Weinrich, Harald. "Semantik der kühnen Metapher". *Deutsche Vierteljahrsschrift* 37 (1963), 324-344.

——. "Semantik der Metapher". *Folia Linguistica* 1 (1967), 3-17.

——. "Linguistische Bemerkungen zur modernen Lyrik". *Akzente* 15 (1968), 29-47.

——. *Sprache in Texten*. Stuttgart: Klett, 1976.

Wellek, René, Austin Warren. *Theory of Literature*. Harmondsworth: Penguin, 1973.

Wenzel, Peter. "Be Prepared: das Sonett". *Teachable Poems from Sting to Shelley* (*anglistik & englischunterricht* 53), ed. Manfred Pfister. Heidelberg: Winter, 1994, 154-167.

Wilpert, Gero von. *Sachwörterbuch der Literatur*. Stuttgart: Kröner, 7., verbesserte u. erweiterte Aufl. 1989.

Wimsatt, W.K., Monroe C. Beardsley. "The Concept of Meter: An Exercise in Abstraction". *PMLA* 74 (1959), 585-598.

Wordsworth, William. *Poetical Works*, ed. Ernest de Selincourt. Oxford: Oxford UP, 1936, 1969.

Wordsworth, William. *Selected Prose*, ed. John O. Hayden. Harmondsworth: Penguin, 1988.

Wright, George T.. *Shakespeare's Metrical Art*. Berkeley / Los Angeles / London: University of California Press, 1988.

Zaranka, William (ed.). *The Brand-X Anthology of Poetry: Burnt Norton Edition*. Cambridge / Watertown: Apple-Wood, 1981.

■ Unreliable Narration. Studien zur Theorie und Praxis unglaubwürdigen Erzählens in der englischsprachigen Erzählliteratur

Hg. v. Ansgar Nünning u. Mitw. v. C. Surkamp, B. Zerweck

Obgleich der Begriff *unreliable narrator* zu den wichtigsten Kategorien der Erzähltextanalyse gehört, mangelt es bislang sowohl an einer befriedigenden Theorie oder zumindest Definition von *unreliable narration* als auch an einem Überblick über die Formen und Funktionen unglaubwürdigen Erzählens. Dieses Buch versucht, einige dieser Lücken zu schließen.

■ **Aus dem Inhalt:** I Theorie unglaubwürdigen Erzählens · Grundzüge einer kognitiv-narratologischen Theorie und Analyse unglaubwürdigen Erzählens · Erzähltheoretisches Analyseraster · Textuelle Signale · Erzählsituationen · II Fallstudien · Bibliographie

Pressestimmen:
"Der Band [...] ist in der Konzeption wie im Inhalt insgesamt ein gelungener und höchst anregender Beitrag zu einem Forschungsgebiet von allgemein literaturwissenschaftlicher Relevanz. [...] Bereits jetzt kann [...] gesagt werden, daß der wegweisende Band mit seinen teils ausgezeichneten Beiträgen der Narratologie Reflexionsanstöße gibt, an denen diese nicht vorbeigehen können wird. Er sei daher jedem erzähltheoretisch Interessierten wärmstens empfohlen." · *Anglistik. Mitteilungen des Verbandes Deutscher Anglisten* 11,2 (2000)

"This collection of essays on *Unreliable Narration* edited by Ansgar Nünning offers without doubt the most penetrating and comprehensive study of the concept of unreliable narration to date. [...] For anyone interested in the exciting new directions narratology is currently taking, *Unreliable Narration* is essential reading." · *European Journal of English Studies* 4,1 (2000)

ISBN 3-88476-316-4, 302 S., kt., DM 39,50 (1998)

■ Multiperspektivisches Erzählen. Zur Theorie und Geschichte der Perspektivenstruktur im englischen Roman des 18. bis 20. Jahrhunderts

Hg. v. Vera und Ansgar Nünning

Dieses Buch versucht, sowohl dem Mangel an Kategorien und Modellen zur Beschreibung der Perspektivenstruktur entgegenzuwirken, als auch Theorie und Geschichte multiperspektivischen Erzählens zu erarbeiten.

Pressestimmen:
"Mit *Multiperspektivisches Erzählen* legen V. und A. Nünning nicht nur einen überzeugenden 'Nachfolgeband', sondern zugleich auch ein weiteres Standardwerk zu einem bisher stark vernachlässigten Phänomen der Erzählforschung vor."
Der Fremdsprachliche Unterricht Englisch 3/2001

ISBN 3-88476-430-6, 362 S., kt., DM 48,00 (2000)

Neue Reihe zur Englischen Literatur- und Kulturwissenschaft

ELCH Studies in English Literary and Cultural History
Studien zur Englischen Literatur- und Kulturwissenschaft **ELK**

Band 1 · Roy Sommer

Fictions of Migration: Ein Beitrag zur Theorie und Gattungstypologie des zeitgenössischen interkulturellen Romans in Großbritannien

Diese Studie zur zeitgenössischen interkulturellen Literatur in Großbritannien erweitert das postkoloniale Paradigma zur Beschreibung der '*black British literature*'. Anstatt wie üblich von der ethnischen Herkunft oder der politischen Überzeugung der Autor(inn)en auszugehen, wird eine thematische Definition der *fictions of migration* eingeführt, die auf den Kriterien Identität, Alterität und Repräsentation basiert und zwischen dominant multi- bzw. transkulturellen Romanen unterscheidet. Die gattungstypologische Differenzierung vier zentraler interkultureller Genres (Migrations- und Bildungsroman, revisionistischer historischer, kulturell-hybrider Roman) gibt einen systematischen Überblick über die dominanten Erscheinungsformen interkultureller Gegenwartsliteratur. Deren Bandbreite wird durch acht exemplarische Interpretationen ausgewählter Werke, sowohl von hierzulande bereits bekannten Autorinnen und Autoren (Phillips, Riley, Kureishi, Dabydeen, D'Aguiar, Rushdie) als auch von bislang weniger beachteten Newcomern (Adebayo, Smith), eindrucksvoll dokumentiert. Dabei zeigt sich, daß traditionelle Konzepte von *Englishness* ebenso überdacht werden müssen wie die weitverbreitete Vorstellung von der Dominanz des Hybriden innerhalb der *fictions of migration*.

ISBN 3-88476-485-3, 232 S., kt., DM 45,00 / € 23,00 (2001)

Weitere Bände dieser Reihe:

Band 2 · Christina Kotte

Ethical Dimensions in British Historiographic Metafiction: Julian Barnes, Graham Swift, Penelope Lively

ISBN 3-88476-486-1, 204 S., kt., DM 39,50 / € 20,50 (2001)

Band 3 · Bruno Zerweck

Die Synthese aus Realismus und Experiment: Der englische Roman der 1980er und 1990er Jahre aus erzähltheoretischer und kulturwissenschaftlicher Sicht

ISBN 3-88476-492-6, 300 S., kt., DM 54,50 / € 28,00 (2001)